»Nun, Herr, wes soll ich mich trösten?«

Helmuth Rilling

JOHANNES BRAHMS
EIN DEUTSCHES REQUIEM

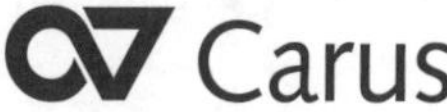

Inhalt

Die Notenbeispiele in dieser Publikation basieren auf der Carus-Ausgabe des *Deutschen Requiems* (Carus 27.055)

Grafische Gestaltung und Satz: Carus-Verlag
Coverfoto: Holger Schneider
Druck und buchbinderische Verarbeitung: Gulde-Druck, Tübingen

ISBN 978-3-89948-280-5

Einleitung

Ein deutsches Requiem von Johannes Brahms ist eines der bedeutendsten Werke der oratorischen Literatur. Chöre, Orchester, Solisten und Dirigenten verehren und lieben es und regelmäßig zieht es weltweit viele Zuhörer in seinen Bann.

Die Sätze 1–3 erklangen zum ersten Mal im Dezember 1867 in Wien. Ihnen folgte eine Aufführung der Sätze 1–4 und 6 sowie 7 am Karfreitag 1868 im Bremer Dom und schließlich eine Gesamtaufführung des Werks, das jetzt auch den fünften Satz einschloss, im Februar 1869 im Gewandhaus in Leipzig. Diese ersten Aufführungen fanden ein starkes Echo in der Presse, und das neue Werk wurde ausführlich und vielfach kommentiert. Viele Autoren haben sich bis heute mit dem Requiem beschäftigt, ihre Beobachtungen und Untersuchungen sind wichtige Grundlagen für das Verständnis des Werks.

Ich selbst habe das Requiem sehr oft musiziert. Nie vergessen werde ich die Aufführungen, die wir 1976 in Tel Aviv und Jerusalem gestalteten. Die Bundesrepublik Deutschland hatte damals versucht, zum ersten Mal nach dem Holocaust kulturelle Beziehungen zum Staat Israel aufzubauen. Die Sänger meiner Gächinger Kantorei, die Solisten Júlia Várady und Dietrich Fischer-Dieskau und ich selbst waren die ersten Deutschen, die nach den schrecklichen Ereignissen des Zweiten Weltkriegs zusammen mit dem Israel Philharmonic Orchestra in Israel musizieren durften – das Programm: *Ein deutsches Requiem.*

Wir wissen verhältnismäßig wenig zur Genesis und Entstehungsgeschichte des Requiems. Brahms hat es wohl in den Jahren 1861–1868 konzipiert und komponiert. Aber es gab keinen Auftrag für das Werk, er hat es aus eigenem Antrieb geschrieben. Die Musik scheint aus einem grundlegenden Affekt der Trauer entstanden. Ist diese Trauer ausgelöst durch das tragische Ende des Freundes und Mentors Robert Schumann im Jahr 1856 und weiterempfunden durch die enge freundschaftliche Verbindung zu dessen Witwe Clara Schumann? Eine eindeutige Antwort auf diese Fragen gibt es nicht.

In meinen Überlegungen möchte ich der Frage nachgehen, was Brahms mit seinem Requiem auszudrücken beabsichtigt. Wenn wir es im Konzert oder über Tonträger hören, sind wir beeindruckt. Wir finden es gewaltig, seine Emotionen berühren uns, wir sind ergriffen und spüren, dass wir nicht nur schöne Musik genießen, sondern dass diese bewegende Musik Bedeutsames sagen will. Zum spontanen, gefühlsbetonten Erleben dieser Musik sollte intelligentes Hören treten, das die verschiedenen Schichten des Werks bewusst erfasst und auf ihren Sinn befragt.

Die Frage, was Brahms in seinem Requiem ausdrücken möchte, kann nur mit einem genauen und differenzierten Studium der Partitur beantwortet werden. Brahms hat die Drucklegung seines Requiems selbst überwacht – es erschien im Jahr 1869 im Verlag Rieter-Biedermann. Für unsere Überlegungen ist es hilfreich, wenn Sie wenigstens den Text, vielleicht einen Klavierauszug mit Taktzahlen oder sogar eine Partitur zur Hand haben.

Brahms wollte ein Requiem komponieren – eine Trauermusik. Gewiss kannte er Vertonungen des lateinischen Requiem-Textes, wohl vor allem das Werk von Mozart. Das wichtigste Anliegen dieser lateinischen Texte ist das Gedenken der Verstorbenen und die Bitte um ihr Geleit durch das Weltgericht in ein künftiges Leben. Brahms' Textwahl folgt anders gerichteten Gedanken. Für ihn steht die Trauer um einen verlorenen Menschen im Vordergrund, und er wendet sich vor allem den Trauernden zu. Sein Stück soll ein „deutsches" Requiem sein – ein Requiem in deutscher Sprache –, und hierfür wählt er Texte aus der Bibel. Brahms kennt die Bibel sehr genau – er soll immer ein Neues Testament bei sich getragen haben, und ein Bibelexemplar mit unzähligen Anstreichungen und Anmerkungen von seiner Hand ist überliefert.

Mit der Wahl der Texte hat Brahms entschieden, welche Themen ihm für die Konzeption seines Werks wichtig sind. Er gliedert das Stück in sieben Einzelsätze. Die Frage, was Brahms ausdrücken will, beantworten zunächst die Großformen dieser Sätze, dann deren strukturelle Gliederung. Welche Themen und Motive wird er erfinden und verarbeiten, welches harmonische Gerüst wird er aufbauen und welches Modulationsgefälle entwickeln, welche Rolle werden Konsonanz und Dissonanz spielen, welche Dynamik wird er benutzen, welches Klangbild wird die Instrumentation ausprägen?

Natürlich beschreibt der vokale Satz in Brahms' Vertonung unmittelbar den Sinngehalt seines Textes, lassen Sie uns beobachten, wie er ihn versteht. Aber sehr oft drückt der instrumentale Satz zudem Gedanken aus, die der Text nicht enthält. Brahms sagt etwas ihm Wichtiges indirekt, ohne Worte zu benützen. Diesem Ausdruck nachzutasten, scheint mir für das Verständnis des Requiems ein hoher Gewinn.

Die Sehnsucht nach Trost ist begründet durch die Unausweichlichkeit menschlicher Vergänglichkeit. Sie mündet im dritten Satz in die Frage des Psalmisten: „Nun, Herr, wes soll ich mich trösten?" Mit der Musik seines Requiems versucht Brahms, diese Frage zu beantworten.

Satz I

Selig sind, die da Leid tragen, denn sie sollen getröstet werden.
Matthäus 5, 4

Die mit Tränen säen, werden mit Freuden ernten. Sie gehen hin und weinen und tragen edlen Samen und kommen mit Freuden und bringen ihre Garben.
Psalm 126, 5, 6

Wir beginnen die Suche nach Brahms' Ausdruckswillen mit dem Blick auf die von ihm gewählten Texte und ihre Gliederung. Den ersten Satz seines Requiems entwickelt er in drei Großabschnitten. Nach einer Einleitung des Orchesters vertont er zunächst die zweite Seligpreisung aus der Bergpredigt Jesu: „Selig sind, die da Leid tragen, denn sie sollen getröstet werden" (Matthäus 5, 4). Ab Takt 47 wendet er sich dem Psalm 126 zu und komponiert bis zum Takt 96 dessen fünften und sechsten Vers. Danach kehrt Brahms in Takt 100 zum Anfang zurück und setzt den Text der Seligpreisung erneut in Musik.

Ungewöhnlich ist die Besetzung des Orchesters, das den Chor in diesem ersten Satz begleitet. Brahms schreibt hier noch nicht für das Tutti der Instrumente, das er vom zweiten Satz an verwenden wird. Er verzichtet auf die Gruppen der ersten und zweiten Violinen, auch auf einen Teil der Bläser und die Pauken. Warum schreibt er ohne Violinen? Will er am Beginn seines Requiems ausdrücken, dass wir uns mit existenziellen Fragen menschlicher Existenz befassen, dem Ort der Klage, der Vergänglichkeit, des Sterbens? Schließt das die hohen und hellen Streicher aus? Aber der tiefe Klang ist auch eine Sphäre der Dichte, in der die fünf Streicherstimmen eng beieinander liegend den Klangraum füllen. Offensichtlich braucht Brahms für seinen Ausdruck die Wärme des tiefen Streicherklangs.

Im Umgang mit einer ähnlich disponierten Orchesterbesetzung hatte Brahms Erfahrung. In der Zeit vor seiner Beschäftigung mit dem Requiem komponierte er seine zweite Serenade in A-Dur op. 16, die zu den Bläsern ohne Violinen nur mit tiefen Streichern besetzt ist. Sie erklang zum ersten Mal am 10. Februar 1860 in Hamburg. In der gleichen Zeit hörte Brahms in Hamburg eine Aufführung des Requiems c-Moll von Luigi Cherubini, dessen beide ersten Sätze ebenfalls ohne Violinen komponiert sind. Auch das mag ihn beeinflusst haben.

Im ersten Satz seines eigenen Requiems sind die tiefen Streicher geteilt. Brahms sieht zwei Bratschengruppen, drei Cellogruppen und die Kontrabässe vor, wobei die dritten Celli fast ausschließlich mit den Kontrabässen gehen. Sonst sind die Einzelgruppen im fünfstimmigen Satz der tiefen Streicher eigenständig gesetzt.

Auffällig ist Brahms' Beischrift zur Besetzung der Harfe. Er schreibt in Klammern *Wengistens doppelt besetzt* – ein deutlicher Hinweis darauf, welches Gewicht er dem Harfenpart beimisst.

Nach diesen Überlegungen zur Gliederung und zur Besetzung des Orchesters wenden wir uns der Musik dieses ersten Satzes zu und versuchen, uns ihren Ausdruckswillen bewusst zu machen.

Brahms beginnt mit einer ausgedehnten Einleitung des Orchesters. Sie ist geprägt durch den Klang der tiefen Streicher, die mit Haltetönen der beiden Hörner gestützt werden. Drei Motive bestimmen die Musik. Die Grundlage des Satzes sind die langsam wiederholten, nie abreißenden Viertel der Kontrabässe und dritten Celli. Wie Schläge tiefer Glocken scheinen sie das Abbild gehender und verrinnender Zeit.

Die zweiten Celli beginnen in Takt 2, die zweiten Bratschen in Takt 7 eine chromatisch absteigende Linie. Das ist ein Lamento, ein Klagegesang, den die Komponisten der Barockzeit „Passus duriusculus" nannten und vielfach verwendeten. Über diesen beiden Motiven beginnen die ersten Celli, dann die ersten Bratschen eine ausdrucksvolle Viertelbewegung. Später im Stück – ab Takt 66 – erscheint dies Motiv textiert mit den Worten „Sie gehen hin und weinen" – also auch hier eine Klage. Aber schmerzhaft dissonant ist diese Klage nicht, sie hat eher den Ausdruck einer empfindsamen Melodie, die sich Zeit nimmt, etwas zu bedenken.

Bestimmt von den sich wiederholenden Vierteln der Bässe bleibt die Musik für zehn Takte in F-Dur. Völlig überraschend weicht sie für nur einen Takt in die sehr entfernte Tonart Des-Dur aus, um dann in den beiden folgenden Takten mit rhythmischer Erregtheit von Bratschen und Celli wieder zurück nach F-Dur zu modulieren. Ist das Des-Dur nach der vorausgehenden F-Dur-Klage die plötzlich einbrechende Vision einer anderen, entfernten jenseitigen Welt, von deren aufleuchtender Realität sich Bratschen und Celli mit nachklingender Emotion lösen? (→ Notenbeispiel 1, S. 7f.)

Nach dieser Einleitung des Orchesters beginnt der Chor in Takt 15. Man würde vielleicht erwarten, dass er die Musik der Instrumente aufnähme und deren Motive weiterführte. Aber das geschieht nicht – mit dem unbegleitet *a cappella* singenden Chor rückt Brahms die Musik in einen anderen Klangraum. Das gibt es im ganzen Requiem so ausgedehnt nur hier.

Im *piano* erklingen die beiden gehaltenen „Selig"-Akkorde wie eine Überschrift, danach sind die Chorstimmen kurz polyphon entfaltet, aber gleich wieder akkordisch zusammengefasst. Sinnbezogen spürt Brahms mit Moll-Akkorden dem „Leid tragen" und mit einer F-Dur-Kadenz dem „getröstet werden" nach. Das klingt wie eine alte Motette – etwas zu allen Zeiten Gültiges wird gesagt:

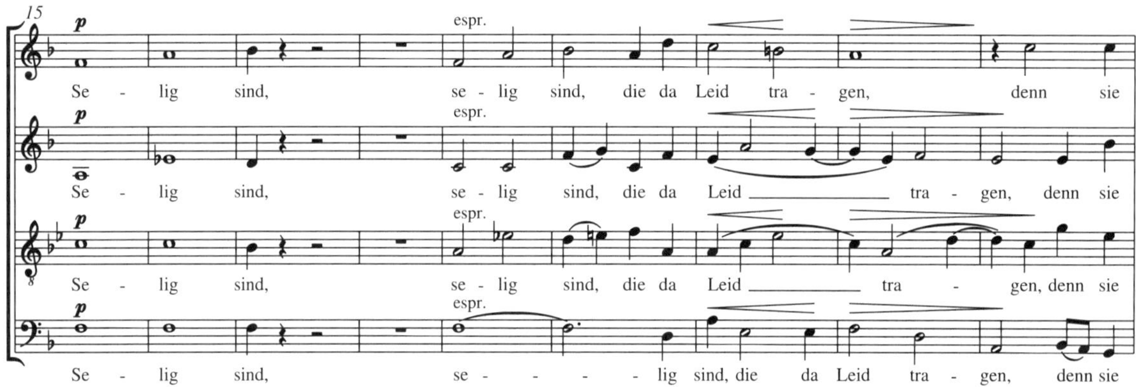

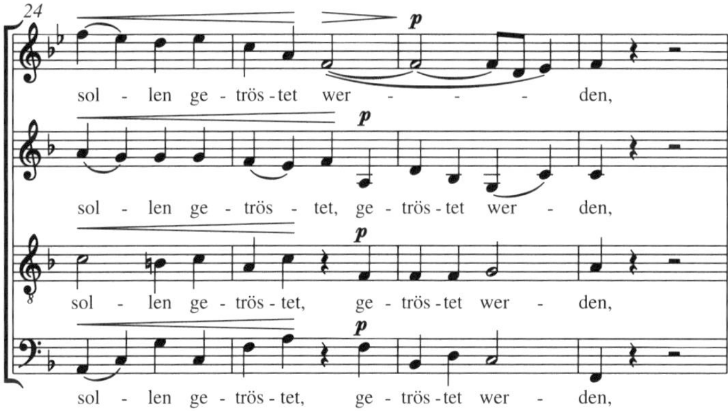

Notenbeispiel 2: Chor, T. 15–27

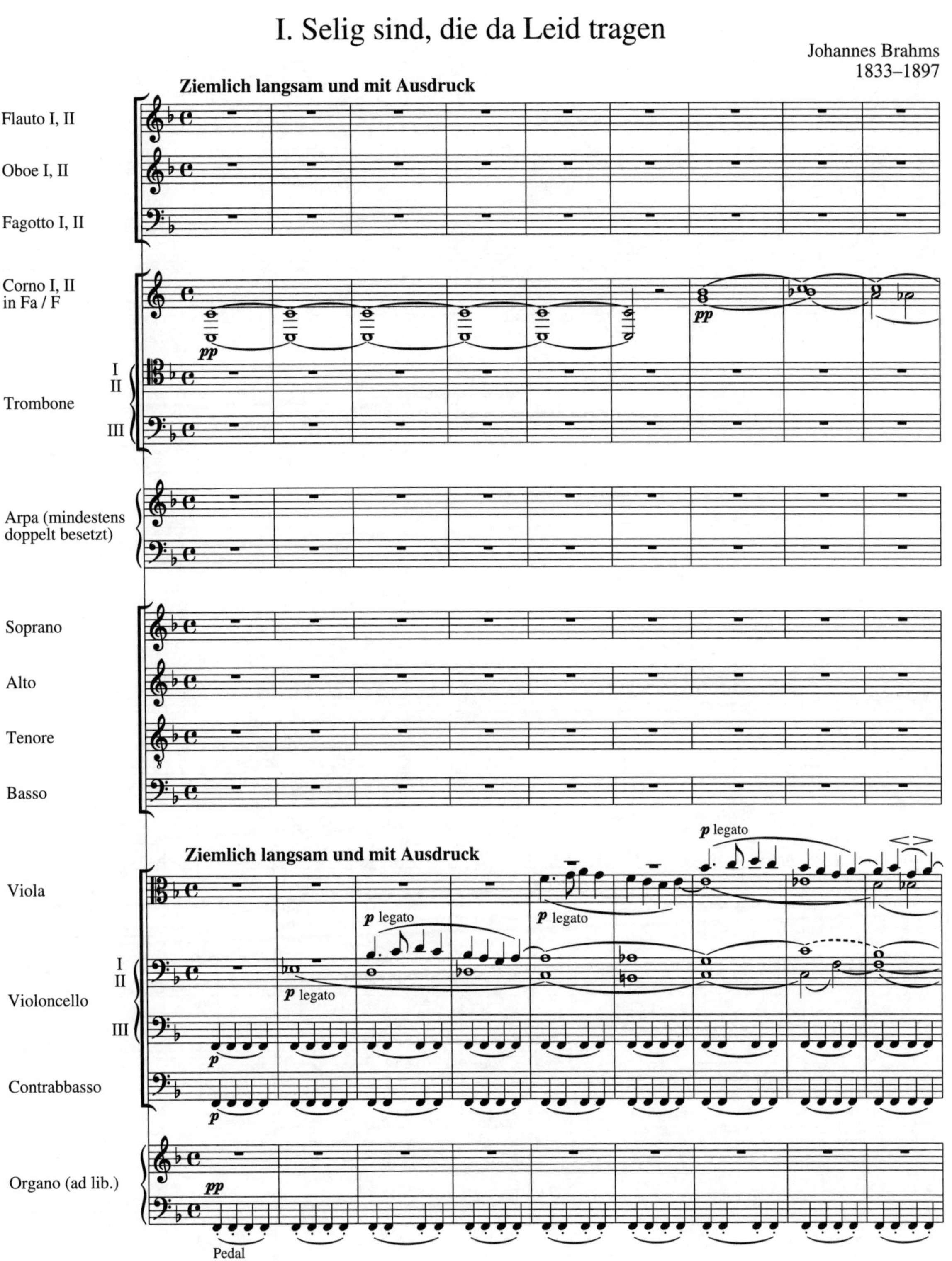

Notenbeispiel 1: Satz I, T. 1–18

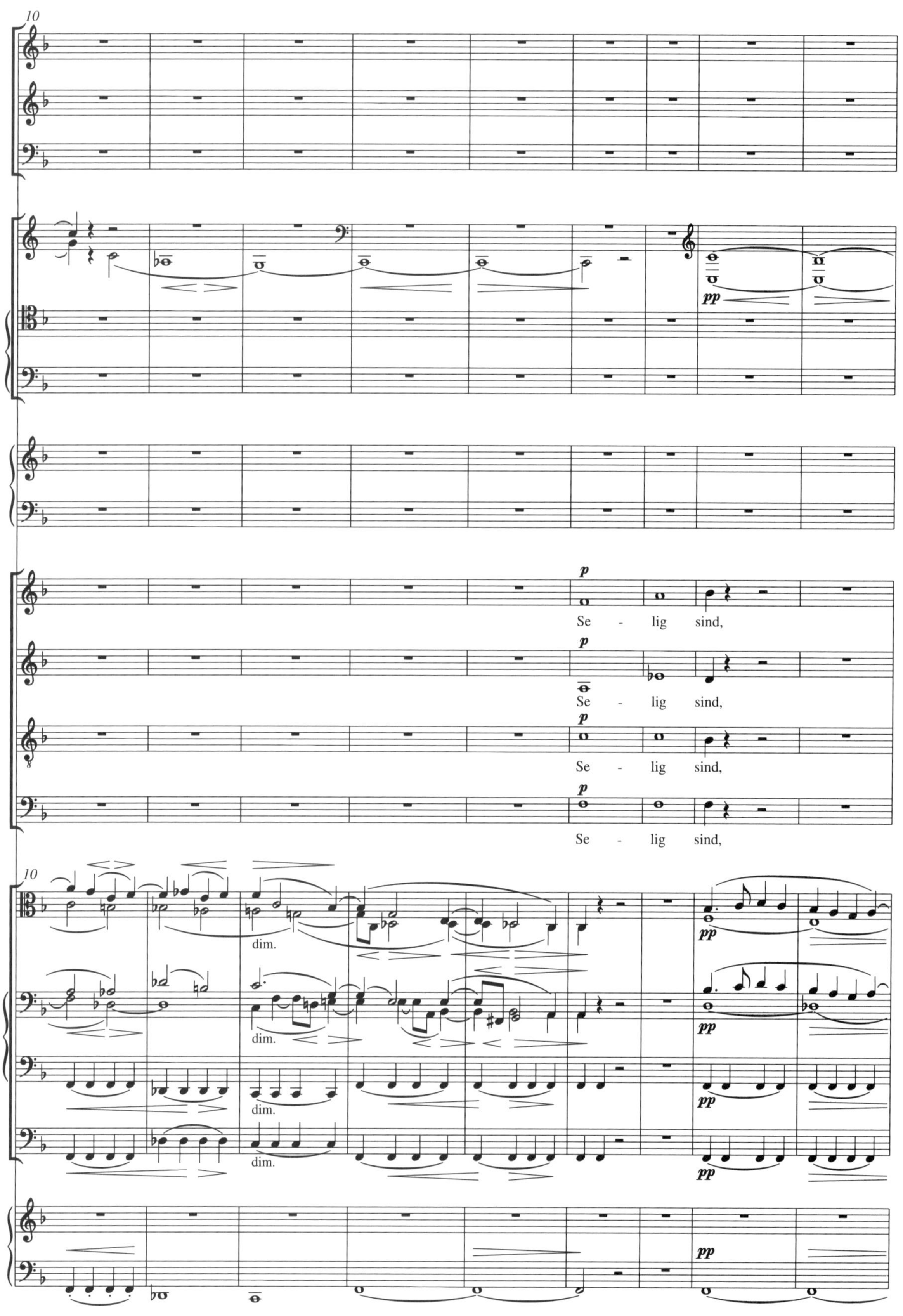
10
pp
p
Se - lig sind,
Se - lig sind,
Se - lig sind,
Se - lig sind,
10
dim.
dim.
dim.
dim.
pp
pp
pp
pp
pp

Die zweite ab Takt 29 anschließende Vertonung der Seligpreisung intensiviert die Verbindung zum Sinn des Textes. Hoch aufleuchtende Akkorde wechseln zwischen Chor und Orchester und geben dem „selig" hellen Glanz. Das „Leid" wird in die düstere Tonart b-Moll geführt und ist durch den dunklen Klang der Posaunen geprägt, die hier zum ersten Mal erklingen. Zu den Worten „Leid tragen" ist die Stimmführung des Satzes anschließend nach unten gerichtet. Aber dann der Gegensatz: Ab Takt 37 intoniert zunächst die Solo-Oboe, dann der vom ganzen Chor gestützte Sopran eine sich nach oben entfaltende melodische Linie, die im Chor die Worte „denn sie sollen getröstet werden" trägt. Brahms intensiviert den kantablen Satz mit schnell repetierten Akkorden der Bratschen und Celli, die er von Achteln zu Sextolen beschleunigt. Mit großer Beharrlichkeit insistiert er so auf dieser Zusage des Trostes und lässt danach das „getröstet werden" im Chor, dann den Bläsern verklingen – der erste Großabschnitt des Satzes geht zu Ende.

Durch die Wahl seiner Texte verbindet Brahms die Seligpreisung mit der Vertonung von zwei Versen des 126. Psalms. Er gliedert den hier – in Takt 47 – beginnenden zweiten Großabschnitt in drei Teile und beginnt mit den Worten „Die mit Tränen säen, werden mit Freuden ernten".

Betrachten wir zunächst die Nahtstelle der beiden Großabschnitte. Das verklingende „getröstet werden" des Chors und der Bläser müsste eigentlich in F-Dur kadenzieren. Aber Brahms wendet die Musik mit einer unerwarteten Kadenz – einem Trugschluss – unvermittelt nach Des-Dur. Der ganze erste Teil des mittleren Großabschnitts von Takt 47–63 ist in dieser Tonart komponiert. Die neue Tonart versetzt die Musik in einen völlig anderen Klangbereich. Was meint Brahms?

Greift er hier das so überraschende Des-Dur des zehnten Takts der Orchestereinleitung auf und redet er jetzt von der Vision einer anderen jenseitigen Welt? Nicht nur die Tonart ist neu, Brahms verwendet auch keines der Motive, die er vorher komponiert hat. Jetzt beginnt er mit seufzenden, die „Tränen" abbildenden Motiven, die zunächst zwischen den mit Celli und Bratschen verstärkten Chorgruppen und den Orchesterbässen wechseln (→ Notenbeispiel 3, S. 10, bes. T. 47ff.).

Diese Gruppen werden dann in einem viertaktigen *crescendo* drängend zusammengefasst. Ihr Höhepunkt ist eine ebenfalls viertaktige Fugato-Gruppe, die im Takt 55 beginnt. Das Fugato-Motiv verleiht mit seiner nach oben springenden Quint und den lebendigen Achteln den Worten „werden mit Freuden ernten" rhythmische Energie:

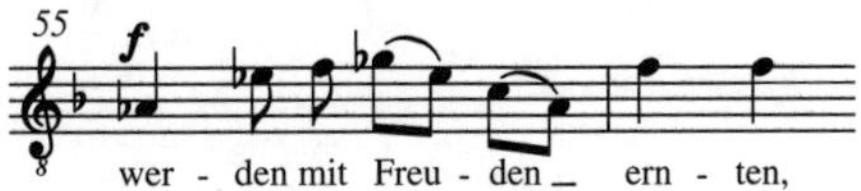

Notenbeispiel 4: Tenor, T. 55f.

Dies Motiv erscheint in allen Stimmen des Chors und wird durch die mitgehenden Streicher und Bläser verstärkt. Auch mit seiner Instrumentation verändert Brahms den Charakter dieses Des-Dur-Teils. Zum ersten Mal ist die Harfe besetzt. Sie beginnt mit nach oben weisender Bewegung und bereichert dann die freudige Lebendigkeit der Fugato-Gruppen mit ununterbrochenen Triolen.

Nach der Helligkeit dieses Des-Dur-Teils führen zwei nach unten sinkende Takte der dritten Celli und Kontrabässe zurück in die Tonart F-Dur. Brahms greift den Satzanfang auf und wiederholt in den Takten 65–79 die vollständige Orchestereinleitung mit nur minimalen Veränderungen. Wieder erscheinen die anfangs vorgestellten drei Motive. Dem Orchester fügt er jetzt den Chor zu und lässt mit den Psalmworten „Sie gehen hin und weinen" die Chorgruppen nacheinander einsetzen, danach sind sie vierstimmig zusammengefasst. Die jetzt zugefügte Flöte und Oboe weisen ins Licht des Seligseins, die unmittelbar folgenden Posaunen in das Dunkel des Leidtragens.

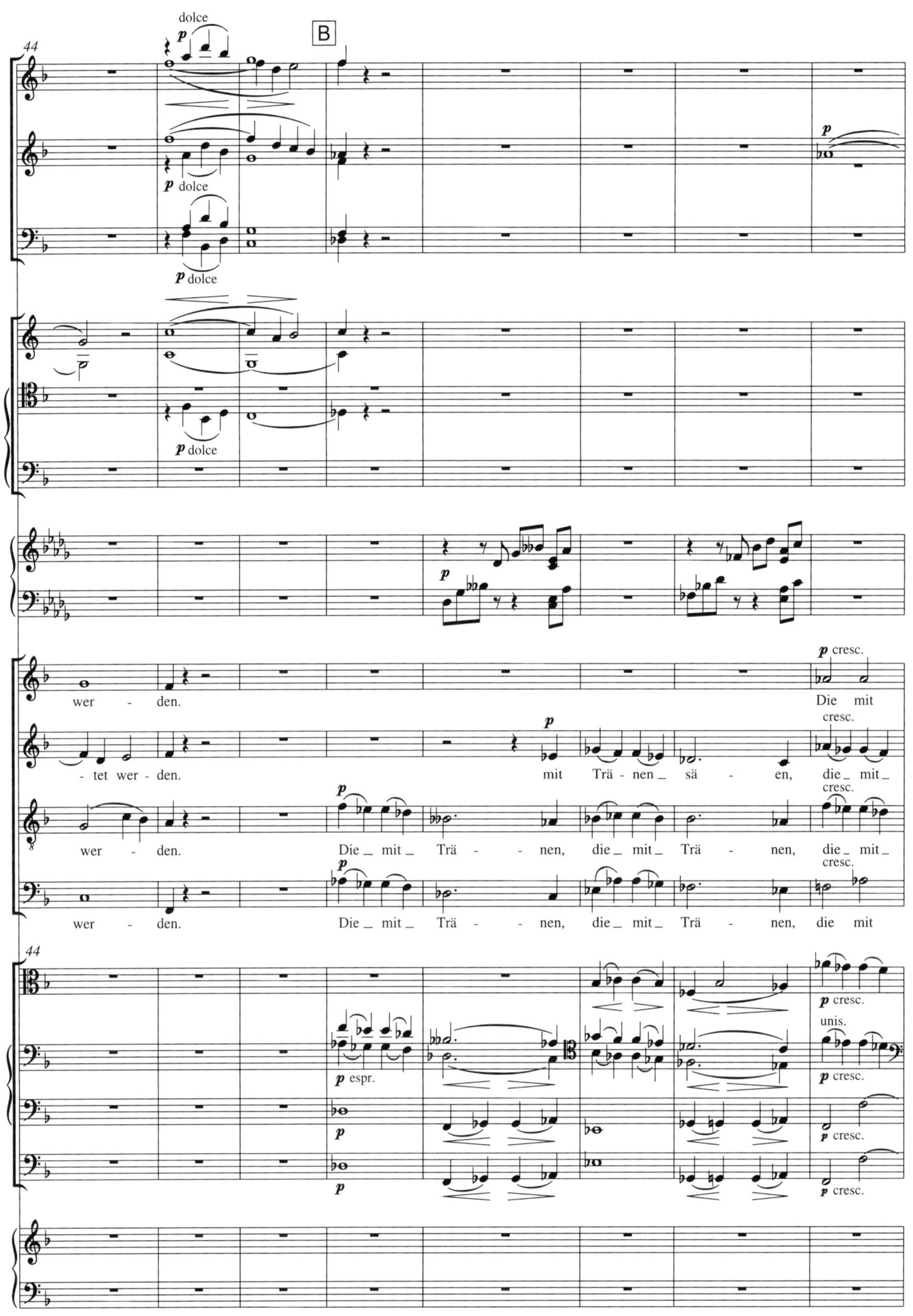

Notenbeispiel 3: Satz I, T. 44–51

Nach der textierten Wiederholung der Orchestereinleitung beginnt in Takt 80 der abschließende Teil des mittleren Großabschnitts. Jetzt vervollständigt Brahms die Vertonung des zweiten Psalmverses „und kommen mit Freuden und bringen ihre Garben". Die Analogie zur Musik für den ersten Psalmvers ist offensichtlich.

Wieder beginnt Brahms in Des-Dur. Die vorigen Tränenseufzer sind jetzt in drei Vierteln gegliedert, aber der Periodenbau und die *crescendo*-Gruppe sind gleich, auch die Harfe setzt wieder ein. Der vokale und instrumentale Satz des sich anschließenden Fugatos ist notengleich mit der Parallelstelle im ersten Teil (dort die Takte 55–60). Der jetzt neue Text „und kommen mit Freuden" erfordert kleinere rhythmische Veränderungen, aber wieder prägen die nach oben springende Quint und die folgenden lebendigen Achtel die freudige Energie, die der Vertonung beider Fugato-Gruppen mit ihren verschiedenen Texten eigen ist.

Lassen Sie uns für einen Moment innehalten und beobachten, wie Brahms diesen großangelegten Mittelteil seines ersten Satzes konzipiert hat. Der Vers der Seligpreisung und Brahms' Vertonung des ersten Satzabschnitts schließen mit den Worten „denn sie sollen getröstet werden". Das ist eine für sich genommen gültige Aussage, aber sie legt auch die Frage nahe, worin denn dieser Trost bestehen könnte. Diese Frage versucht Brahms im Mittelteil des Satzes zu beantworten. Die Sinndeutung beider Psalmverse ist ähnlich – aus Tränen und Weinen wird Freude. Aber Brahms reiht sie nicht einfach hintereinander, sondern unterbricht sie mit der textierten Wiederholung der Orchestereinleitung, die dem Weinen über den Verlust eines dahingeschiedenen Menschen Raum gibt. Davor und danach gibt seine Musik Trost. Beim ersten Mal holt er die Leidtragenden mit den Seufzern des „mit Tränen säen" im *piano* ab und führt sie in das jubelnde *forte* des „werden mit Freuden ernten", das er insistierend wiederholt. Ein zweites Mal geschieht das mit „sie gehen hin und weinen", den Worten, die jetzt mit dem Textabschnitt „und kommen mit Freuden" ihren jubilierenden Höhepunkt erhalten.

Der Trost, den Brahms' Musik sucht, ist keine feststehende Behauptung. Immer wieder weicht sie nach Des-Dur aus. Das ist eine entfernte Tonart, der Bereich einer Vision: Könnte es hinter der vordergründigen Realität der Leidtragenden eine andersartige Existenz geben? Brahms stellt das nicht fest, sondern tastet dem nach. Und aus diesem vorsichtigen Nachspüren erwächst das rhythmisch so klare und sichere Fugengerüst, das er zweimal mit dem Wort „Freude" verbindet und nachdrücklich wiederholt.

Nach dem zweiten dieser Höhepunkte endet im Takt 96 der Mittelteil des ersten Satzes. Für die Überleitung zum dritten Großabschnitt greift Brahms auf den Satzanfang zurück. Zweimal zitieren die tiefen Streicher die Motive der Orchestereinleitung. Brahms verbindet sie mit gehaltenen Chor-Akkorden, wie er sie am Anfang mit der Sinngebung einer Überschrift eingeführt hatte. Das Des-Dur des vorausgehenden Abschnitts ist in sehr tiefer Lage zur Ruhe gekommen. Dann moduliert Brahms zurück in die Haupttonart F-Dur, die die Flöten und Oboen mit ihrem hohen und hellen Einsatz in Takt 106 bestätigen.

Welche Gestalt wird Brahms dem verbleibenden dritten Großabschnitt geben? Offensichtlich plant er zunächst eine Reprise des ersten Vokalteils. Er beginnt mit fünf Takten, in denen Alt und Tenor den Anfangstext „Selig sind, die da Leid tragen" wieder aufnehmen. Die Chorstimmen begleitet er mit den Flöten, Oboen und dem ersten Horn. Brahms wird diese fünftaktige Gruppe am Ende des Requiems im letzten Teil des siebten Satzes noch einmal verwenden, dort verbunden mit den Worten „Selig sind die Toten, die in dem Herrn sterben" (→ Notenbeispiel 5, S. 12, bes. T. 106–111, 1. Note).

Diese fünf Takte bilden ein neues strukturelles Glied, aber dessen Motive sind aus dem *a cappella*-Anfang der Takte 19–27 hergeleitet. Erste Flöte und erste Oboe entsprechen dort der Sopran- und Tenorführung. Die Synkopen des Horns werden am Anfang in Takt 21 vom Alt aufgenommen, jetzt bestimmen sie insistierend für drei Takte den Rhythmus des Horns. Wozu braucht Brahms dieses neue fünftaktige Glied?

Er konzipiert den dritten Großabschnitt des Satzes als Reprise, aber er beginnt nicht mit den *a cappella*-Akkorden des Anfangs – die hat er in den Chorakkorden der Überleitungstakte schon vorausgenommen.

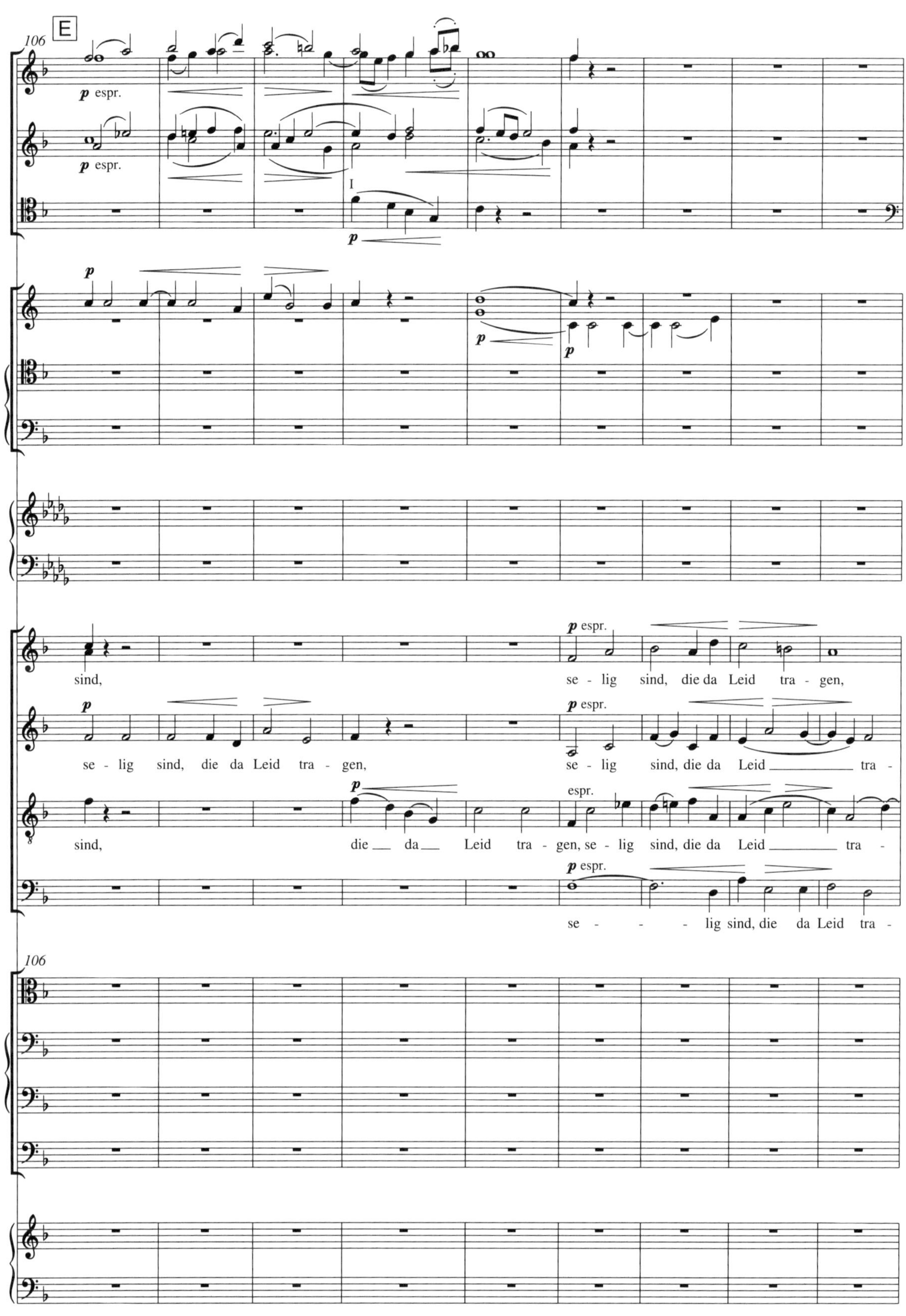

Notenbeispiel 5: Satz I, T. 106–114

Jetzt nehmen der Alt, dann der Tenor den Anfangstext der Seligpreisung wieder auf – „Selig sind, die da Leid tragen" – und sind die tiefste Stimme des Gesamtsatzes. Diesem Text fügt Brahms in den Instrumenten eine doppelte Aussage zu. Das sind einerseits Flöten und Oboen, die mit ihrer hohen Stimmführung den Satz in helles Licht rücken, andererseits das rhythmisch herausgehobene Horn.

Brahms hat in den Jahren der Entstehung des Requiems mehrfach für dieses Instrument komponiert. Vor allem im dritten Satz seines 1865 entstandenen Horntrios op. 40, aber auch im vierten Teil seiner Frauenchöre mit zwei Hörnern und Harfe op. 17, dem *Gesang aus Fingal*, nützt er den besonderen Klang dieses Instruments für den Ausdruck der Klage. Hier, im Requiem, ist das Horn in den Takten 106–109 notengleich mit dem Chor-Alt geführt. Aber seine Synkopen intensivieren den vokalen Rhythmus und nehmen im dritten Takt die vokale Quart zum Wort „Leid" vorweg. Was meint Brahms mit dieser so ungewöhnlich ausdrucksvollen Stelle? Will er sagen, dass Leid, auch das Leid des Todes, erlitten werden muss?

Am Beginn des dritten Großabschnitts trifft Brahms beim Wiedereintritt des Anfangstextes im instrumentalen Satz abermals eine doppelte Aussage: Flöten und Oboen erklingen im hellen Licht des Selig-Seins, gleichzeitig weisen die Synkopen des Horns auf die Unausweichlichkeit des Leidtragens.

Nach diesen für Brahms offensichtlich besonders wichtigen fünf Takten fügt er diesem Beginn des dritten Großabschnitts eine wirkliche Reprise des Vokalanfangs an. Die Takte 111–134 sind weitgehend identisch mit der entsprechenden Textgruppe des ersten Großabschnitts. Jetzt ist in den Takten 115–119 das Orchester dem vorigen *a cappella*-Satz zugefügt, und den sich anschließenden akkordischen Dialog beginnen nicht die Chorstimmen, sondern nun die Bläser. Aber das sind kleinere Veränderungen – in der Architektur der Satzanlage scheint es Brahms zwingend, den ersten Großabschnitt zu wiederholen und die Musik, die er mit den Worten der Seligpreisung verbunden hat, in Erinnerung zu rufen. Dort, wo er vorher den zweiten Großabschnitt mit der Vertonung der Psalmverse „Die mit Tränen säen" begonnen hatte, bricht er – jetzt in Takt 135 – die Wiederholung des ersten Großabschnitts mit einem von den Hörnern nach A-Dur geleiteten harmonischen Trugschluss unvermittelt ab. Das ist ein Moment wirklicher Überraschung – als wollte Brahms sagen: Versteht die vorausgegangene melodische Kadenz nicht falsch, sie ist keine stille Beschwichtigung. Visionär umfasst das Motiv des „getröstet werden" alle Klangbereiche, die hohen Bläser, die tiefen Streicher, dann wird es in halbtaktiger Engführung von den Orchester- und Chorgruppen drängend, beinahe überschwänglich aufgenommen und bestätigt die Zuversicht des Texts mit einer akkordischen Kadenz (→ Notenbeispiel 6, S. 14f.).

Am Beginn des Schlussabschnitts verbindet Brahms – ab Takt 144 – zunächst zwei verschiedene Motive. Er greift zurück auf das mit dem Wort „selig" textierte Kopfmotiv des *a cappella*-Beginns und wechselt dessen halbe Noten zwischen Bläsern und Streichern. Als zweites Motiv erklingt das eben so erregt gedeutete „getröstet werden" in den nacheinander eintretenden Chorgruppen. Jetzt wird der von oben kommende Trost in einer ruhig absteigenden Viertelbewegung empfangen. Die Einsätze verdichten sich und werden mit einem von Brahms verlangten *crescendo* intensiviert. Ihr Höhepunkt ist eine im vergrößerten Rhythmus errichtete Schlusskadenz, in der die Worte „sollen getröstet werden" im Tutti von Chor und Orchester mit der wieder einsetzenden Harfe erstrahlen und dann im *diminuendo* verklingen.

Stellt Brahms am Ende des Satzes die Frage, worin dieser Trost bestehen soll? Er beantwortet sie in ungewöhnlicher Weise. Nach dem leuchtenden Höhepunkt wiederholen Sopran und Alt, dann Tenor und Bass nacheinander die vorausgegangenen Worte „getröstet werden". Aber das geschieht nicht bestätigend, sondern in tiefer Lage und mit der unbetont weggenommenen und von einer Pause gefolgten Schlusssilbe.

Darunter haben die Streicher dreimal einen Pizzicato-Akkord, für den Brahms *pianissimo* vorschreibt, auch er verklingt in Pausen. Die Bläser nehmen den Chor-Rhythmus des „getröstet" mit drei Vierteln auf und halten dann in hoher Lage dreimal lange Akkorde.

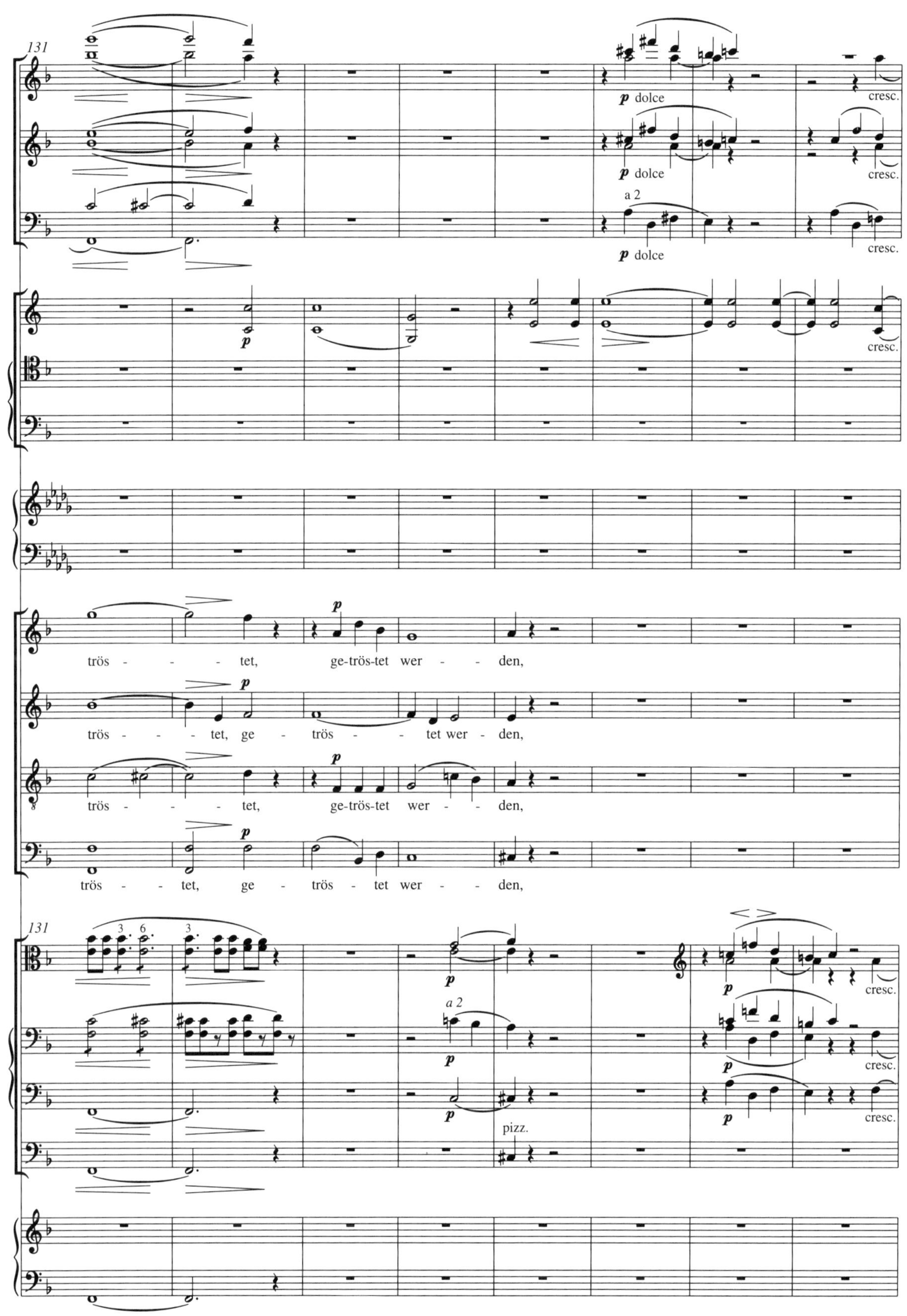

Notenbeispiel 6: Satz I, T. 131–146

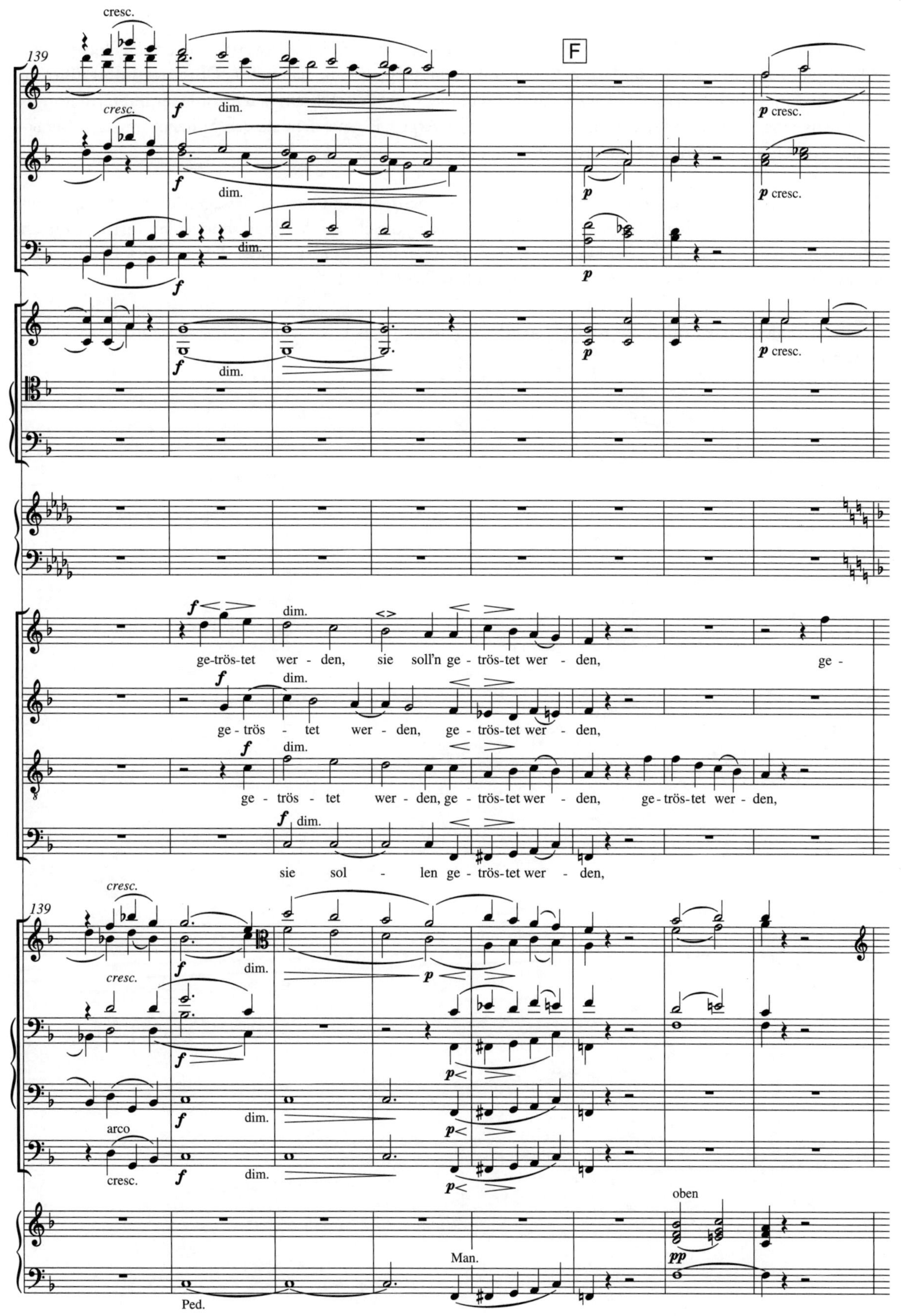
139
cresc.
F
f dim.
p cresc.
p
ge-trös-tet wer - den, sie soll'n ge - trös-tet wer - den, ge -
ge - trös - tet wer - den, ge - trös-tet wer - den,
ge - trös - tet wer - den, ge - trös-tet wer - den, ge - trös-tet wer - den,
sie sol - len ge - trös-tet wer - den,
arco
oben
pp
Man.
Ped.

Aber das alles ist nur der Begleitsatz für den Part, den Brahms der Harfe zuweist. Nach dem Höhepunkt-Akkord von Chor und Orchester lässt er sie im Takt 154 auf dem sehr tiefen Ton *F* beginnen und führt sie danach in ständig höher werdende Lagen. Aus langsam beginnenden Achteln beschleunigt er ihren Rhythmus in schwingende Triolen und schließlich in ein schnelles Arpeggio, mit dem sie den Spitzenton der Bläserakkorde, ein hohes, dreigestrichenes *f*, erreicht.

Das zentrale Anliegen dieses ersten Satzes und wohl des ganzen Requiems ist das „getröstet werden". Aber worin soll der Trost bestehen? Brahms beantwortet diese Frage nicht mit Worten, sondern im instrumentalen Satz, vor allem mit der Führung der Harfe. Aus dem tiefen Grab des Leides wendet sich der Blick freudig nach oben in das helle Licht des Getröstetseins (→ Notenbeispiel 7, S. 17).

Brahms wird den letzten Abschnitt dieses ersten Satzes für den Abschluss seines Werks im siebten Satz wieder verwenden.

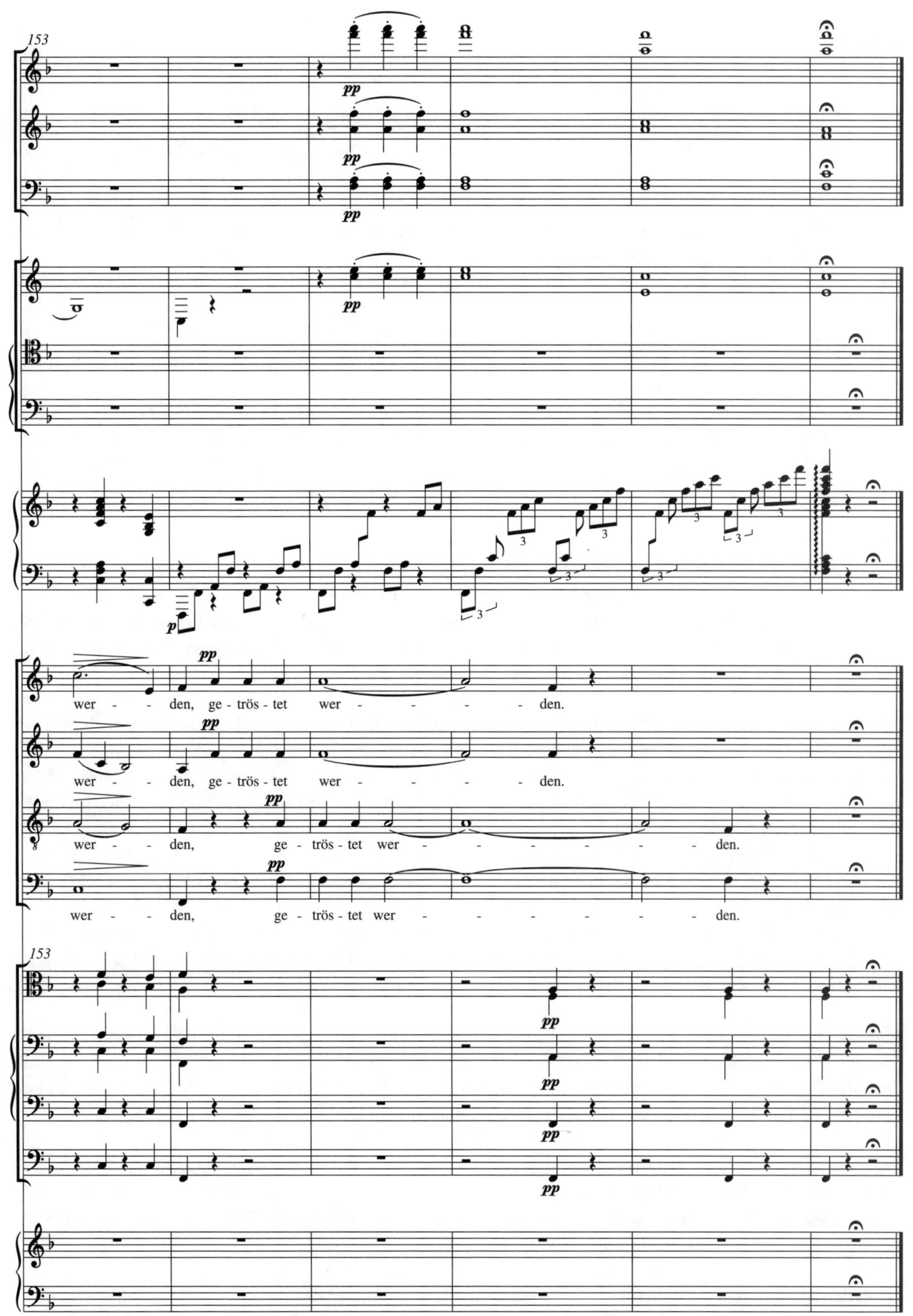

Notenbeispiel 7: Satz I, T. 153 bis Schluss

Satz II

Denn alles Fleisch, es ist wie Gras und alle Herrlichkeit des Menschen wie des Grases Blumen.
Das Gras ist verdorret und die Blume abgefallen.
1. Petrus 1, 24

So seid nun geduldig, lieben Brüder, bis auf die Zukunft des Herrn. Siehe, ein Ackermann wartet auf die köstliche Frucht der Erde und ist geduldig darüber, bis er empfahe den Morgenregen und Abendregen.
Jakobus 5, 7

Aber des Herrn Wort bleibet in Ewigkeit.
1. Petrus 1, 25

Die Erlöseten des Herrn werden wiederkommen und gen Zion kommen mit Jauchzen; ewige Freude wird über ihrem Haupte sein; Freude und Wonne werden sie ergreifen, und Schmerz und Seufzen wird weg müssen.
Jesaja 35, 10

Natürlich beginnt Brahms' Ausdruckswillen schon mit der Wahl der Texte, die er jedem Satz des Requiems zugrunde legt. Im zweiten Satz verbindet er Verse aus den Paulusbriefen an Petrus und Jakobus mit einer Textgruppe aus dem Buch Jesaja. Die kontrastierende Aussage beider Texte hat eine zweiteilige Anlage des Satzes zur Folge. Der ausgedehnte erste Satzteil schließt im Takt 198, der zweite ist ebenso gewichtig und reicht mit seinen 140 Takten bis zum Schluss.

Mit dem ersten Großabschnitt dieses zweiten Satzes wendet sich Brahms dem Nachdenken über die Vergänglichkeit des Menschen zu: „Denn alles Fleisch, es ist wie Gras und alle Herrlichkeit des Menschen wie des Grases Blumen." Das mit diesen Worten verbundene Hauptthema ist ein Marsch. Brahms erwähnt ihn in einem Brief an Clara Schumann vom 24. April 1865: „Der 2. (Chor) geht aus c-Moll und in Marschtempo: denn alles Fleisch ..." (→ Notenbeispiel 8, S. 19f.).

Nach der reduzierten Besetzung des ersten Satzes schreibt Brahms jetzt für das volle Orchester. Fragen wir nach dem Ausdruck dieses so prägnanten Hauptthemas, so ist es mit seiner endgültigen Tonart b-Moll in einen düsteren Bereich gerückt. Sein Rhythmus ist bestimmt durch Viertelauftakte, die etwas Kommendes, in Verbindung mit der triolischen Pauke Bedrohliches beschreiben. Die ständig wiederholten Punktierungen haben den Charakter von Unausweichlichkeit.

Ungewöhnlich ist die Instrumentation. Brahms beginnt in sehr hoher Lage mit dreistimmigen Akkorden der Violinen und verdoppelt sie eine Oktave tiefer mit den dreistimmigen Bratschen. Mit diesen Streichern sind auch die Holzbläser geführt, dominiert von der hohen Piccoloflöte. Der hohe Klang scheint von weither zu kommen, fahl und von bedrohlichen Vorahnungen bestimmt.

Für diesen Satzanfang gibt Brahms viele spezifische Anweisungen zu Dynamik und Artikulation. Die Violinen, Bratschen und die hohen Holzbläser sollen *legato, ma un poco marcato* spielen, die Bässe *m. v. (mezza voce), sempre legato*, hinzu kommen Akzentzeichen und *crescendo/diminuendo*-Gabeln. Es muss Brahms sehr wichtig gewesen sein, diesen Anfang unmissverständlich zu notieren.

Nach den Marschtakten entfaltet Brahms in den hohen Streichern, der Oboe und Piccoloflöte eine Melodie. Sechsmal sind drei auftaktige Achtel aufblühend in hohe Lage gerichtet. In den Schlusstakten – von Takt 17

II. Denn alles Fleisch, es ist wie Gras

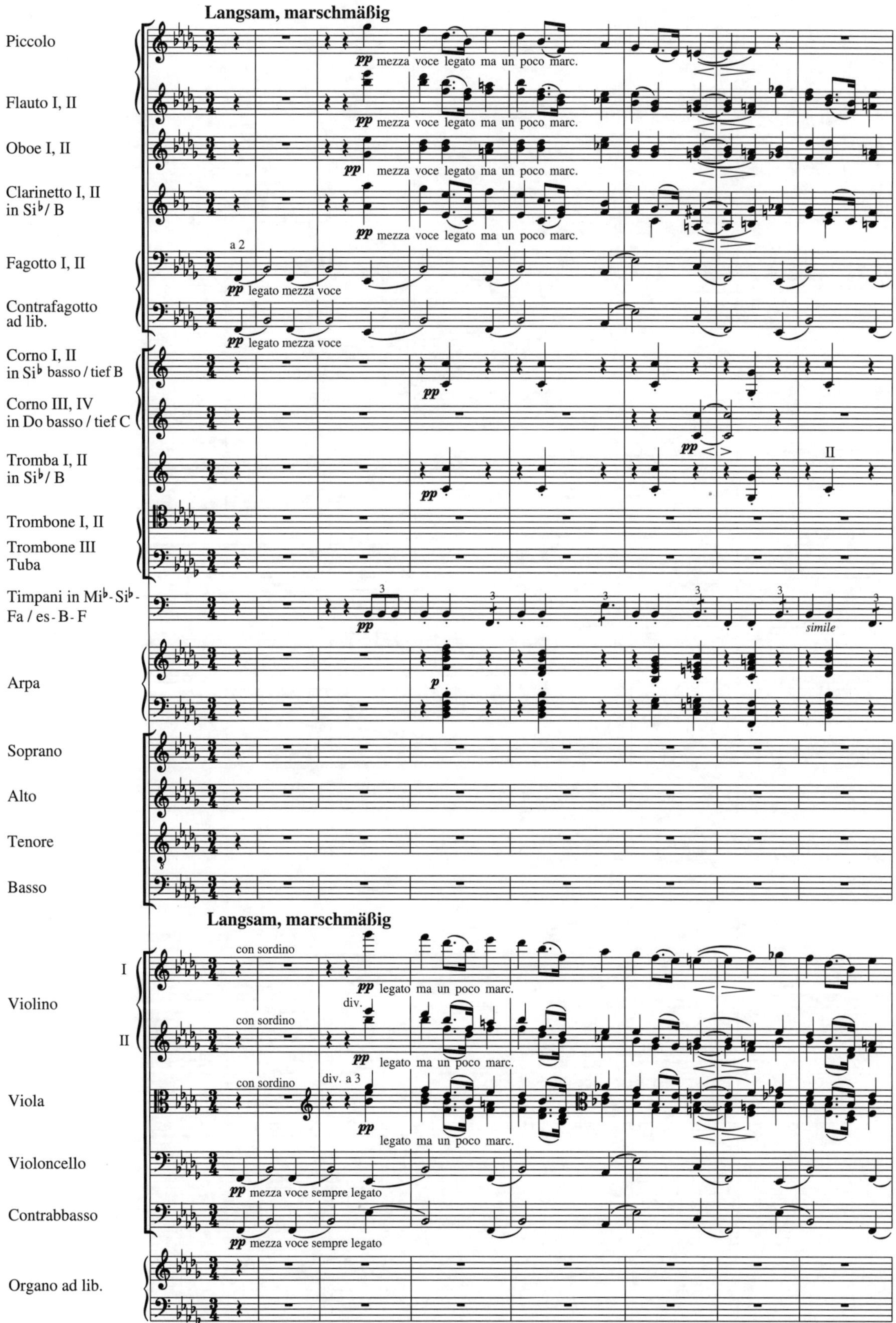

Notenbeispiel 8: Satz II, T. 1–15

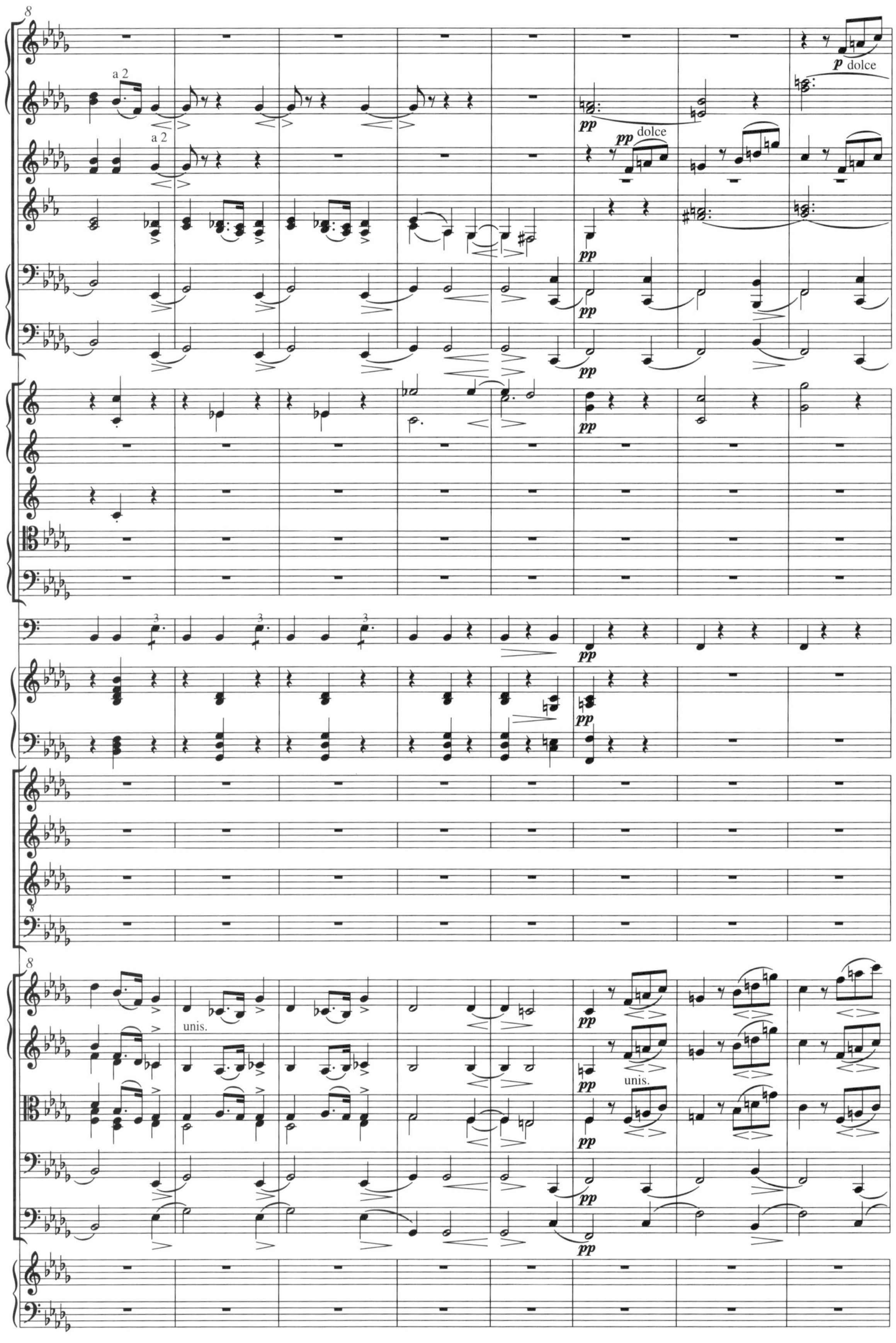

8
a 2
a 2
pp
pp
dolce
p dolce
pp
pp
pp
pp
pp
3
3
3
pp
pp
8
8
unis.
pp
pp
unis.
pp
pp
pp

bis 20 – wird diese Melodie überlagert von den triolischen Rhythmen und den Akkorden der Pauke, Harfe, Trompeten und Hörner, die sich dieser melodischen Entfaltung entgegenstellen (→ Notenbeispiel 9, S. 22, T. 17–20).

Man möchte erwarten, dass jetzt sofort der nächste Satzabschnitt beginnt. Aber bevor das geschieht, fügt Brahms mit Auftakt zu Takt 22 einen zusätzlichen Takt ein, in dem nur das auftaktige Motiv des Satzanfangs in den tiefen Instrumenten erklingt. Es hat mit den Marschtakten unausweichlich Kommendes gesagt und bestätigt jetzt die Unabänderlichkeit dieser Aussage. Dieser gliedernde Zwischentakt erscheint immer nach der Durchführung des Marschthemas, bevor dann ein neuer Zusammenhang folgt (→ Notenbeispiel 9, S. 22, T. 20–22).

Bevor der Chor den Text nennt, komponiert Brahms mit diesem so ausdrucksstarken instrumentalen Satz der Orchestereinleitung den Sinngehalt der Worte. Der Marschrhythmus, die aufblühende und dann bedrohte Melodie bleiben die wichtigste Aussage des ausgedehnten ersten Großabschnitts.

Brahms wiederholt diese instrumentale Aussage immer wieder – zum ersten Mal mit dem Beginn des Chors in Takt 22. Der Chor scheint ein Lied zu singen – in der Tonart b-Moll und auf die hellen Soprane verzichtend, nur mit den tiefen Stimmen Alt, Tenor und Bass besetzt, ist es ein düsteres Lied. Es erklingt einstimmig, wohl ein Zeichen dafür, dass die Textaussage alle Menschen einschließt. Die Worte „das Gras ist verdorret" hätte Brahms in einer *a cappella*-Motette wohl ihrem Sinn entsprechend anders komponiert. Hier – in Takt 34 – fügt er die Dur-Terzen von Sopran und Alt in den melodisch aufblühenden Satz des Orchesters ein, das den musikalischen Ausdruck bestimmt und dann mit dem kompromisslos harten Einsatz der Pauken, Harfe und Bläser dem Blühen ein Ende macht, die Blumen verdorren lässt (→ Notenbeispiel 9, S. 22–25, T. 22–42).

Wie am Satzbeginn besetzt Brahms jetzt – von Takt 42 bis 54 – nur das Orchester. Lassen Sie uns diese Takte analytisch betrachten. Der Satz steht auf dem Orgelpunkt F, den Celli und Kontrabässe bis zum Wiedereinsatz des Chors festhalten. Das Marschthema prägt das Klangbild mit seinem unablässig fortschreitenden Rhythmus. Nach dem b-Moll des Anfangs beginnt Brahms jetzt in B-Dur und wendet danach die Harmonik mehr und mehr zu dissonanter werdenden Moll-Akkorden. Er beginnt *pianissimo* und verlangt danach ein lange anlaufendes *crescendo*. Die Intensivierung dieses *crescendos* geschieht durch die zunehmend einsetzenden Bläser, zunächst die beiden tiefen Hörner, dann das erste Horn und die Fagotte, dann die Haltetöne der Posaunen. Die Pauken hatten im vorausgehenden Satzteil immer wieder Pausen, jetzt spielen sie durchgehend und beschleunigen ihren Rhythmus von Vierteln zu triolischen Achteln, die am Ende dreimal in Wirbel münden.

Brahms' Ausdruckswille ist gewaltig. In den beiden B-Dur-Takten scheint er die Vision eines schönen und unbedrohten Lebens abzubilden – die *marcato*-Vorschrift des Marschrhythmus fehlt jetzt. Aber dann wird diese helle Vision mit der Harmonik, den Einsätzen der Bläser und dem Rhythmus der Pauken in ständigem *crescendo* zunehmend verdüstert, bedroht und schließlich zerstört (→ Notenbeispiel 9, S. 25–27, T. 42–55).

Der Höhepunkt dieser Entwicklung ist der Wiederbeginn des jetzt auch den Sopran einschließenden Chors mit dem gleichzeitig in sehr hoher Lage einsetzenden Orchester. Der hier beginnende letzte Abschnitt des ersten Satzteils von Takt 54 bis 74 entspricht dem ersten Chorabschnitt der Takte 22–42. Er ist gleich lang und benützt erneut die dort verwendeten Themen und Motive. Der eklatante Unterschied zwischen beiden Abschnitten ist die von Brahms geplante Dynamik. Jetzt, am Beginn dieses zweiten Abschnitts, verlangt Brahms ein bisher im ganzen Stück noch nicht vorgekommenes *fortissimo*. Nun ist der Trauermarsch nicht mehr wie am Satzanfang eine fahle Bedrohung, sondern existenzielle Realität, der sich „alles Fleisch" beugen muss. Es gibt kein Entrinnen und „alle Herrlichkeit des Menschen" verblasst im *diminuendo*. Zu den Worten „das Gras ist verdorret" blüht die Blume in den Violinen, Bratschen und Holzbläsern noch einmal auf, aber das erscheint als eine fast wehmütige Reminiszenz. Die einsetzenden Pauken, Harfe und Bläser hauen sie ab und bestätigen die Unausweichlichkeit menschlichen Schicksals.

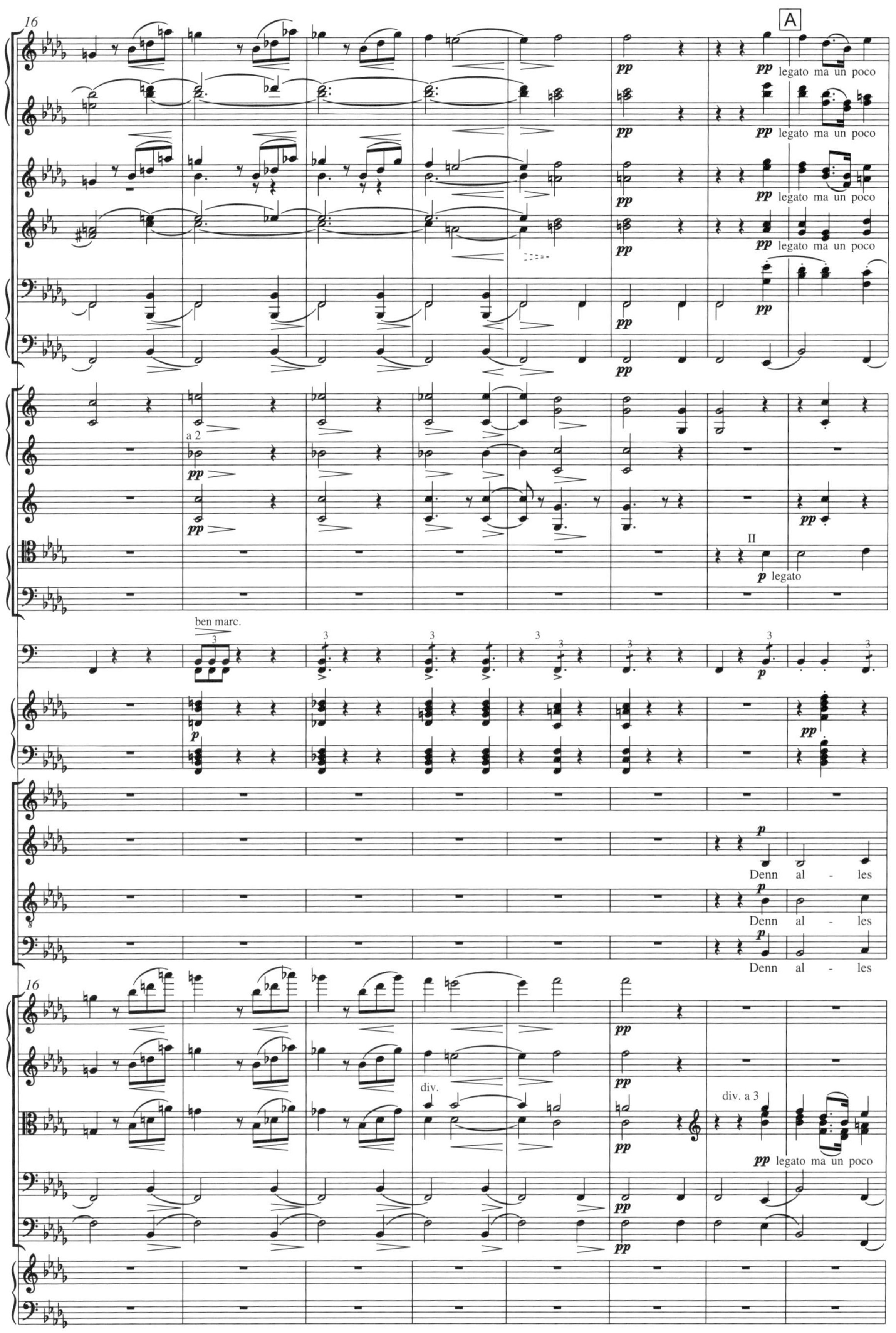

Notenbeispiel 9: Satz II, T. 16–59

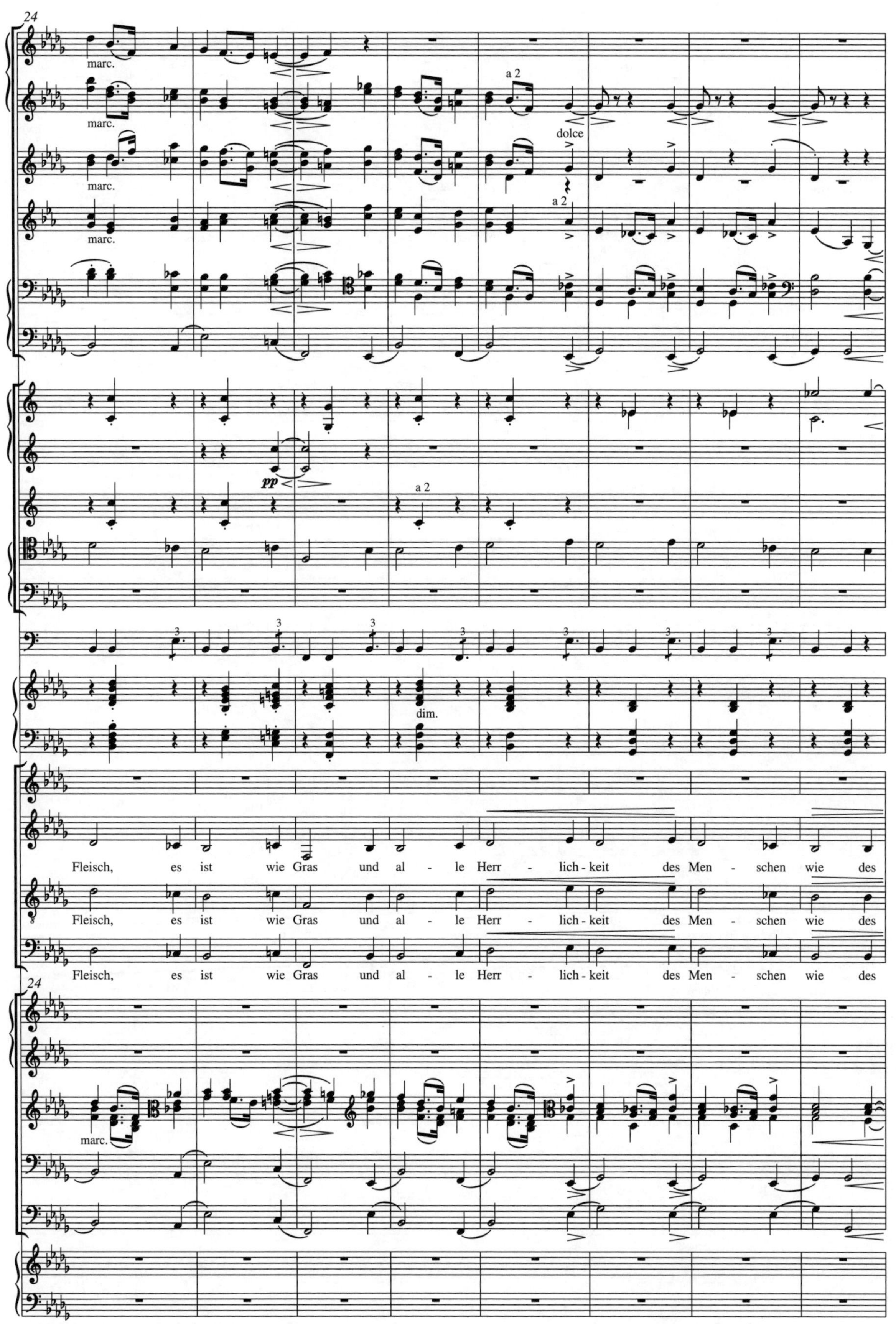
24
marc.
marc.
marc.
marc.
a 2
dolce
a 2
pp
a 2
dim.
Fleisch, es ist wie Gras und al - le Herr - lich - keit des Men - schen wie des
Fleisch, es ist wie Gras und al - le Herr - lich - keit des Men - schen wie des
Fleisch, es ist wie Gras und al - le Herr - lich - keit des Men - schen wie des
24
marc.

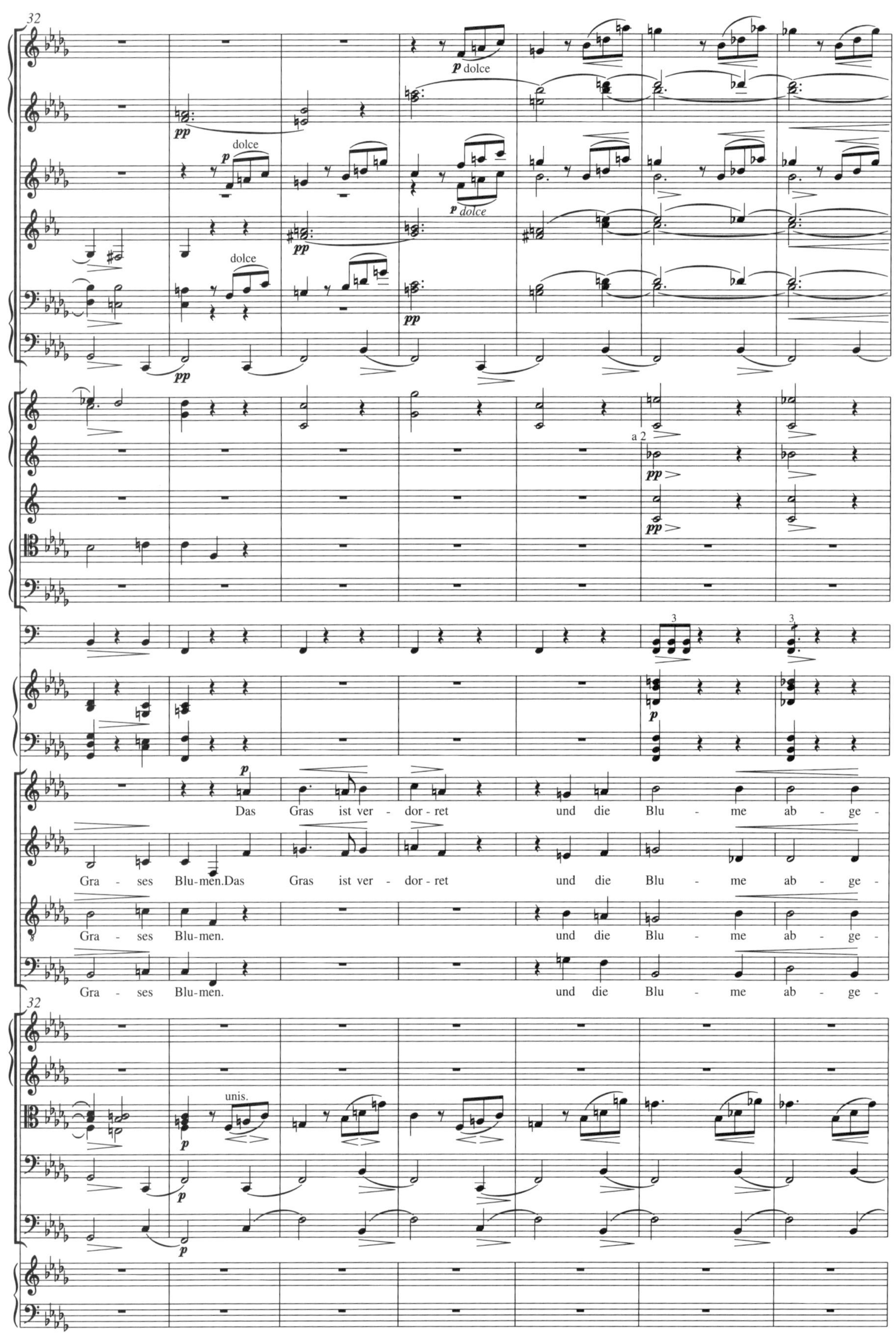
32
p dolce
pp
dolce
p
p dolce
pp
dolce
pp
pp
a 2
pp
pp
3
3
p
p
Das Gras ist ver - dor - ret und die Blu - me ab - ge -
Gra - ses Blu - men. Das Gras ist ver - dor - ret und die Blu - me ab - ge -
Gra - ses Blu - men. und die Blu - me ab - ge -
Gra - ses Blu - men. und die Blu - me ab - ge -
32
unis.
p
p
p

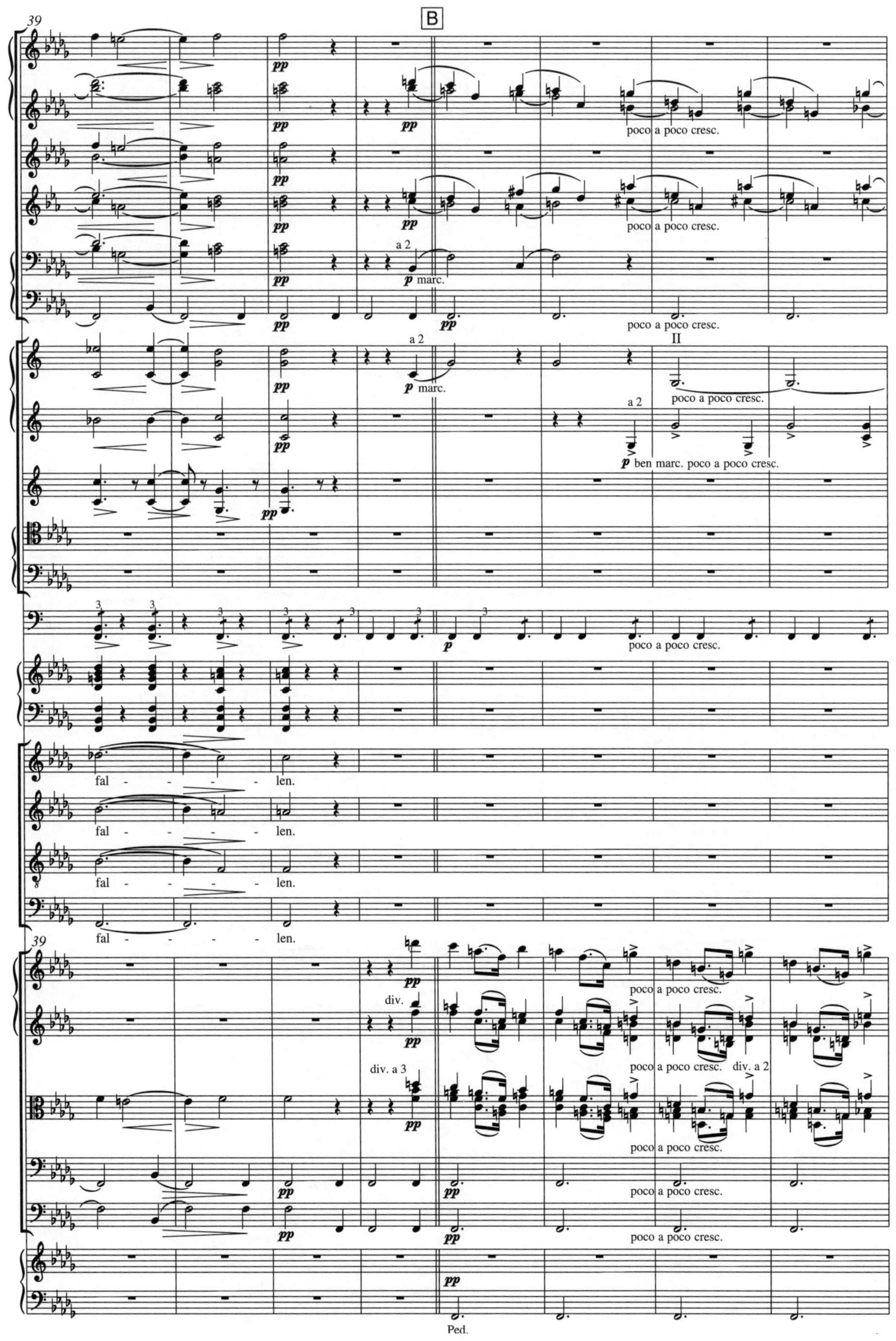
39
B
pp
poco a poco cresc.
a 2
p marc.
II
p ben marc. poco a poco cresc.
fal - - - - - len.
div.
div. a 3
div. a 2
Ped.

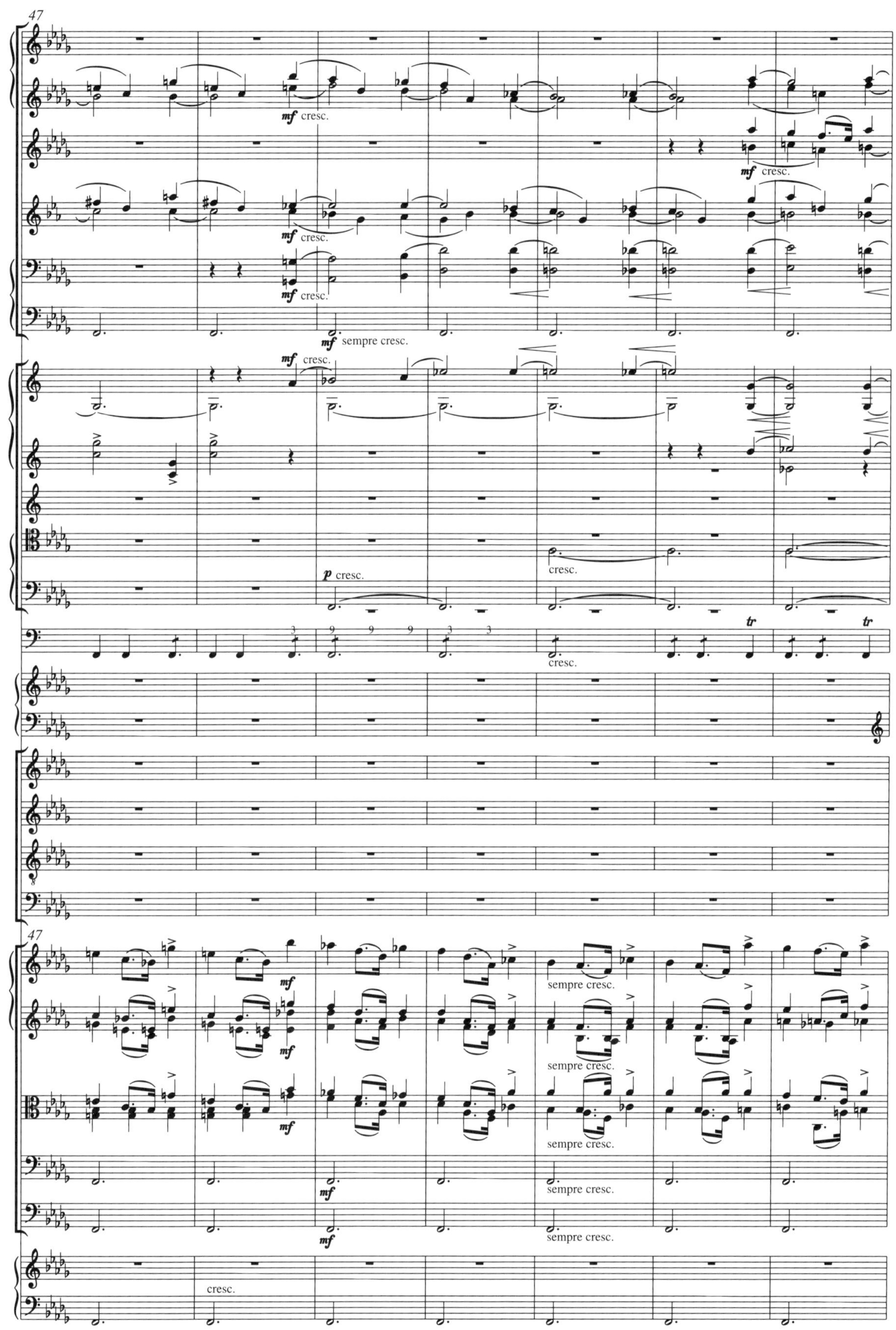
47
mf cresc.
mf cresc.
mf cresc.
mf cresc.
mf sempre cresc.
mf cresc.
p cresc.
cresc.
cresc.
tr
tr
47
sempre cresc.
mf
mf
sempre cresc.
mf
sempre cresc.
mf
sempre cresc.
mf
sempre cresc.
cresc.

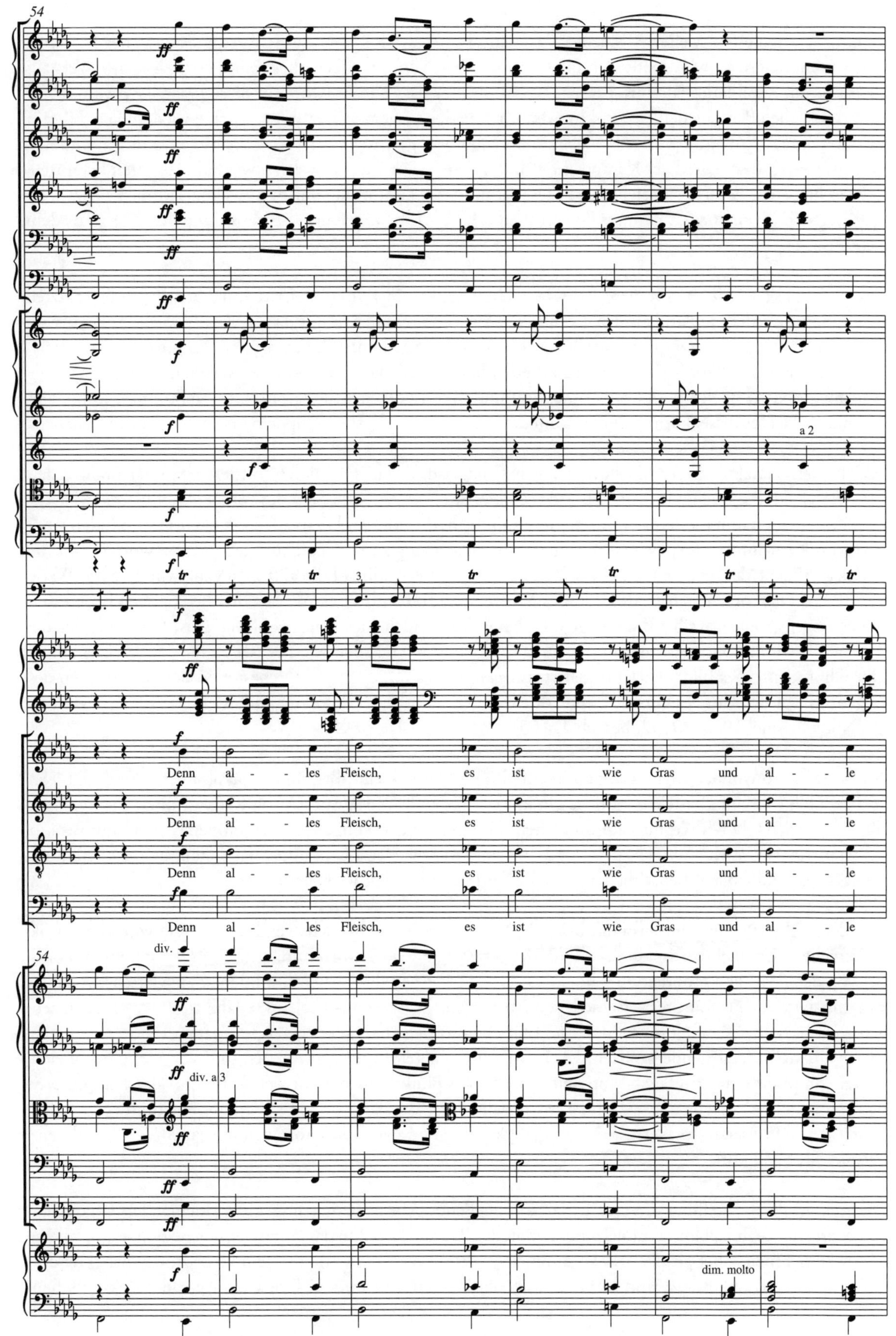
54
ff
f
tr
a 2
Denn al - - les Fleisch, es ist wie Gras und al - - le
div.
div. a 3
dim. molto

Brahms hat in diesem zweiten Satz seines Requiems bisher den 24. Vers aus dem ersten Kapitel des 1. Petrusbriefs komponiert. Er wird später den folgenden 25. Vers vertonen. Jetzt aber wendet er sich dem 7. Vers aus dem fünften Kapitel des Jakobusbriefs zu. Warum tut er das? Die Antwort auf diese Frage liegt wohl in der grundsätzlichen Planung der Satzstruktur. Brahms will den bisher komponierten Satzteil wiederholen. Hierfür wählt er eine Architektur, wie sie in vielen in Sonatenform geschriebenen Stücken, also etwa in Symphonien als dritte Sätze, Bestandteil der Komposition sind. Diese Menuette oder Scherzi wiederholen ihren Hauptteil, dazwischen steht das Trio. Bezieht man diese strukturelle Anordnung auf den zweiten Requiem-Satz, wäre man versucht, von einem Totentanz zu sprechen. Dessen Trio wäre dann die Vertonung der Worte aus dem Jakobusbrief.

Lassen Sie uns die Satzstruktur dieses Trios betrachten (Takt 75ff.). Im Gegensatz zum vorausgehenden Satzteil mit seinen ausgedehnten und ausdrucksstarken Abschnitten, in denen nur das Orchester spielt, ist es vorwiegend ein Chorstück. Zunächst mit den Worten „so seid nun geduldig, lieben Brüder“ beginnen die jeweiligen Textgruppen nicht akkordisch, sondern sind polyphon aufgelockert. Die Streicher haben keine eigenständige Aufgabe, sondern spielen die Chorstimmen mit und differenzieren artikulatorisch deren Stimmführung. Das Horn und die Holzbläser korrespondieren mit dem Chor, aber auch sie verdoppeln immer wieder den Vokalsatz.

Was ist der Charakter dieser Musik und was will sie ausdrücken? Für diesen mittleren Teil hat Brahms den Dreivierteltakt des Anfangs beibehalten, jetzt schreibt er *Etwas bewegter*. Statt des vorher akzentuierten Marsch-Auftakts erhalten nun die ersten Taktzeiten Betonungen, die mit den Hauptsilben der Worte verbunden sind. Die Musik gewinnt dadurch einen beinahe anmutig schwingenden Charakter, der zu den Worten „auf die köstliche Frucht“ an den Charme eines wienerischen Walzers rührt (Takt 97ff.). In ganz wunderbarer Weise von Brahms hervorgehoben ist das Bild des Morgen- und Abendregens. Was ist die theologische Bedeutung dieses Regens, warum wählt Brahms gerade diesen Vers? Auch hier ist es wohl der Trost-Gedanke, der die Auswahl bestimmt: Gottes Zuwendung ist so sicher und unerlässlich wie der Regen für den „Ackermann“. Der Chor nennt dies Bild, aber er begleitet mit *pianissimo*-Akkorden das Orchester, in dem die Tropfen des Regens in den Pizzicati der Streicher und vor allem den Staccati der Soloflöte und der Harfe Klang gewinnen (→ Notenbeispiel 10, S. 29–32, bes. ab T. 103).

Nach diesem so wundersamen Klangbild kehrt Brahms zurück zum Beginn des Jakobusverses und sagt: „So seid geduldig“. Brahms hatte das Horn schon im ersten Satz für den Ausdruck von Klage genutzt. Jetzt nehmen die Hörner den Chor-Rhythmus auf und leiten mit ihren fahl verklingenden Haltetönen zurück zum Beginn des Trauermarschs. Mit Auftakt zu Takt 127 bis Takt 198 wiederholt Brahms den Anfangsteil. Er verändert nichts – die Endlichkeit menschlicher Existenz wird unverrückbar festgehalten.

Mit dem Takt 198 sind die düsteren b-Moll-Akkorde des Trauermarschs verklungen. Wie wird die Musik weitergehen? Unglaublich ist die Wirkung des jetzt ohne jede Vorbereitung einsetzenden B-Dur-Akkords des von den Posaunen grundierten Chors – ein Bollwerk gegen den bisher dominierenden Marschrhythmus. Brahms stattet es aus mit drei verschiedenen Attributen. Es ist ewig – drei Takte lang ist das Wort Ewigkeit gehalten. Es besitzt Vitalität – Violinen und Bratschen spielen energische Synkopen, dann die ersten Violinen für vier Takte durchgehende Sechzehntel. Es ist triumphierend – Flöten, Oboen und vor allem Trompeten führen ein punktiertes Fanfaren-Motiv ein. Aus diesen Punktierungen entwickelt Brahms das Hauptmotiv des kommenden Satzteils und verbindet es zunächst im Bass, dann in den anderen Chorstimmen mit den Worten „Die Erlöseten des Herrn werden wiederkommen und gen Zion kommen mit Jauchzen.“ (→ Notenbeispiel 11, S. 33–36).

Die sich an die Vorstellung dieses Themas anschließende Musik besitzt ungemein drängenden Charakter. Zunächst lässt Brahms Hörner und Trompeten in den Takten 219–222 das vorausgegangene punktierte vokale Motiv aufnehmen. Aber gleichzeitig komponiert er den Text weiter und gibt dem Chor zum Wort „Freude“ auftaktig erregte Akkorde. Dann kommt es in den Takten 223 und 224 zu einem geradezu ekstatischen

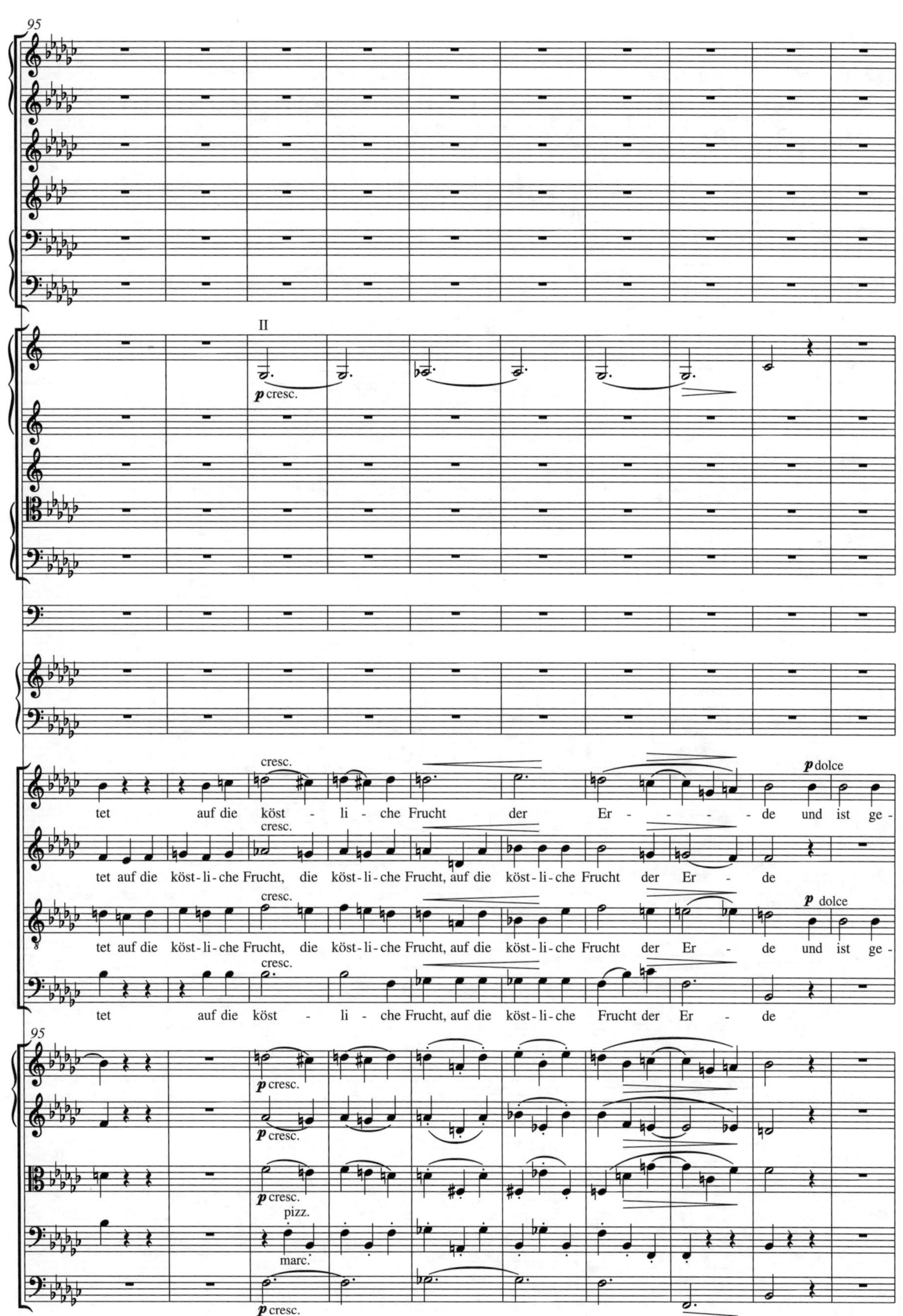

Notenbeispiel 10: Satz II, T. 95–128

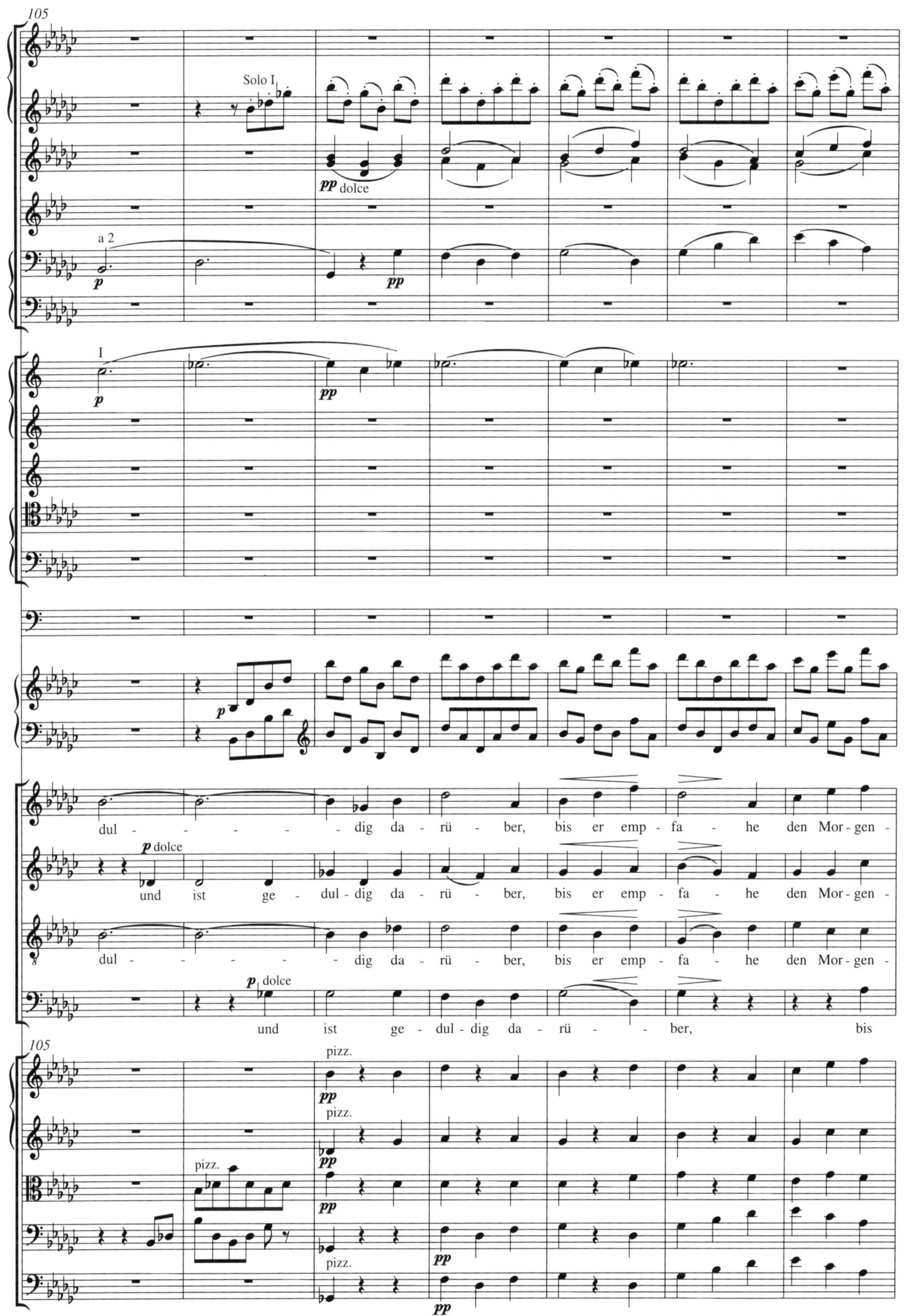
105
Solo I
pp dolce
a 2
p
pp
I
p
pp
p
dul - - - - - - dig da - rü - ber, bis er emp - fa - he den Mor - gen -
p dolce
und ist ge - dul - dig da - rü - ber, bis er emp - fa - he den Mor - gen -
dul - - - - - - dig da - rü - ber, bis er emp - fa - he den Mor - gen -
p dolce
und ist ge - dul - dig da - rü - - ber, bis
105
pizz.
pp
pizz.
pp
pizz.
pp
pizz.
pp
pp

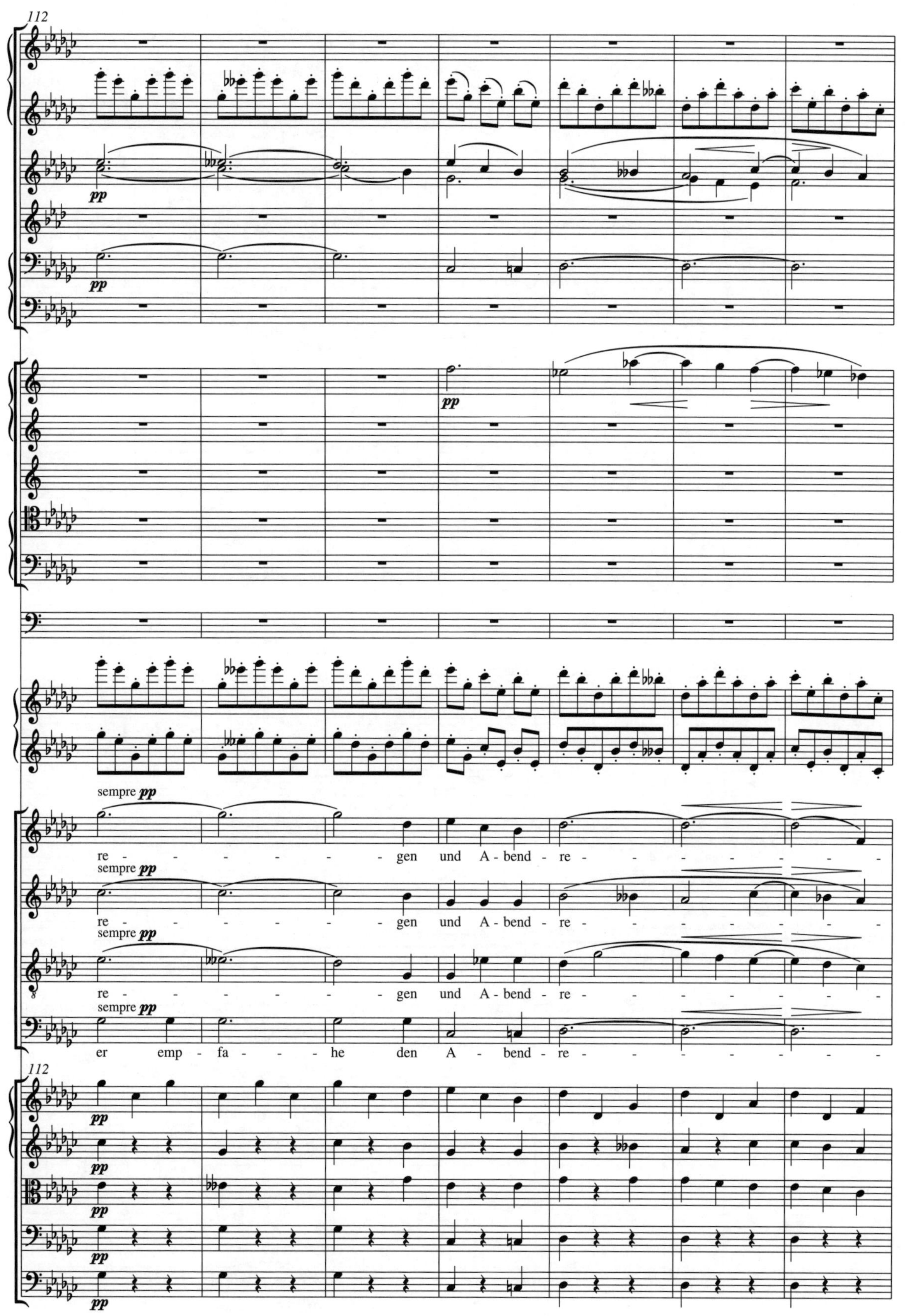
112
pp
pp
pp
sempre pp
sempre pp
re - - - - - - gen und A - bend - re - - - - - - - -
sempre pp
re - - - - - - gen und A - bend - re - - - - - - - -
sempre pp
re - - - - - - gen und A - bend - re - - - - - - - -
sempre pp
er emp - fa - - - he den A - bend - re - - - - - - -
112
pp
pp
pp
pp
pp

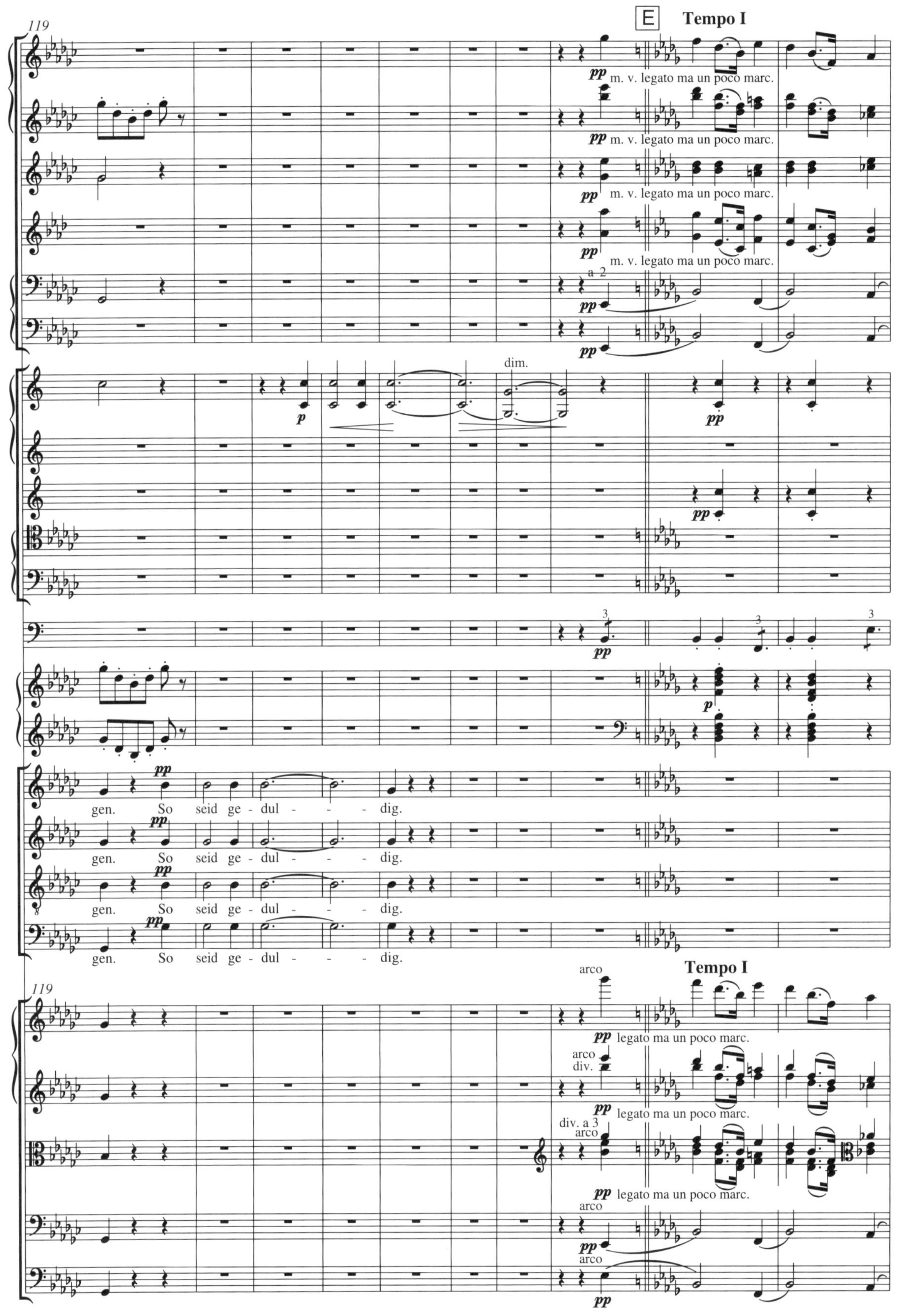
119
E
Tempo I
pp m. v. legato ma un poco marc.
pp m. v. legato ma un poco marc.
pp m. v. legato ma un poco marc.
pp m. v. legato ma un poco marc.
a 2
pp
pp
p
dim.
pp
pp
3
pp
p
pp
gen. So seid ge - dul - - - dig.
gen. So seid ge - dul - - - dig.
gen. So seid ge - dul - - - dig.
gen. So seid ge - dul - - - dig.
arco
Tempo I
119
pp legato ma un poco marc.
arco
div.
pp legato ma un poco marc.
div. a 3
arco
pp legato ma un poco marc.
arco
pp
arco
pp

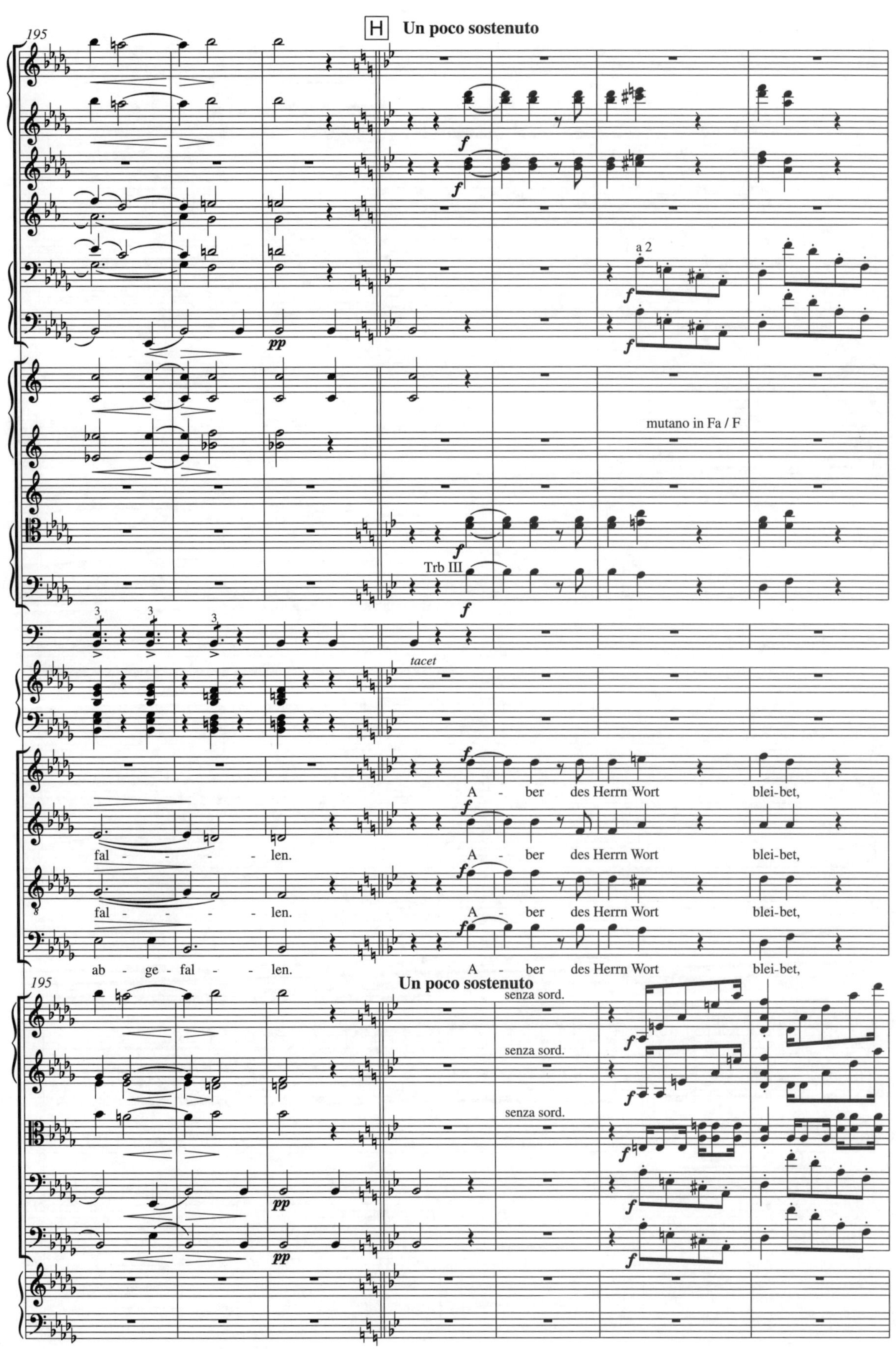

Notenbeispiel 11: Satz II, T. 195–217

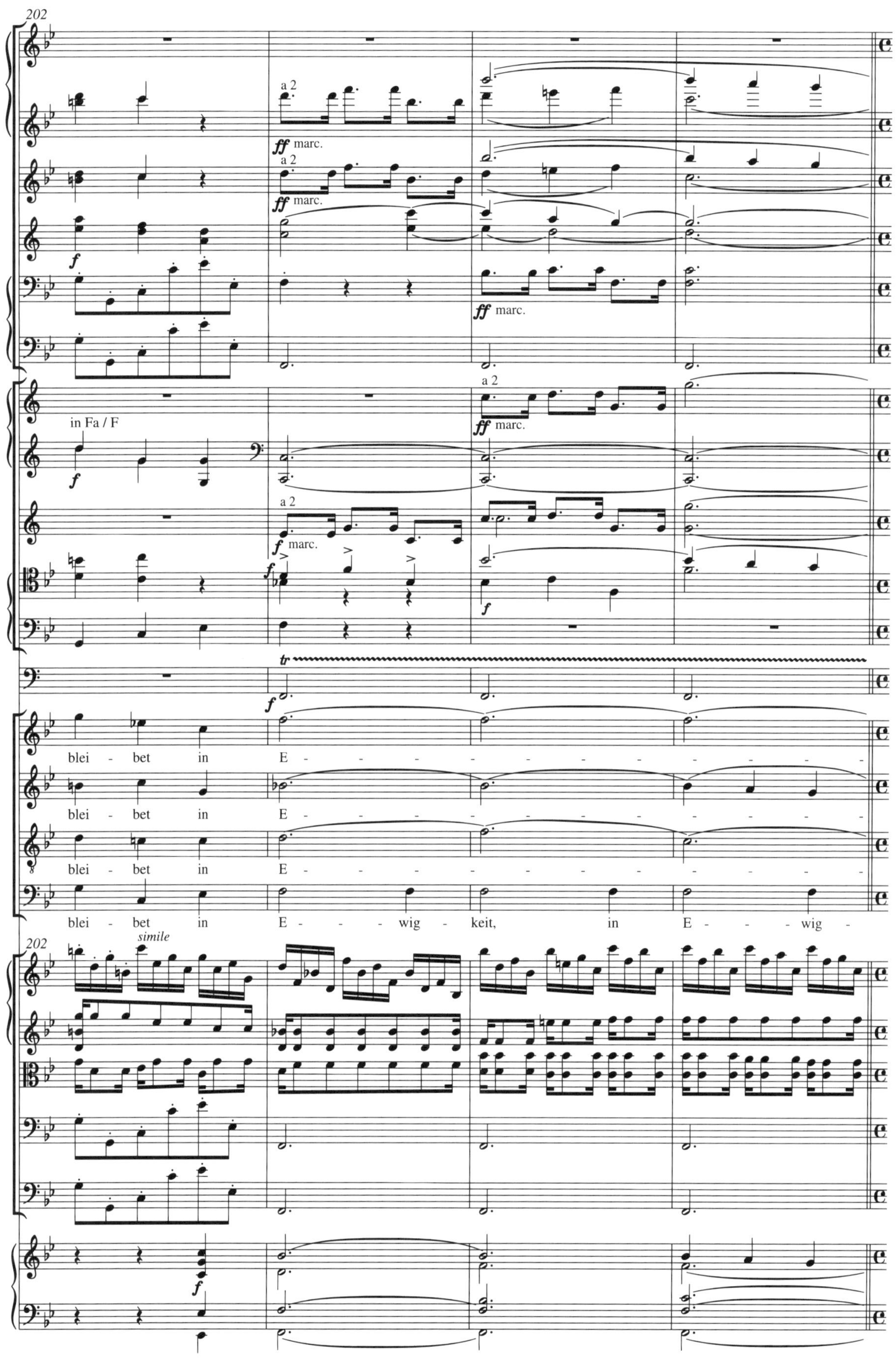
202
a 2
ff marc.
a 2
ff marc.
f
ff marc.
a 2
ff marc.
in Fa / F
f
a 2
f marc.
f
f
tr
f
blei - bet in E - - - - - - - - - - - - -
blei - bet in E - - - - - - - - - - - - -
blei - bet in E - - - - - - - - - - - - -
blei - bet in E - - - wig - keit, in E - - - wig -
202
simile
f

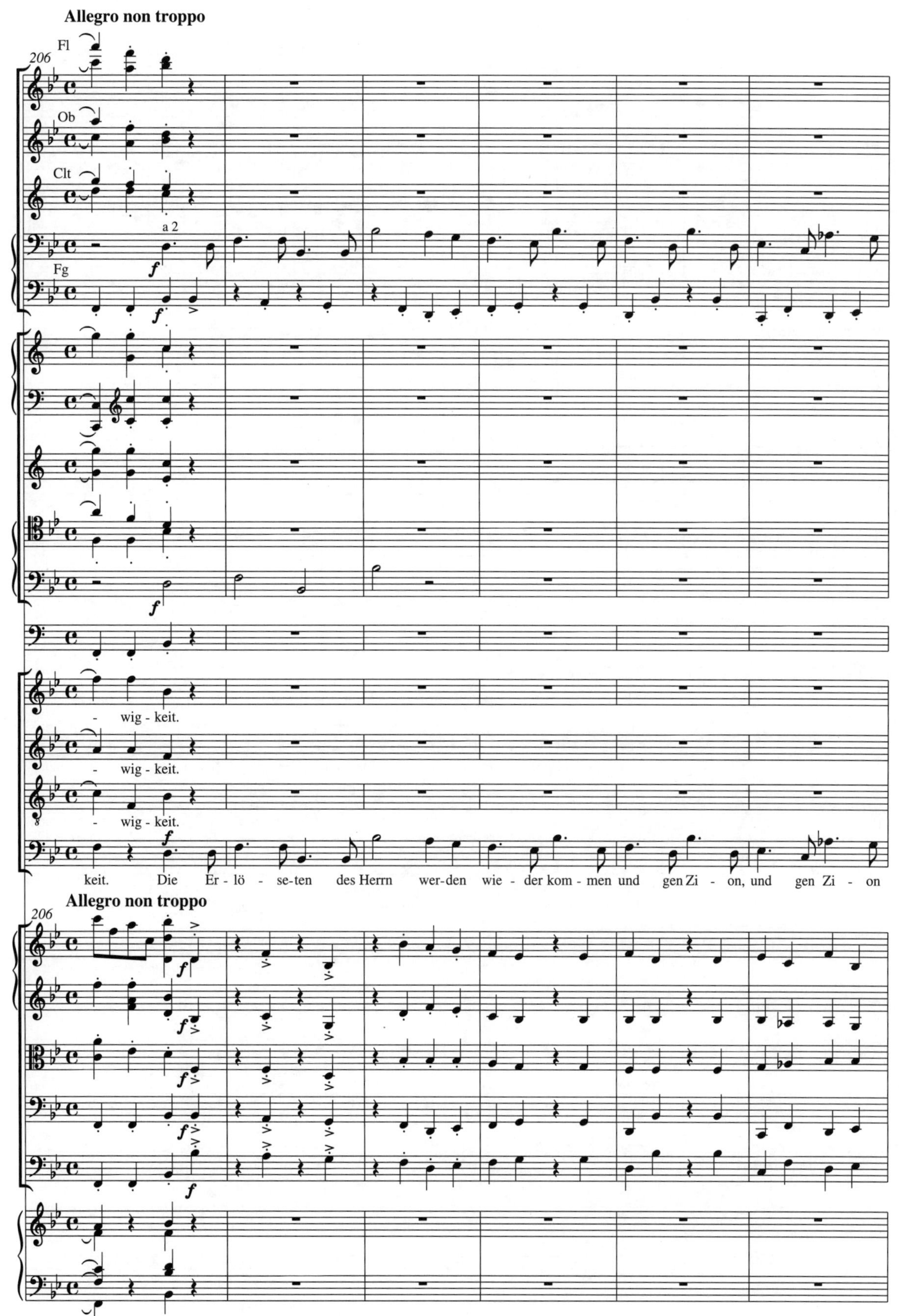
Allegro non troppo
206
Fl
Ob
Clt
a 2
Fg
- wig - keit.
- wig - keit.
- wig - keit.
keit. Die Er - lö - se-ten des Herrn wer-den wie - der kom - men und gen Zi - on, und gen Zi - on
Allegro non troppo
206

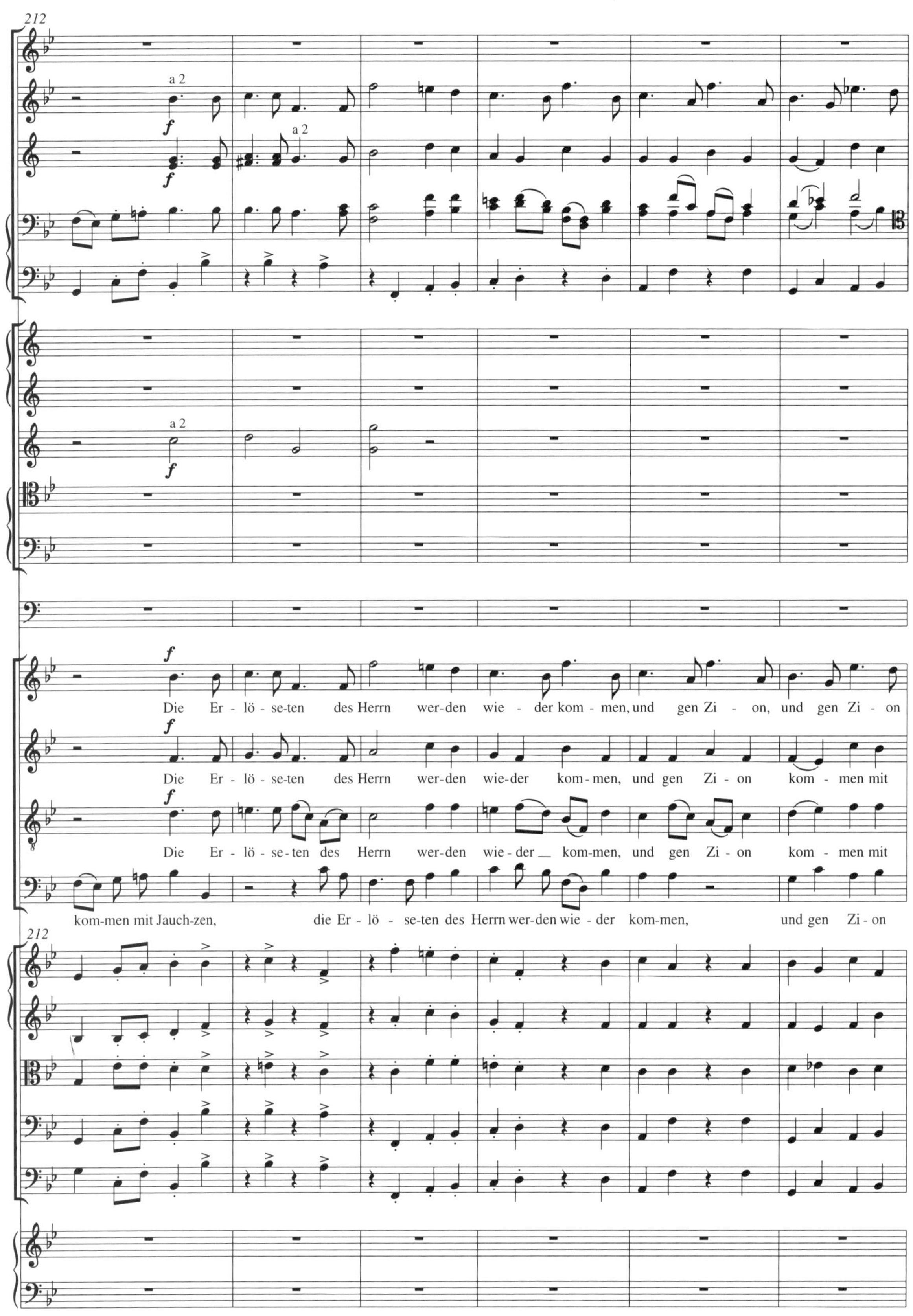
212
a 2
f
a 2
f
a 2
f
f
Die Er - lö - se-ten des Herrn wer-den wie - der kom - men, und gen Zi - on, und gen Zi - on
f
Die Er - lö - se-ten des Herrn wer-den wie-der kom - men, und gen Zi - on kom - men mit
f
Die Er - lö - se - ten des Herrn wer-den wie - der kom-men, und gen Zi - on kom - men mit
kom-men mit Jauch-zen, die Er - lö - se-ten des Herrn wer-den wie - der kom-men, und gen Zi - on
212

fortissimo-Ausbruch, gefolgt von vier *pianissimo*-Akkorden des Chors, die die verklärte Vision „ewiger Freude" mit den hellen Synkopen von Flöten, Klarinetten und den hohen Hörnern vermitteln. Wenn wir diese Musik erleben, empfinden wir die hinreißende Vitalität, die Brahms dem schicksalshaften Trauermarsch des ersten Satzteils entgegenhält.

Ab Takt 233 wendet sich Brahms der zweiten Hälfte des Jesajaverses zu: „Freude und Wonne werden sie ergreifen und Schmerz und Seufzer wird weg müssen." Jede der drei Affektgruppen erhält eine sinnbezogene Ausprägung. „Freude und Wonne" singen die hohen Chorstimmen Sopran und Tenor, und die Helligkeit und Erregtheit dieser Freude bilden Violinen und Bratschen mit ihren hohen Dur-Synkopen ab. Dann erklingen zu „Schmerz und Seufzen" tiefe und dissonante Klänge, die zwischen Orchester und Chor wechseln. Es folgen die entschiedenen Akkorde des „wird weg müssen", die Brahms mit Staccato-Punkten bezeichnet.

Noch einmal – ab Takt 245 – wendet sich Brahms den eben komponierten Affektgruppen zu. Mit den vorher entwickelten Motiven beginnt er wieder mit „Freude und Wonne" und betont dann mit dem Einsatz aller Chorstimmen und der verstärkenden Bläser drängend die Gewissheit der Prophezeiung „werden sie ergreifen". Den Moll-Akkorden des „Schmerz und Seufzens" sind jetzt ihren Textsinn intensivierend die Posaunen verdüsternd zugefügt. Auch die vorherigen entschiedenen „wird weg müssen"-Motive kehren wieder. Aber jetzt – ab Takt 261 – überlagert sie Brahms mit dem punktierten Hauptmotiv, mit dem dieser Teil begonnen hatte (Takt 207ff.). Nach den Hörnern folgen mit eintaktigem Abstand Klarinetten, Flöten und Oboen. Es scheint mir wichtig, dies nicht als eine allgemeine rhythmische Belebung, sondern in Verbindung mit dem Text des Motivs zu verstehen.

Während „Schmerz und Seufzen weg müssen", kommen – beinahe szenisch – die „Erlöseten des Herrn" wieder. Zuerst die Hörner und die Holzbläser, dann der Chor und die ihn verdoppelnden Streicher, schließlich Trompeten und Posaunen und die bestätigenden Pauken. Ein unglaublicher Moment: Der ganze Klangraum von Chor und Orchester ist mit seinen ständigen Engführungen drängend gefüllt von den wiederkommenden „Erlöseten des Herrn". Und was machen sie? Sie „kommen und jauchzen". Das kann gar nicht schnell genug gehen. Mit den „kommen"-Einsätzen der Takte 282–288 drängen sie sich rhythmisch immer weiter nach vorne. Schließlich erreichen sie jauchzend den Schlussakkord mit dem hohen *b* der Soprane.

Hier – in Takt 291 – greift Brahms zurück auf die Taktgruppen, die er im ersten Abschnitt für die Takte 219–230 komponiert hatte. In variierter Form erklingen zum Wort „Freude" die auftaktig erregten Akkorde und auch der ekstatisch ausbrechende *fortissimo*-Akkord.

Die anschließenden vier *pianissimo*-Takte des Chors leiten jetzt über zu einem neuen Satzteil. Brahms überschreibt ihn mit *tranquillo* und meint damit ein langsames Tempo, aber wohl auch den stillen Charakter der Musik. Die Freude ist ewig, sie wird nie enden. Brahms bildet diese Ewigkeit mit einem Orgelpunkt ab, auf dem die Kontrabässe bis zum Schluss des Satzes ihr tiefes *B* wiederholen. Aber das ist nicht nur ein bleibendes Ruhen, die pochenden Achtel der Celli und der Pauken fügen dem Orgelpunkt nie abreißende Lebendigkeit zu. Über dem tiefen Orgelpunkt verknüpft Brahms zwei verschiedene Motive: Ab Takt 303 die Bläser, mit Takt 316 auch die ersten Violinen leiten mit ihrem punktierten Rhythmus zu der ausdrucksvoll melodischen Linie, mit der die Chorstimmen, jeweils allein nacheinander eintreten. Was meint Brahms? Die „Erlöseten des Herrn" haben bisher erregt und ekstatisch ihre Freude ausgedrückt und sie visionär empfunden. Sie haben sich gedrängt und das kommende Jauchzen beinahe herbei gefordert. Sind sie jetzt – *tranquillo* – nicht mehr bedrängt von Schmerz und Seufzen, zur Ruhe gekommen am Ort ewiger Freude? Ist die chromatisch absteigende Linie, die in den Bläsern und im Takt 318 im Bass zum vokalen Hauptmotiv erscheint, Ausdruck der erfüllten Sehnsucht nach ewiger Seligkeit? (→ Notenbeispiel 12, S. 38f., T. 308–318).

Und noch ist Brahms nicht am Ende. Ab Takt 323 wird der Orgelpunkt von Kontrabässen und Pauken weitergeführt. Die punktierten Rhythmen erscheinen wie bisher in den Bläsern, und der Chor singt den Text in

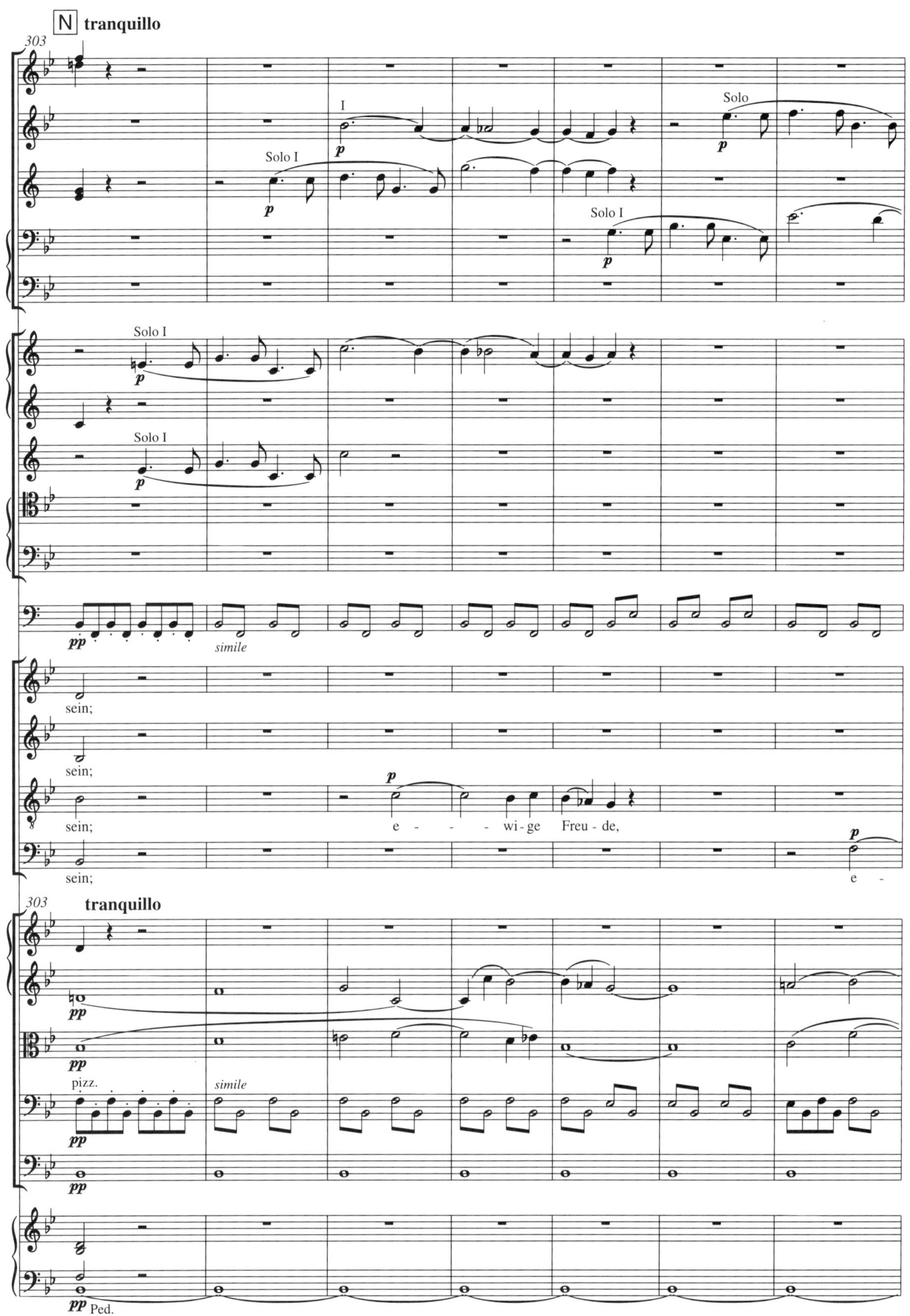

Notenbeispiel 12: Satz II, T. 303 bis Schluss

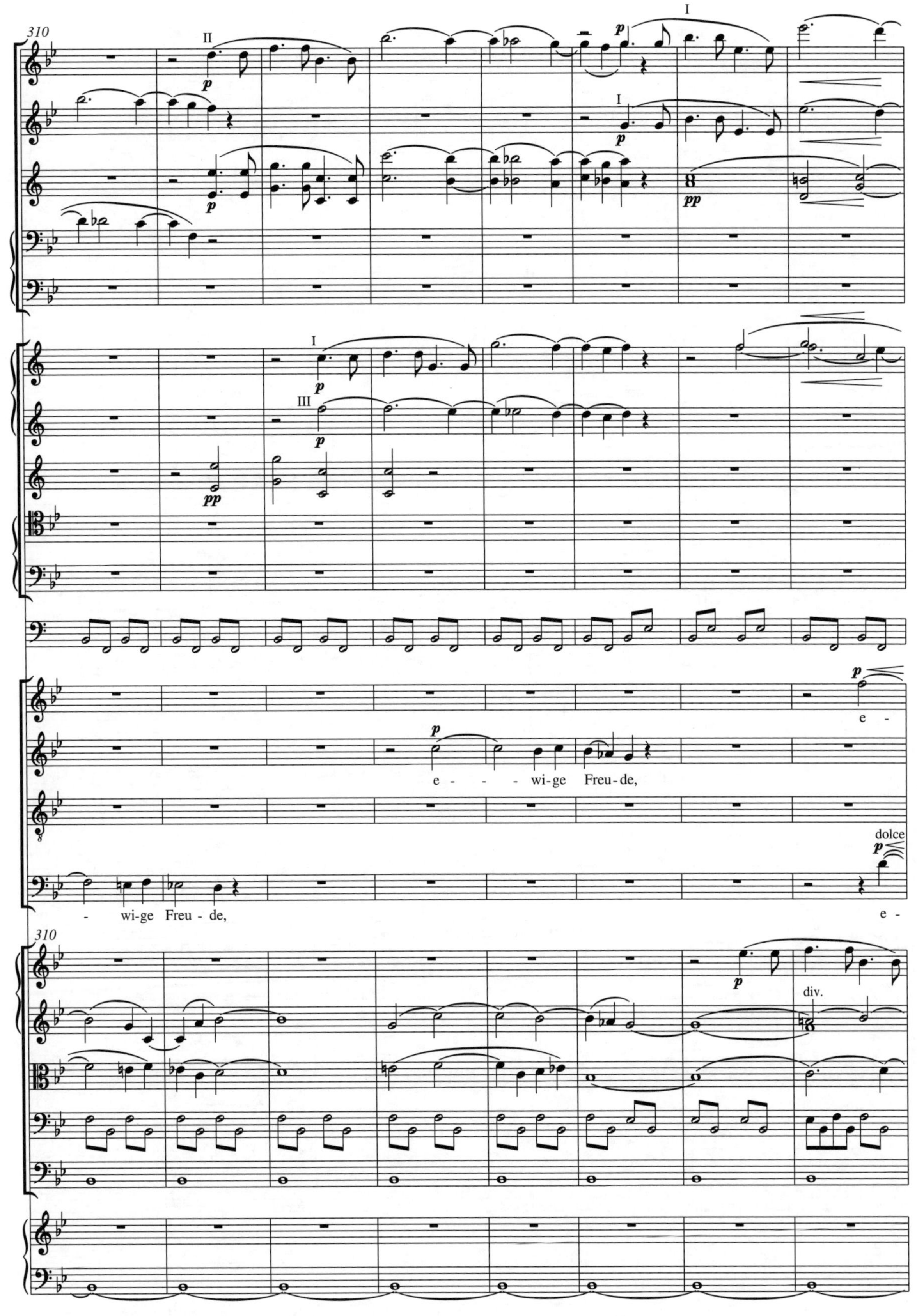
310
II
p
I
p
p
pp
I
p
III
p
pp
p
e - - - wi-ge Freu-de,
p
e -
dolce
p
- wi-ge Freu - de,
e -
310
p
div.

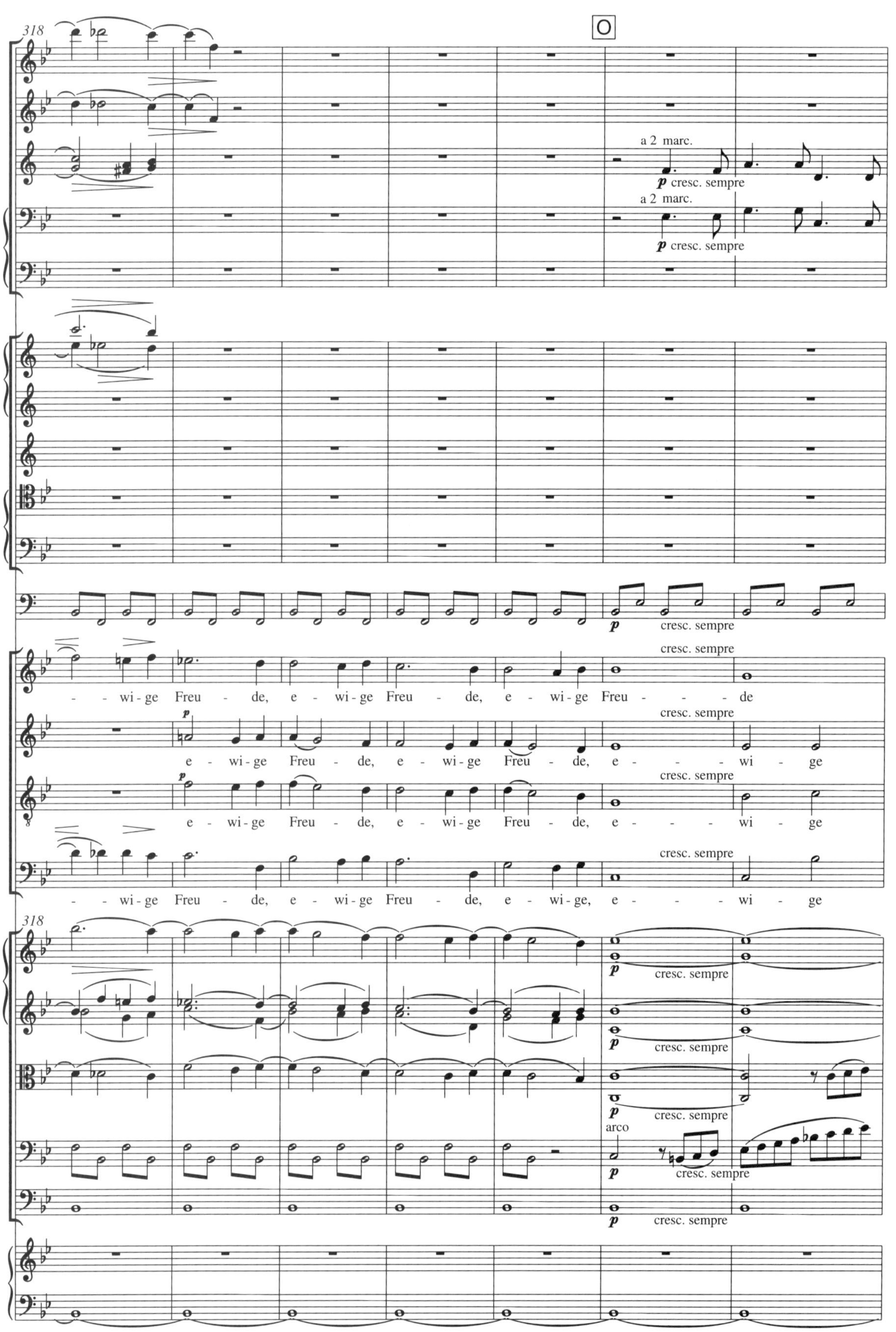
318
O
a 2 marc.
p cresc. sempre
a 2 marc.
p cresc. sempre
p
cresc. sempre
cresc. sempre
- - wi - ge Freu - de, e - wi - ge Freu - de, e - wi - ge Freu - - - de
cresc. sempre
e - wi - ge Freu - de, e - wi - ge Freu - de, e - - - wi - ge
cresc. sempre
e - wi - ge Freu - de, e - wi - ge Freu - de, e - - - - wi - ge
cresc. sempre
- - wi - ge Freu - de, e - wi - ge Freu - de, e - wi - ge, e - - - - wi - ge
318
p cresc. sempre
p cresc. sempre
p cresc. sempre
arco
p cresc. sempre
p cresc. sempre

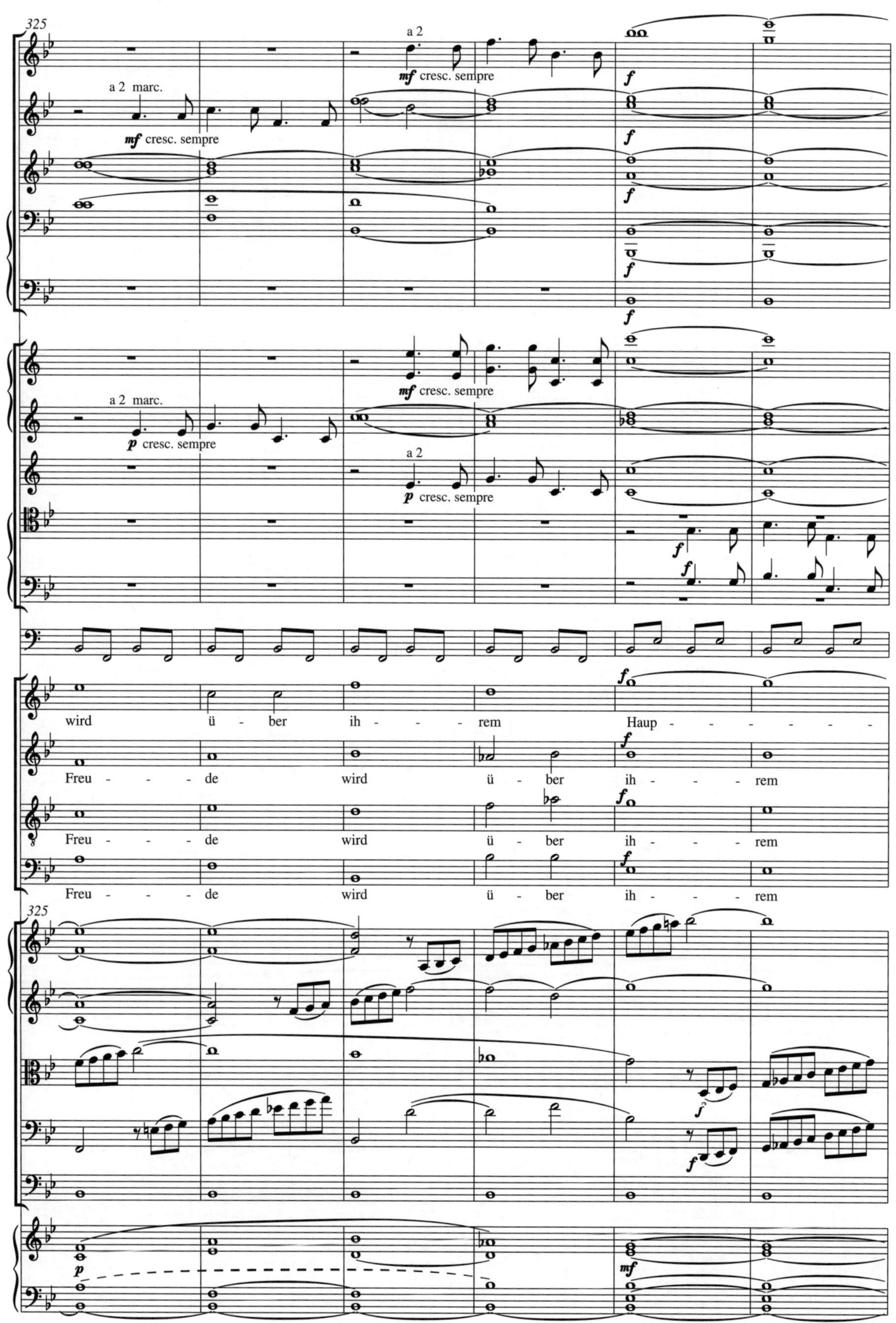
325
a 2
a 2 marc.
mf cresc. sempre
f
p cresc. sempre
wird
ü - ber
ih - - - rem
Haup - - - - - -
Freu - - - de
wird
ü - ber
ih - - - rem
325

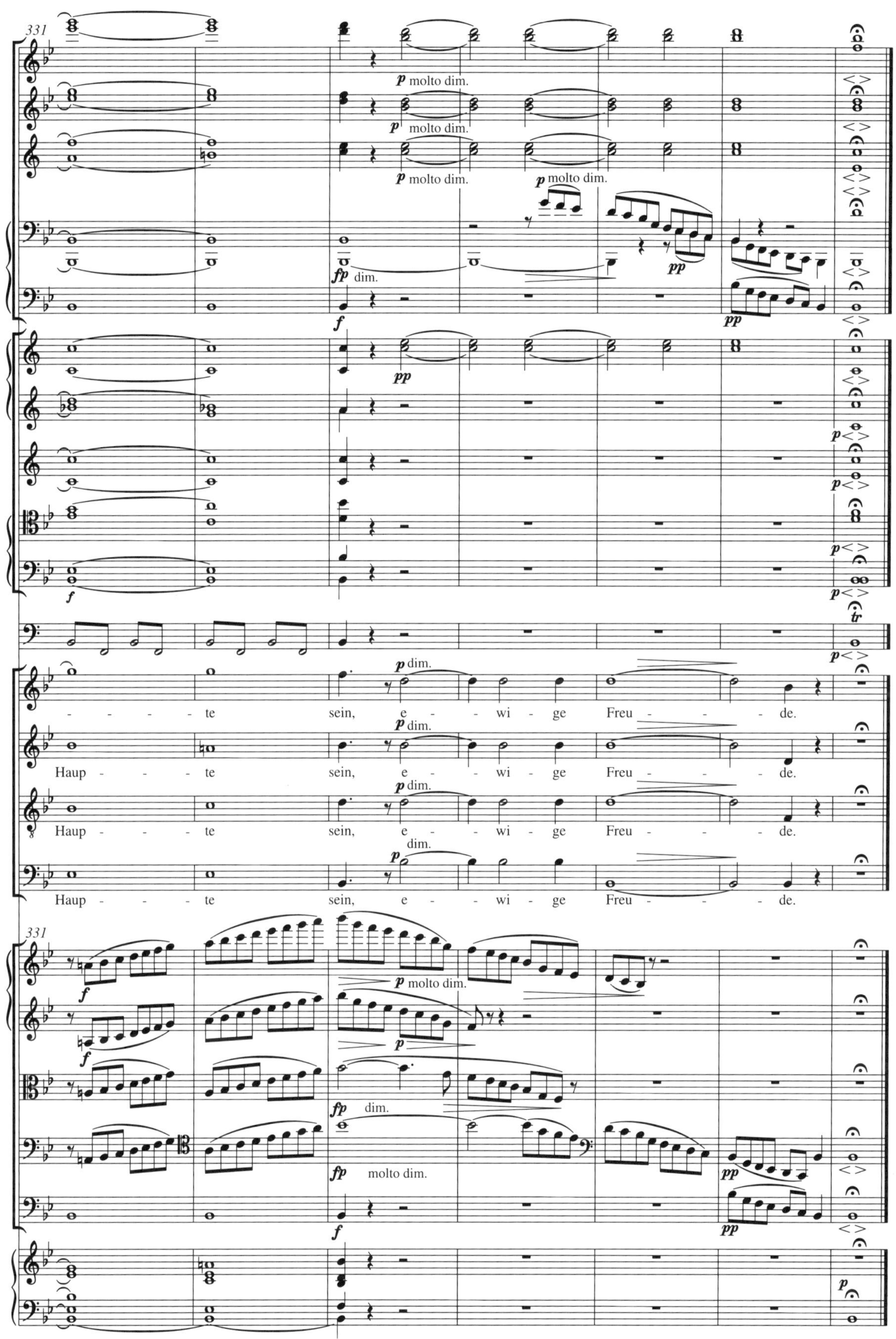
331
p molto dim.
p molto dim.
p molto dim.
p molto dim.
fp dim.
pp
f
pp
pp
f
p dim.
- - - - - te sein, e - - wi - ge Freu - - - - de.
Haup - - - te sein, e - - wi - ge Freu - - - - de.
Haup - - - te sein, e - - wi - ge Freu - - - - de.
Haup - - - te sein, e - - wi - ge Freu - - - - de.
331
f
p molto dim.
p
fp dim.
fp molto dim.
pp
f
pp
p

gehaltenen Akkorden. Neu ist eine tonleiterähnlich aus tiefer Lage nach oben gerichtete Figur, die zunächst verdeckt in den Celli und Bratschen erscheint, dann auch die Violinen einbezieht und schließlich von den in Oktaven spielenden Streichern auf einem hohen *b* zum Abschluss kommt.

Noch einmal die Frage: Was meint Brahms? Die einzelnen Streichergruppen weisen mit derselben Bewegungsrichtung aus tiefer Lage nach oben und werden dann im Unisono mit dem Gesamtklang von Chor und Orchester in einen hoch liegenden B-Dur-Akkord geführt. Sagt Brahms, dass alle – wir alle – einen Weg aus der Dunkelheit in die Helligkeit ewigen Lichts erhoffen? Nach diesem Höhepunkt bleibt der helle Klang ewiger Freude im Chor und den hohen Bläsern stehen. Er leuchtet über den Streichern und Fagotten, die nach unten gleitend in den dunklen Klangbereich irdischer Realität zurückkehren. Aber auch sie haben Teil an dem *crescendo*, mit dem Brahms den Schlussakkord aufleuchten lässt (→ Notenbeispiel 12, S. 40–42, bes. T. 323ff.).

Satz III

Herr, lehre mich doch, dass ein Ende mit mir haben muss und mein Leben ein Ziel hat und ich davon muss. Siehe, meine Tage sind eine Hand breit vor dir, und mein Leben ist wie nichts vor dir. Ach, wie gar nichts sind alle Menschen, die doch so sicher leben. Sie gehen daher wie ein Schemen und machen ihnen viel verderbliche Unruhe; sie sammeln und wissen nicht, wer es kriegen wird. Nun, Herr, wes soll ich mich trösten? Ich hoffe auf dich.
Psalm 39, 5–8

Der Gerechten Seelen sind in Gottes Hand, und keine Qual rühret sie an.
Weisheit Salomos 3, 1

Die Texte der beiden ersten Requiem-Sätze beschäftigen sich mit übergeordneten Themen, die alle Menschen betreffen. Im ersten Satz sind das die Leidtragenden, die mit Tränen säen und mit Freuden ernten. Im zweiten Satz geht es um alles Fleisch, das wie Gras ist, und später um die „Erlöseten des Herrn", die wiederkommen werden. Für den dritten Satz wählt Brahms Texte, die nun ganz subjektiv sind. Er findet sie in den Versen 5–8 des 39. Psalms.

Diesen so subjektiven Psalmversen mit ihrer wiederholten Betonung der Worte „mich", „mir", „mein", „ich" entspricht Brahms mit der Besetzung des Satzes. Zu Chor und Orchester, in dem Piccoloflöte und Harfe fehlen, fügt er zum ersten Mal im Requiem eine solistische Stimme ein. Während des ganzen dritten Satzes gibt Brahms dem Bariton solistische Abschnitte, deren Text der Chor wiederholt und ausdrucksbezogen differenziert. Das ist eine responsoriale, beinahe liturgische Struktur, in der ein Einzelner etwas ausspricht, was sich dann eine Vielzahl, die Gemeinde, zu eigen macht. Der Dialog geschieht in der Form eines Gebets.

Lassen Sie uns dies beobachten. Der Bariton beginnt das Gebet mit gregorianisch anmutenden, zunächst liturgisch objektivierenden Intervallen: „Herr, lehre doch mich (...)". Sofort anschließend hebt Brahms mit der von oben nach unten, aus der Helligkeit ins Dunkel absinkenden Linie das Hauptanliegen des Betenden hervor: dass ein Ende mit ihm haben muss. Das Wort „Ziel" ist mit einem dissonant zerstörenden Tritonus-Intervall geschärft, danach beschreiben die zweimal vertonten Worte „dass ich davon muss" die Auflehnung gegen und die Ergebung in dies Schicksal. Tiefe, gehaltene Akkorde der geteilten Bratschen und Celli und die Hörner sind der düstere Hintergrund für die Worte des Solisten. Dazu gibt Brahms den Pauken und den Pizzicati der Kontrabässe ein aus drei Halben bestehendes Motiv, das ständig wiederholt wird und die Unausweichlichkeit des „und ich davon muss" bekräftigt.

Der jetzt einsetzende Chor (Takt 17ff.) macht sich die Worte des Solisten zu eigen, der Sopran wiederholt dessen Beginn. Im Orchester differenziert und intensiviert Brahms die Aussage des Texts in dreifacher Weise: Drängend beschleunigen Celli und Kontrabässe das vorherige Dreihalbe-Motiv in drei Viertel und anschließende Viertelbewegung. Die Violinen setzen ein, zusammen mit den Bratschen geben ihre nie abreißenden Synkopen der Musik den Charakter ständiger Unruhe. Die Signalmotive von Hörnern und Trompeten weisen auf das nahe bevorstehende Ende (→ Notenbeispiel 13, S. 45–49).

Mit dem zweiten Dialog zwischen Bariton und Chor vertont Brahms den 6. Vers des 39. Psalms: „Siehe, meine Tage sind eine Hand breit vor dir, und mein Leben ist wie nichts vor dir." Nach dem düsteren d-Moll-Anfang beginnt Brahms mit dem Vokalsolisten und den Bläsern in weichen B-Dur-Klängen – will er sagen, dass das schöne Tage sind? Man will sie festhalten, aber sie bleiben nicht, ein absinkendes Motiv zieht sie nach unten. Brahms bildet diesen Gedanken in den Flöten und der ersten Violine ab:

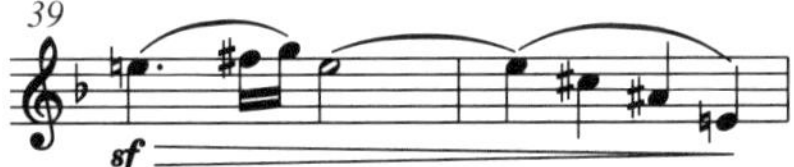

Notenbeispiel 14: Satz III, T. 38f., Violinen (+ Flöte I in der Oberoktave)

III. Herr, lehre doch mich

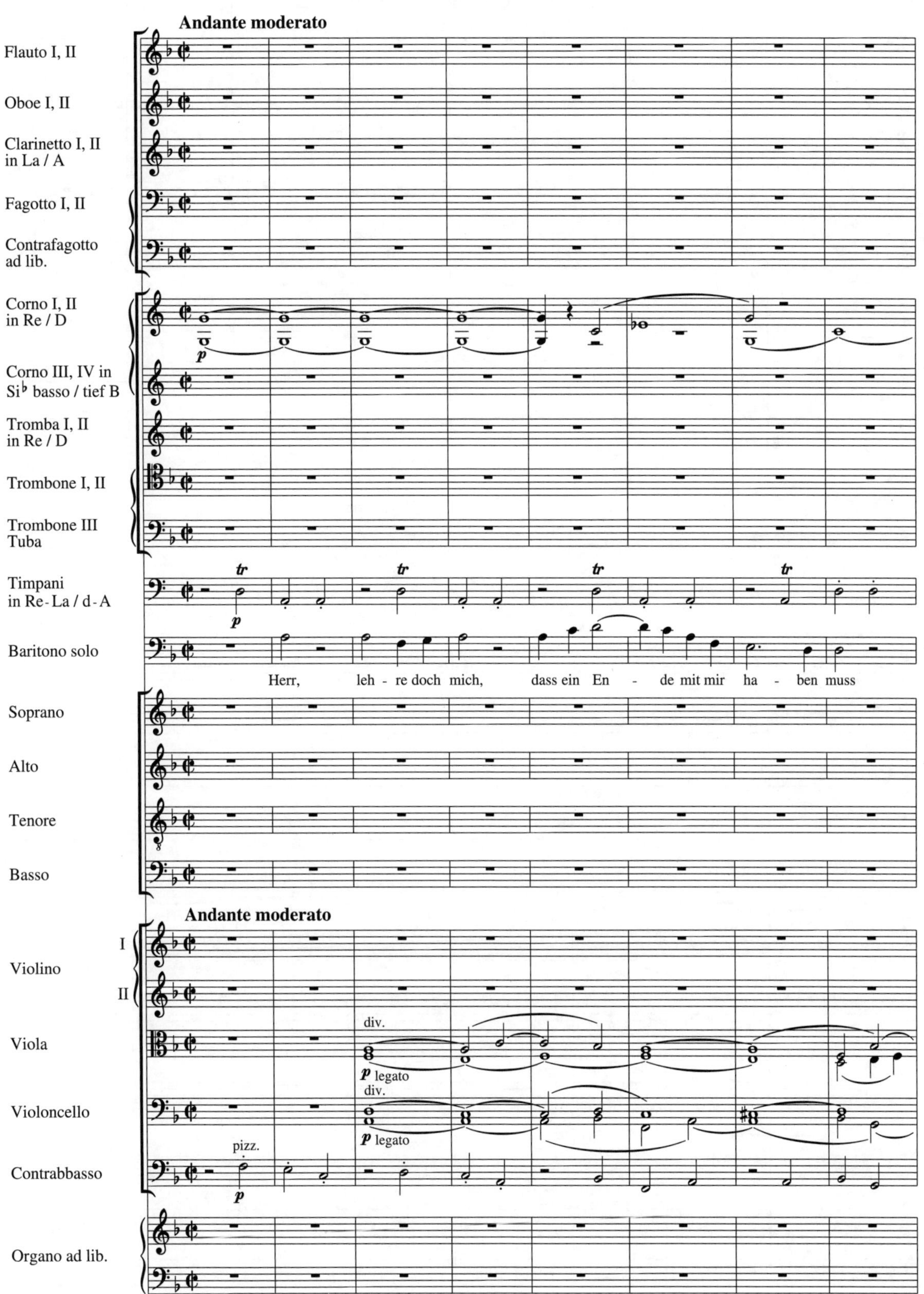

Notenbeispiel 13: Satz III, T. 1–40

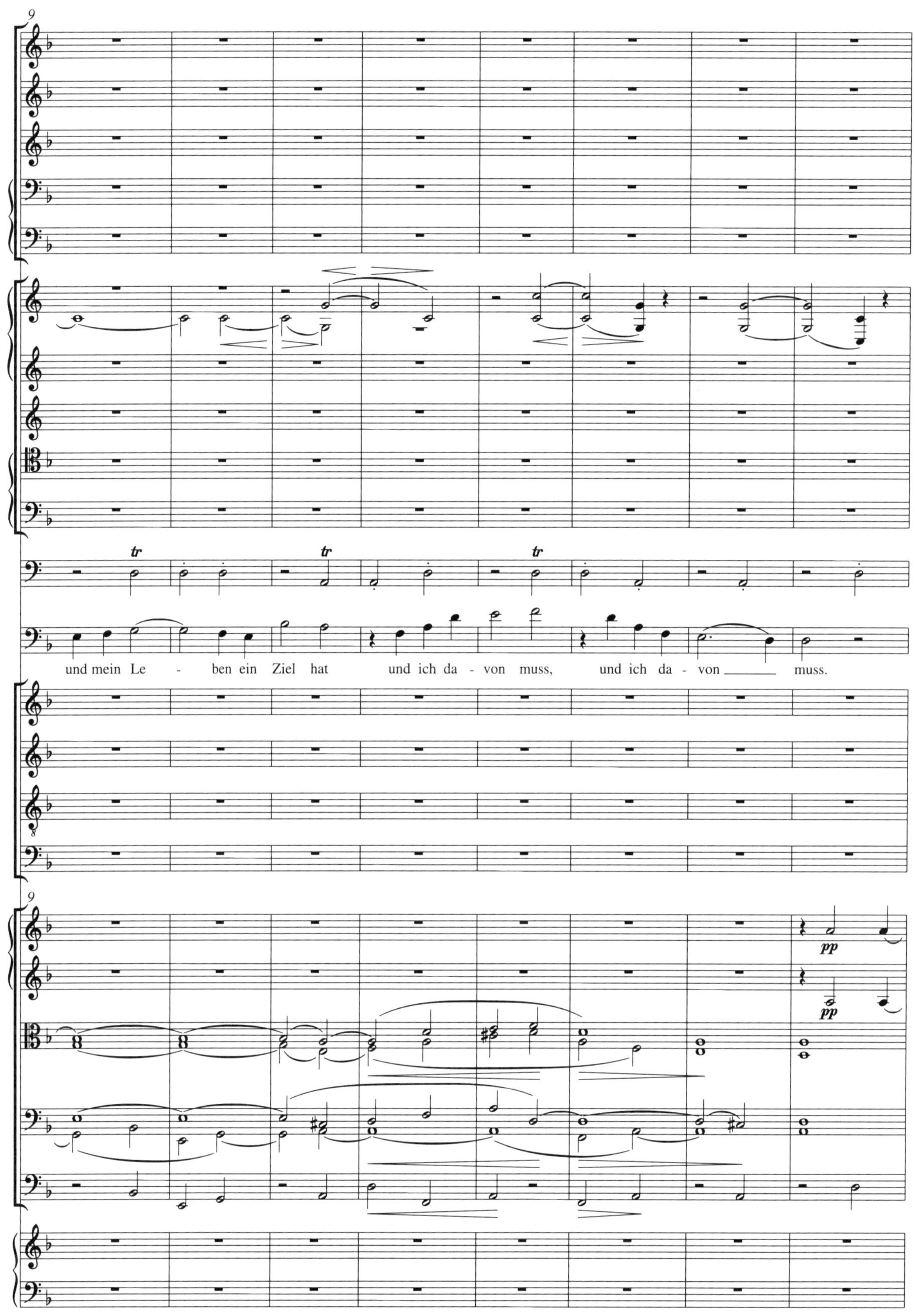
9
tr
tr
tr
und mein Le - ben ein Ziel hat und ich da - von muss, und ich da - von muss.
9
pp
pp

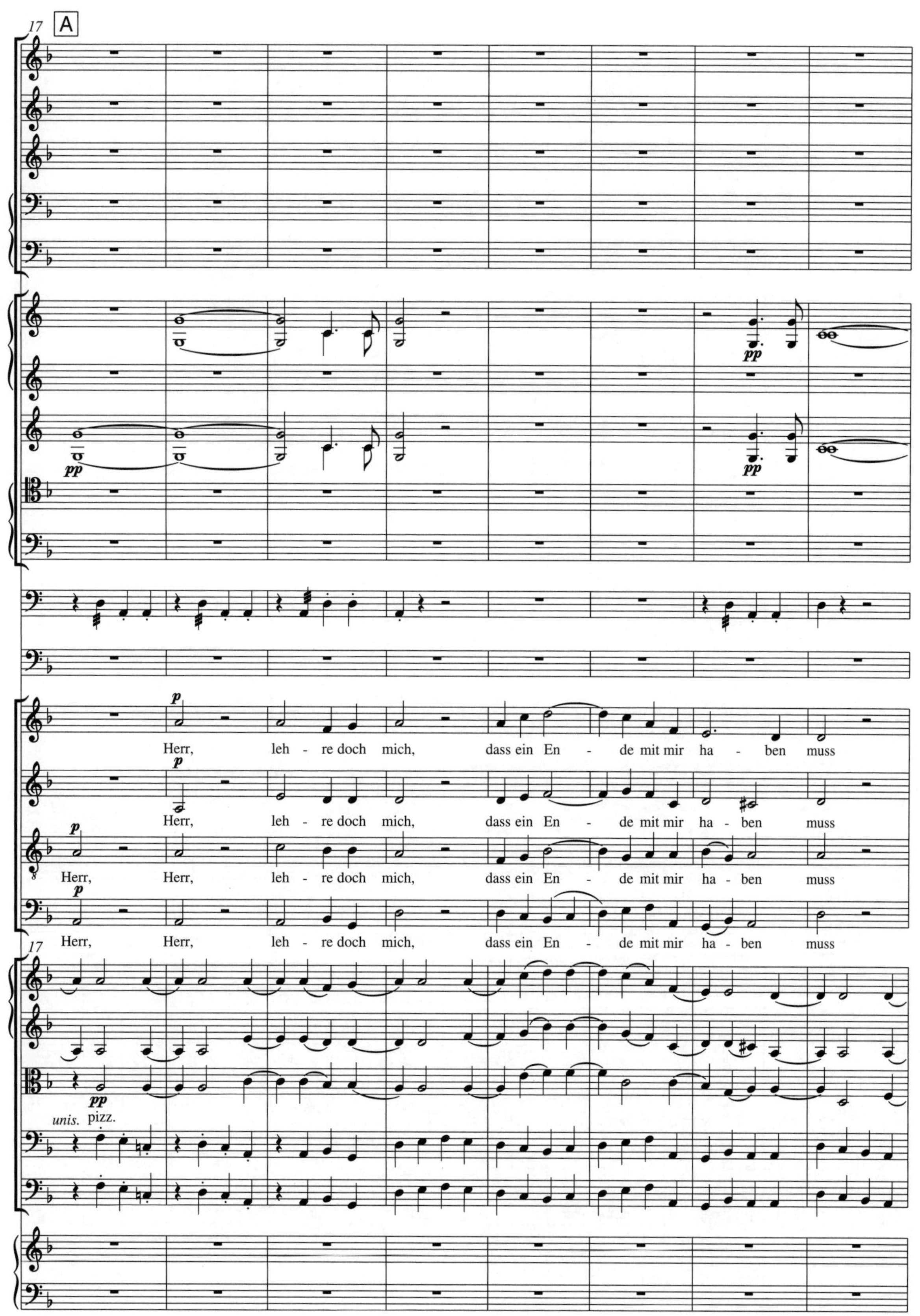
17
A
pp
pp
pp
p
Herr, leh - re doch mich, dass ein En - de mit mir ha - ben muss
p
Herr, leh - re doch mich, dass ein En - de mit mir ha - ben muss
p
Herr, Herr, leh - re doch mich, dass ein En - de mit mir ha - ben muss
p
Herr, Herr, leh - re doch mich, dass ein En - de mit mir ha - ben muss
17
pp
unis. pizz.

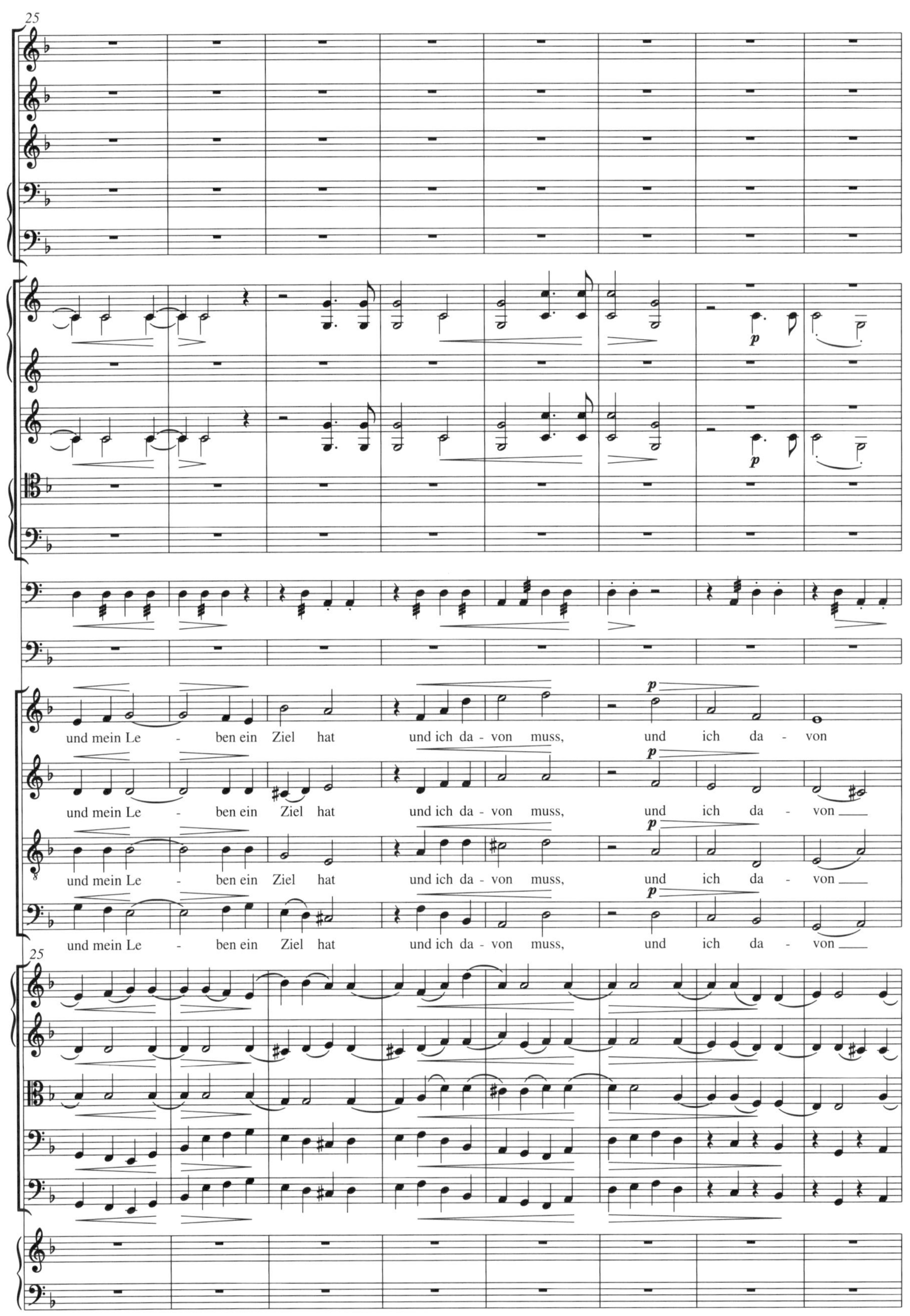
25
p
p
und mein Le - ben ein Ziel hat und ich da - von muss, und ich da - von
und mein Le - ben ein Ziel hat und ich da - von muss, und ich da - von
und mein Le - ben ein Ziel hat und ich da - von muss, und ich da - von
und mein Le - ben ein Ziel hat und ich da - von muss, und ich da - von
25

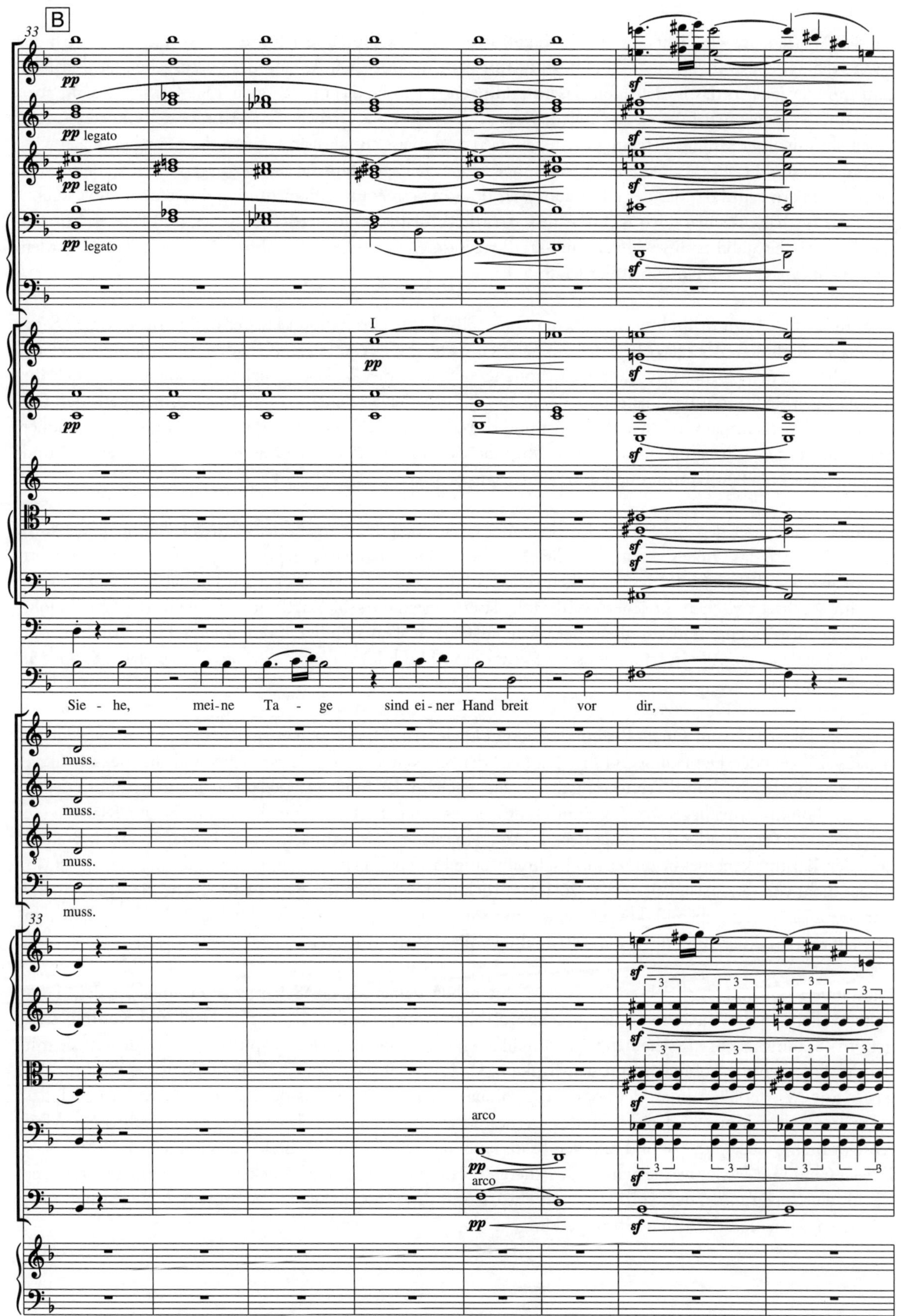
B
33
pp
pp legato
pp legato
pp legato
sf
I
pp
arco
Sie - he, mei-ne Ta - ge sind ei-ner Hand breit vor dir,
muss.
muss.
muss.
muss.
33
3

Zu den Worten „ist wie nichts“ schärft in Takt 45 wieder der dissonante Tritonus die Textaussage. Auch die zweite dialogische Antwort des Chors beginnt mit dem melodischen Anfang des vorausgehenden Baritons und mündet jetzt in das in den Holzbläsern erklingende Motiv, das die schönen Tage festhalten will, aber nach unten gezogen wird. Wie beim ersten Dialog intensiviert das Orchester die Aussage des Chortexts. Das geschieht mit aufgewühlter Erregung der repetierten und meist auftaktigen Figuren der Streicher. Dazu wiederholt Brahms die Worte „mein Leben“ in höher steigende Lage, führt sie geradezu verzweifelt zu dem Wort „ist“ der Takt 61 und 62, das der Chor zum *forte* des Orchesters mit einem Aufschrei festzuhalten versucht. Aber das Festhaltenwollen nützt nichts – die Gegenrhythmen von Hörnern, Trompeten und Pauken bringen die rhythmische Stabilität ins Wanken, und kraftlos resignierend schließt der Chor mit tiefen *piano*-Akkorden „wie nichts vor dir“ (→ Notenbeispiel 15, S. 51f.).

Hier in Takt 67 beginnt Brahms den dritten Dialogabschnitt. Unverändert lässt er den Bariton dessen Satzanfang wiederholen. Aber jetzt ist er „allein gelassen“. Die ihn am Anfang stützenden Akkorde sind jetzt auf die Haltetöne der Hörner und die düster drohenden Wirbel der Pauken reduziert. Drohend sind auch die unablässigen, in Pausen nachhallenden Pizzicato-Akkorde der Streicher – es gibt kein Entrinnen, der Tod klopft an. Noch einmal versuchen der Solist und der Chor das Schicksal des „und ich davon muss“ in hoher Lage und düsterer Erregung abzuwenden. Aber die dynamische und rhythmische Aktivität verebben, und resignierend schließen Bariton und Chor gemeinsam.

Brahms könnte hier den Satzteil abschließen, aber er ist noch nicht am Ende. Zum vokalen Schlussakkord bäumt sich auch das Orchester auf, als wolle es das bisher Gesagte nicht akzeptieren. In hoher Lage klammert es sich an das vorherige Motiv des Festhaltenwollens und möchte bleiben. Aber es wird in tiefere Lagen geführt, und im Wechsel zwischen Streichern und Holzbläsern erschlafft sein Rhythmus. Es bleibt der Orgelpunkt der tiefen Instrumente und vor allem der düsteren Pauken. Das ständige *diminuendo* schließt Brahms mit zwei Generalpausen. Alle Instrumente schweigen – ein Abbild des „Nichts“ (→ Notenbeispiel 16, S. 53–55, bes. T. 93ff.).

Jetzt – ab Takt 105 – sind wir am Beginn des vierten Dialogteils. Brahms hat eben das „Nichts“ mit zwei Generalpausen abgebildet. Der Psalmvers führt dies Nachdenken weiter: „Ach, wie gar nichts sind alle Menschen, die doch so sicher leben.“ Für die Vertonung dieser Worte scheint Brahms zwei Gedanken anzurühren, mit denen er sich schon in zurückliegenden Abschnitten des Satzes beschäftigt hat. Dort hat er mit B-Dur-Klängen die Schönheit der vergehenden Tage beschrieben. Das „sicher leben“ wird zunächst nicht in Frage gestellt. Brahms lässt den Bariton kantabel beginnen und schreibt eine in Dur-Tonarten wunderbar aufblühende Musik. Er scheut nicht vor Terzenseligkeit der Holzbläser zurück und lässt nach der Bariton-Kantilene die Violinen vier mit *espressivo* überschriebene Takte genießen. Eher vorsichtig ist diesem Ausdruck schönen Lebens zweimal in den Holzbläsertakten 106 und 108 das Festhaltenwollen-Motiv des zweiten Dialogteils zugefügt.

Dies ändert sich mit dem siebten Psalmvers: „Sie gehen daher wie ein Schemen.“ Zweimal ist das „Festhaltenwollen“ in drei Takten von den hohen Holzbläsern ausgehend zu den tiefen Celli und Kontrabässen geführt. Brahms macht die schemenhafte Hinfälligkeit menschlicher Existenz spürbar und verdüstert sie mit den Moll-Terzen der Posaunen und den Pauken. Ab Takt 129 setzt der Chor die dialogische Struktur des Satzes fort. Wieder übernimmt der Sopran die vorausgegangene Einleitung des Baritons. Wieder ist auch das Festhaltenwollen-Motiv in den Bässen des Orchesters zweimal zugefügt. Im Vergleich zum solistischen Teil schreibt Brahms jetzt *forte* vor und füllt den Klangraum der Streicher mit Achteln der Violinen und Bratschen. Er lässt Chor und Orchester die Schönheit sicheren Lebens mit Vitalität ausdrücken. Noch einmal bestätigt er sie mit den Terzgruppen der Holzbläser und lässt sie mit dem anschließenden vergrößerten Gegenrhythmus der ersten Oboe und des ersten Horns verklingen.

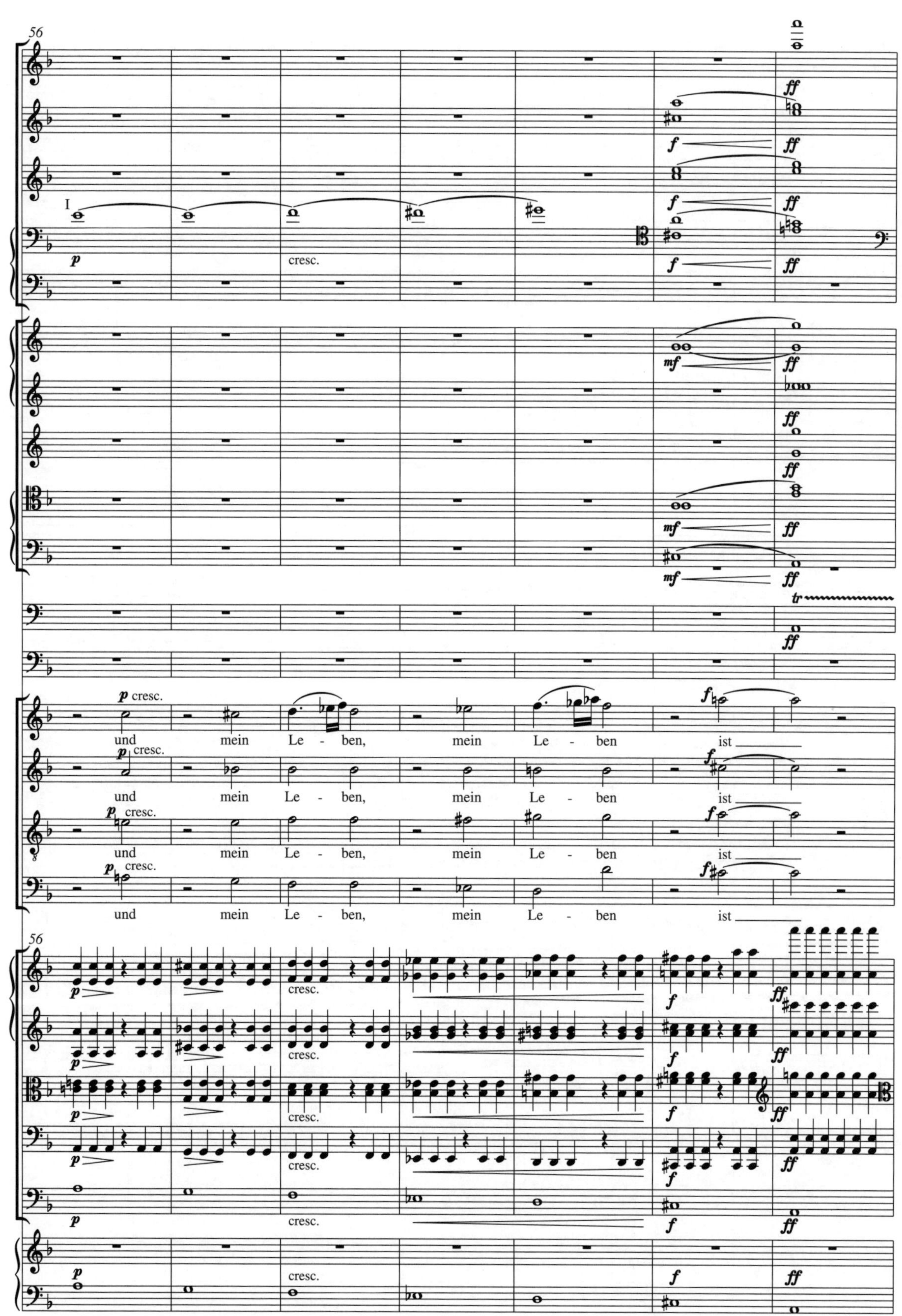

Notenbeispiel 15: Satz III, T. 56–70

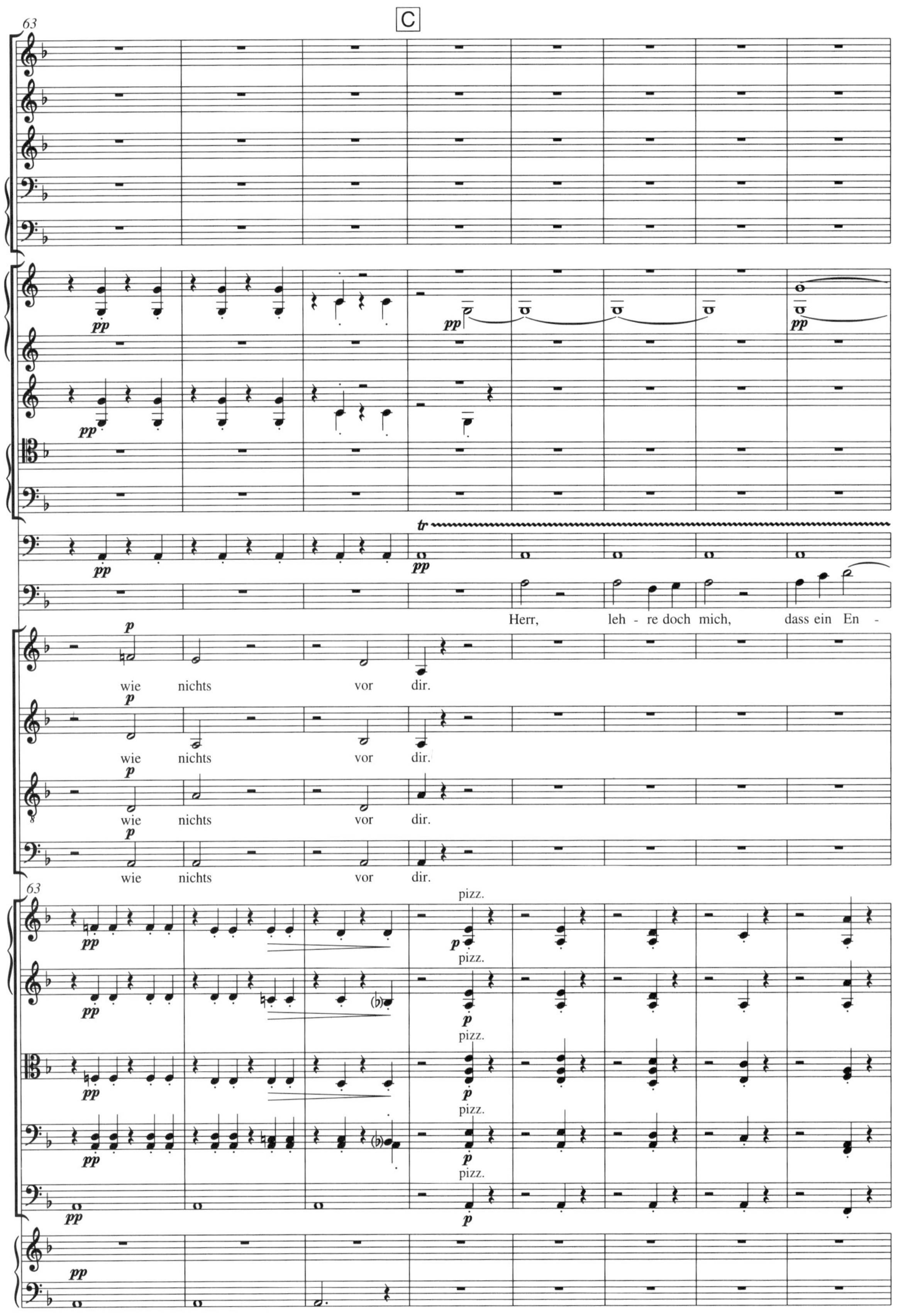
63
C
pp
pp
pp
tr
pp
pp
Herr, leh - re doch mich, dass ein En -
p
wie nichts vor dir.
p
wie nichts vor dir.
p
wie nichts vor dir.
p
wie nichts vor dir.
63
pizz.
pp
p
pizz.
pp
p
pizz.
pp
p
pizz.
pp
p
pizz.
pp
p
pp

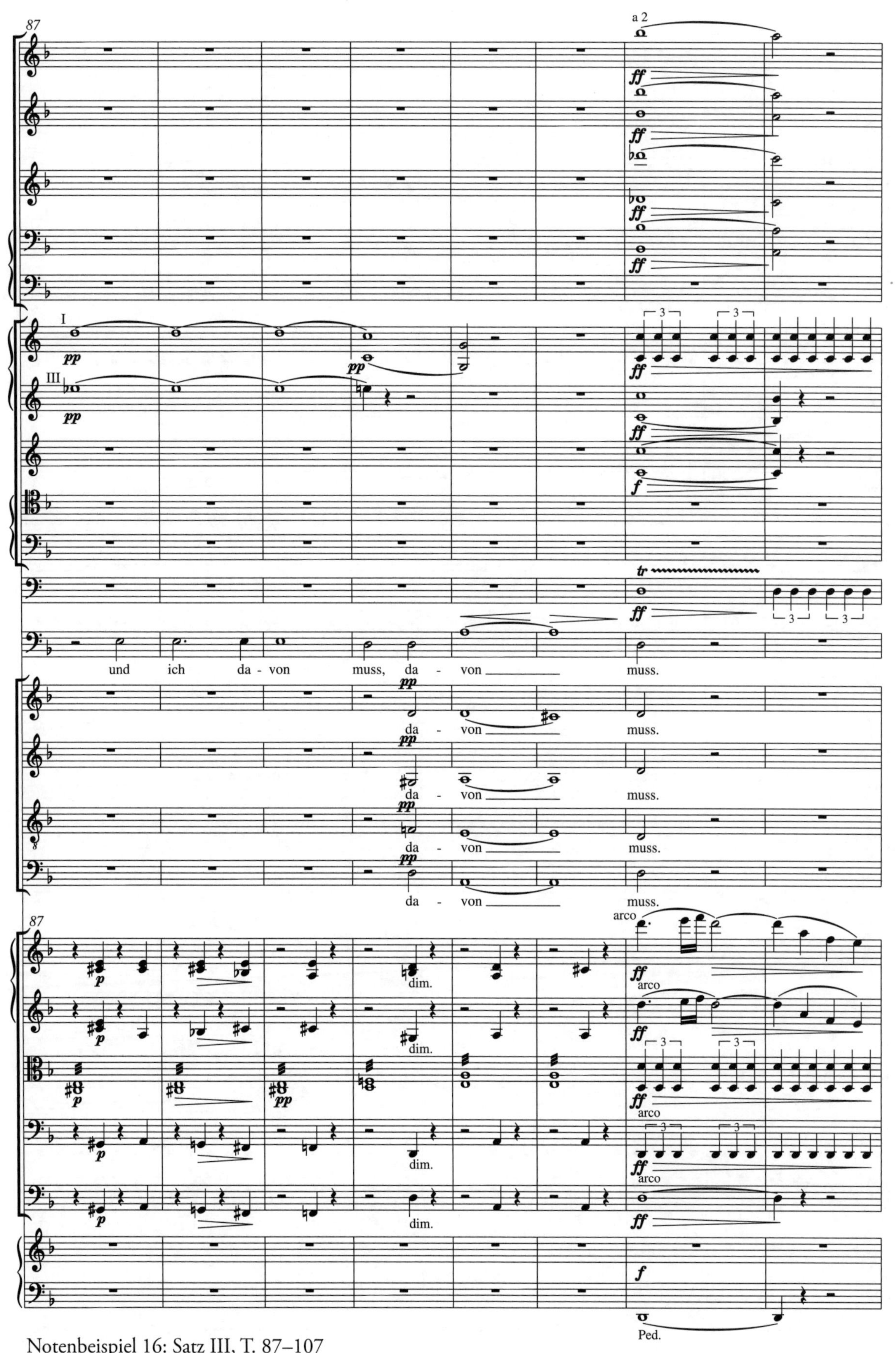

Notenbeispiel 16: Satz III, T. 87–107

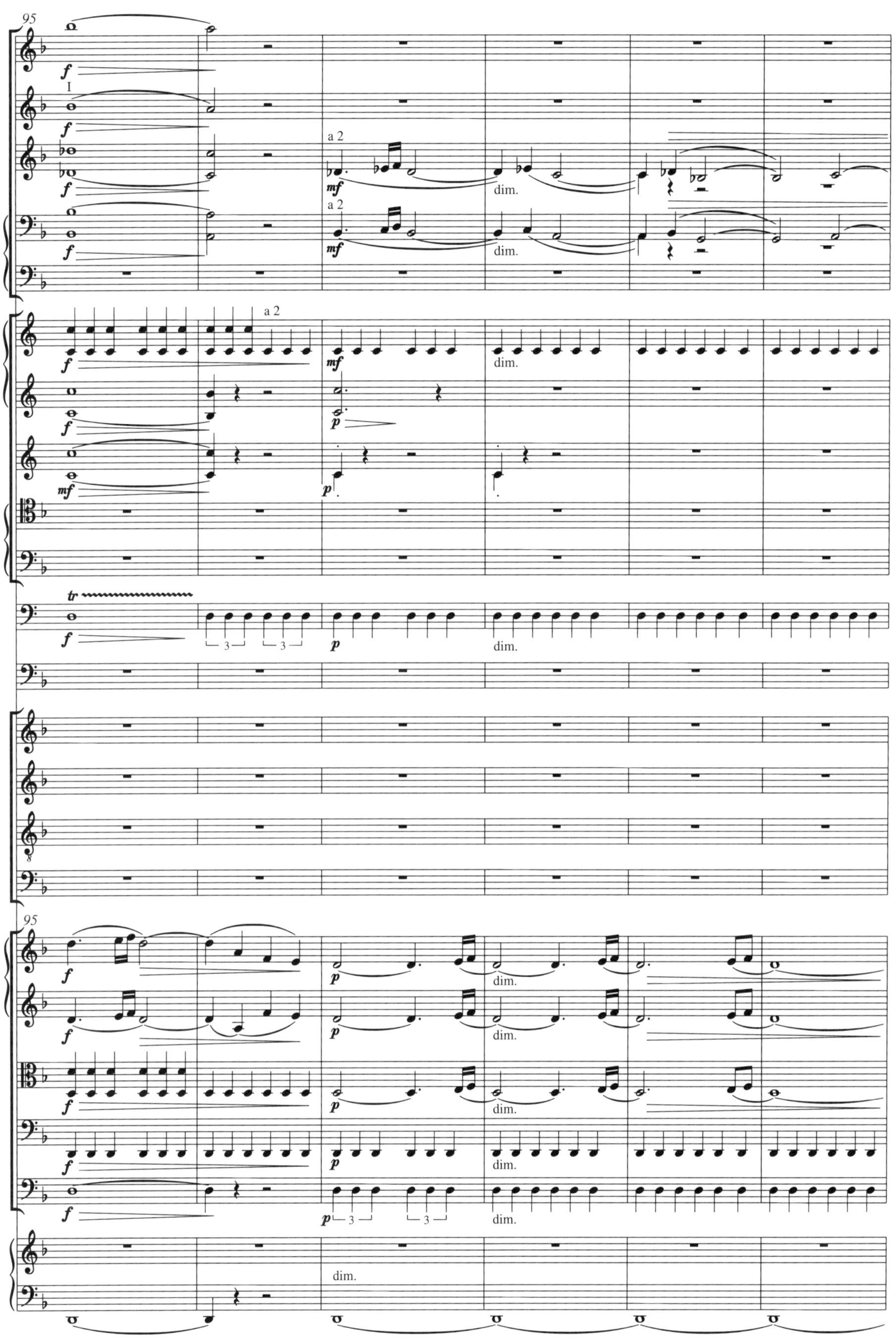
95
f
I
a 2
mf
dim.
tr
p
3
95
dim.

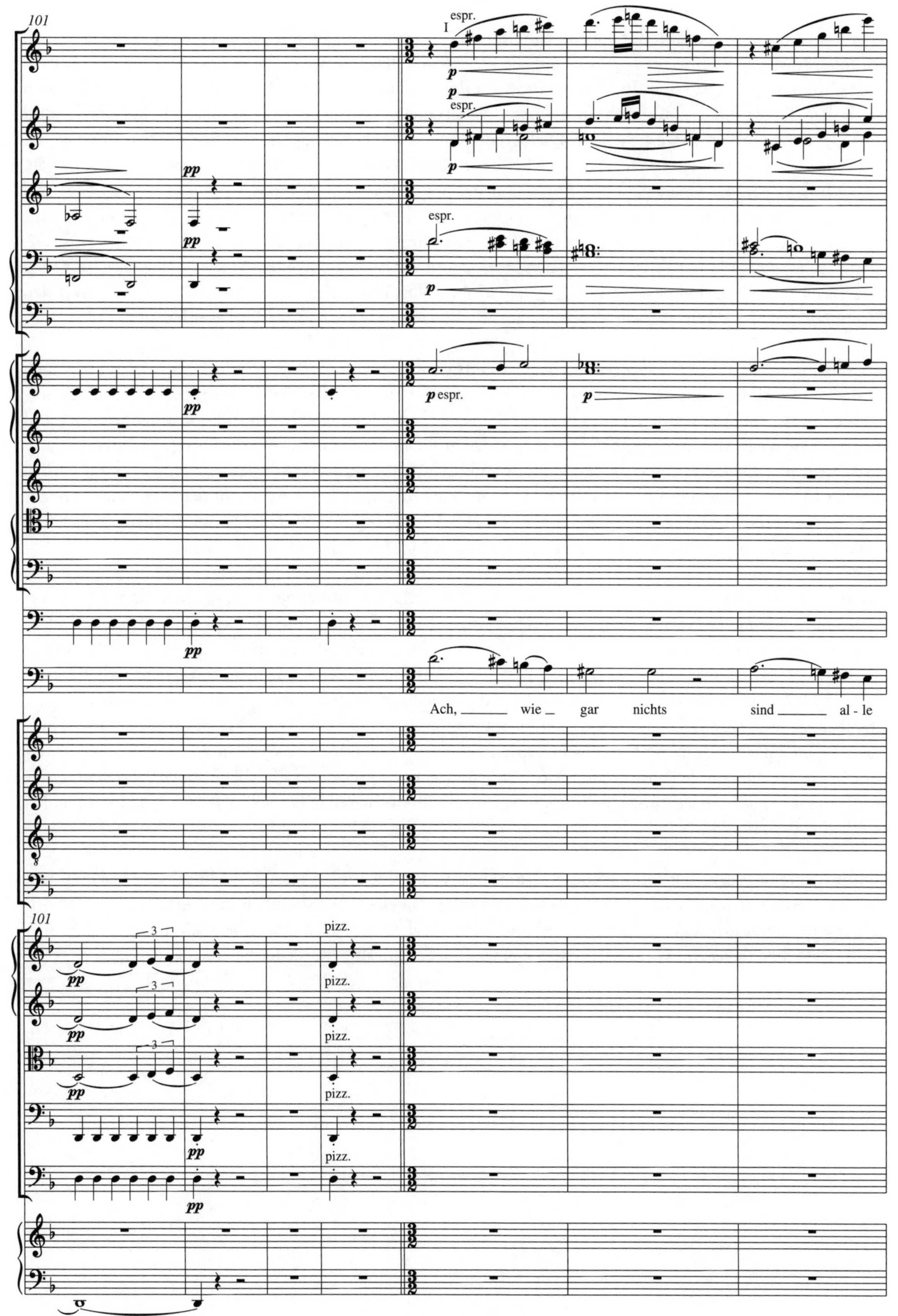
101
espr.
I
p
p
espr.
p
pp
pp
espr.
p
p espr.
p
pp
pp
Ach, wie gar nichts sind al - le
101
pp
pp
pp
pizz.
pizz.
pizz.
pizz.
pizz.
pp
pp

Hier – im Takt 142 – beginnt der Bariton zum letzten Mal seinen Dialog mit dem Chor: „Nun Herr, wes soll ich mich trösten?" Brahms greift zurück auf die gregorianischen Intervalle des Satzanfangs. Zu den Worten des Solisten weist er mit seiner Instrumentation auf das Grundanliegen des Psalmgebets: In Takt 143 hoffen die hohen Flöten auf Licht, gleichzeitig wissen die parallel geführten Hörner und Posaunen von Dunkel und Düsternis. In den vorausgehenden Dialogteilen hatte immer der Sopran die melodischen Anfänge des Baritons übernommen, jetzt werden nur die beiden Halben „Nun Herr" weitergeführt. Brahms verleiht dem Gebet zunehmend den Charakter einer Auseinandersetzung. Da ist einerseits das Motiv, das im Takt 144, vom Chorbass ausgehend, von allen Chorstimmen aufgenommen und dann enggeführt wird. Es ist aus tiefer Lage nach oben geführt und besitzt mit seiner großen Sexte Helligkeit, Leuchtkraft und den Ausdruck von Zuversicht. Andererseits erklingt ab Takt 150 in den Holzbläsern das Festhaltenwollen-Motiv der vorausgegangenen Satzteile. Im Vordergrund der Entwicklung stehen die „Nun Herr"-Rufe der Chorstimmen, die – von den Blechbläsern und Pauken intensiviert – beinahe aufschreiend in hohe Lage geführt werden.

Brahms macht die Frage des Gebets zu einer an Gott gerichteten Forderung: „Nun Herr, wes soll ich mich trösten?" Der Höhepunkt dieses emotionalen Aufbegehrens sind die *fortissimo*-Takte 156–158 und ihr verminderter Septakkord. Mit den hämmernden Triolen der Bläser, den repetierten Akkorden der Streicher und den sehr hochliegenden Worten der Chors drückt Brahms eine Situation der Verzweiflung aus und lässt dann mit einem plötzlichen *diminuendo* den Zusammenbruch menschlichen Aufbegehrens folgen. Noch einmal sagt der Chor resignierend sein „wes soll ich mich trösten?" Aber der dissonant verminderte Septakkord pocht in Hörnern und Holzbläsern weiter und bleibt schließlich im *pianissimo* mit einer Fermate unaufgelöst stehen – die Frage des Chors erhält keine Antwort (→ Notenbeispiel 17, S. 57–63, T. 142–163).

Mit den Worten „Ich hoffe auf dich" folgt der letzte Psalmvers. Der bisherigen dialogischen Satzstruktur entsprechend sollte man erwarten, dass wieder der solistische Bass beginnt. Aber Brahms scheint zu empfinden, dass der Chor diese wegweisende Einleitung nicht braucht, er sucht die im Text angesprochene Hoffnung alleine. Nach dem einleitenden *Gis* der Orchesterbässe lässt Brahms den Chor nicht mit einem Akkord fester Zuversicht, sondern subjektiv, einzeln einsetzen. Jede Chorstimme beginnt selbstständig vom Bass aufsteigend unabhängig, fast zögernd das „Ich hoffe". Mit dem Orgelpunkt der tiefen Instrumente gibt Brahms dieser Hoffnung Beständigkeit, mit nach oben gerichteten Triolen der Chorstimmen gewinnt sie zunehmende Sicherheit und Intensität. Die mit hellen Fanfaren-Motiven einsetzenden Blech- und Holzbläser bestätigen diese Hoffnung und das *crescendo* der Pauken bekräftigt die zum nächsten Satzteil leitende Kadenz (→ Notenbeispiel 17, S. 63–65, T. 164–173).

Brahms hatte in großer Erregung gefragt: „Nun Herr, wes soll ich mich trösten?" Mit seiner Musik zu dem von ihm gewählten Vers aus dem entlegenen, apokryphen Bibelteil „Weisheit Salomos" gibt er eine Antwort: „Der Gerechten Seelen sind in Gottes Hand und keine Qual rühret sie an" (Weisheit Salomos 3, 1). Um den Ausdruckswillen dieser Antwort verstehen zu können, müssen wir ihre musikalische Gestalt analytisch erfassen.

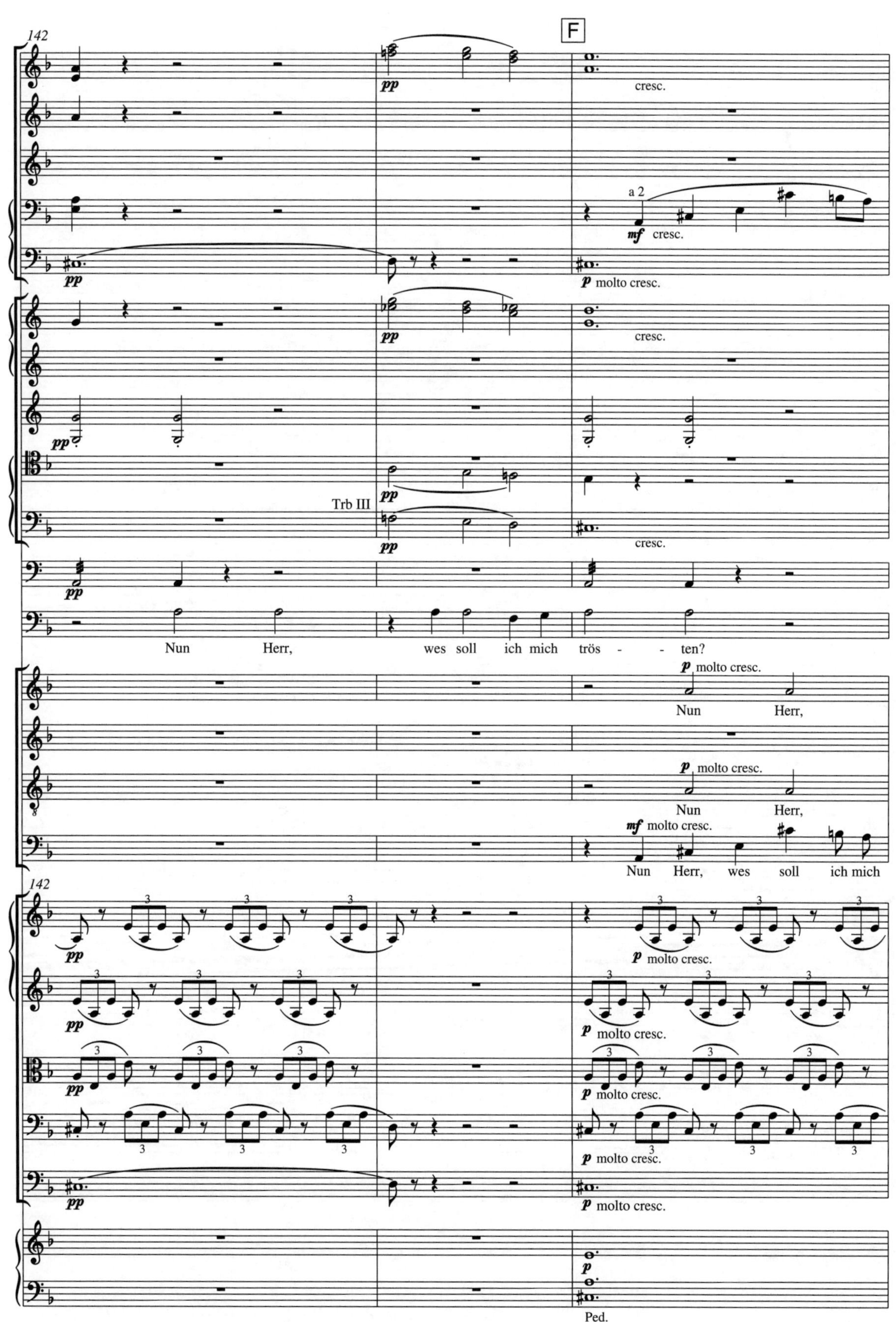

Notenbeispiel 17: Satz III, T. 142–175

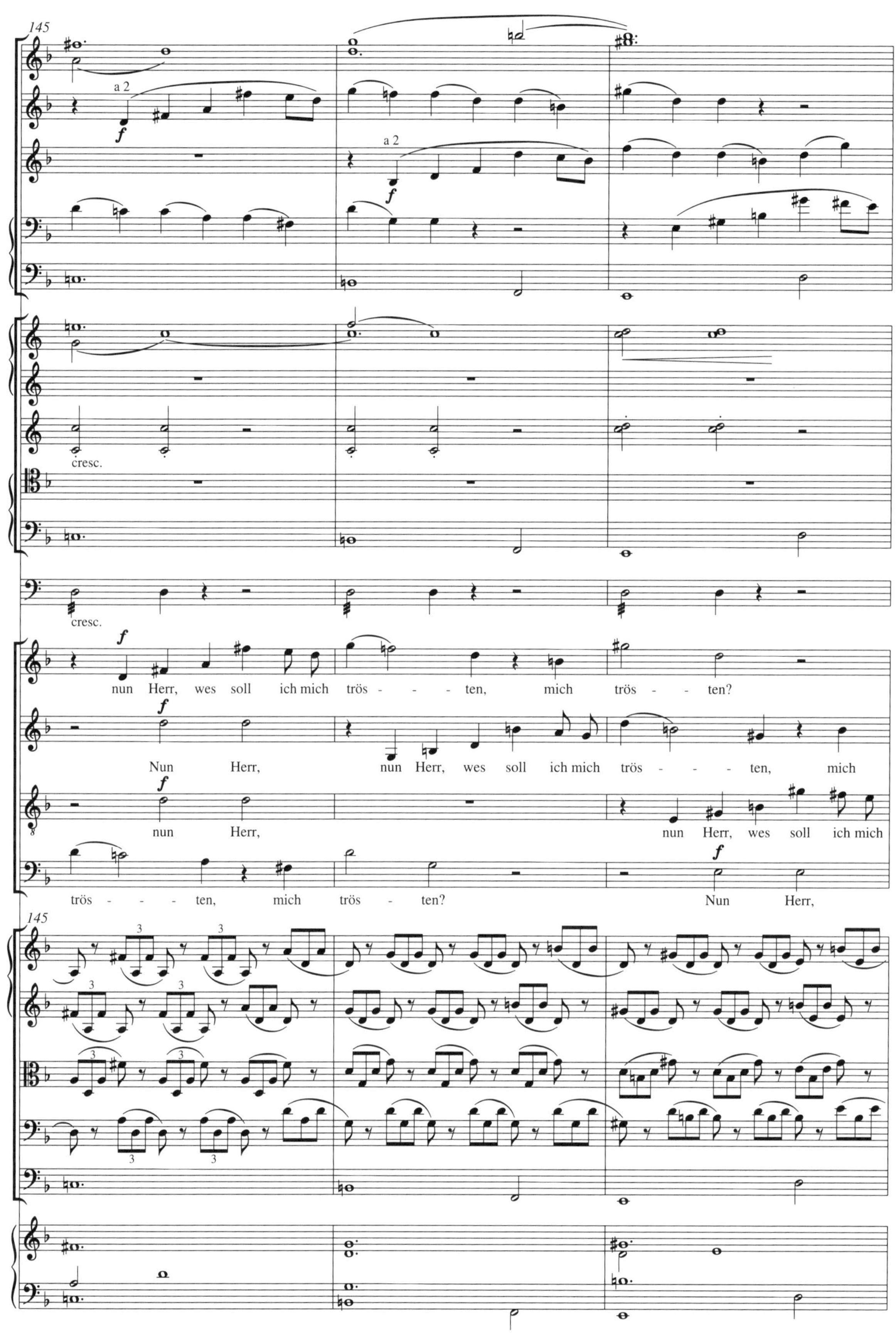
145
a 2
f
a 2
f
cresc.
cresc.
f
nun Herr, wes soll ich mich trös - - ten, mich trös - - ten?
f
Nun Herr, nun Herr, wes soll ich mich trös - - - ten, mich
f
nun Herr, nun Herr, wes soll ich mich
f
trös - - - ten, mich trös - ten? Nun Herr,
145
3
3

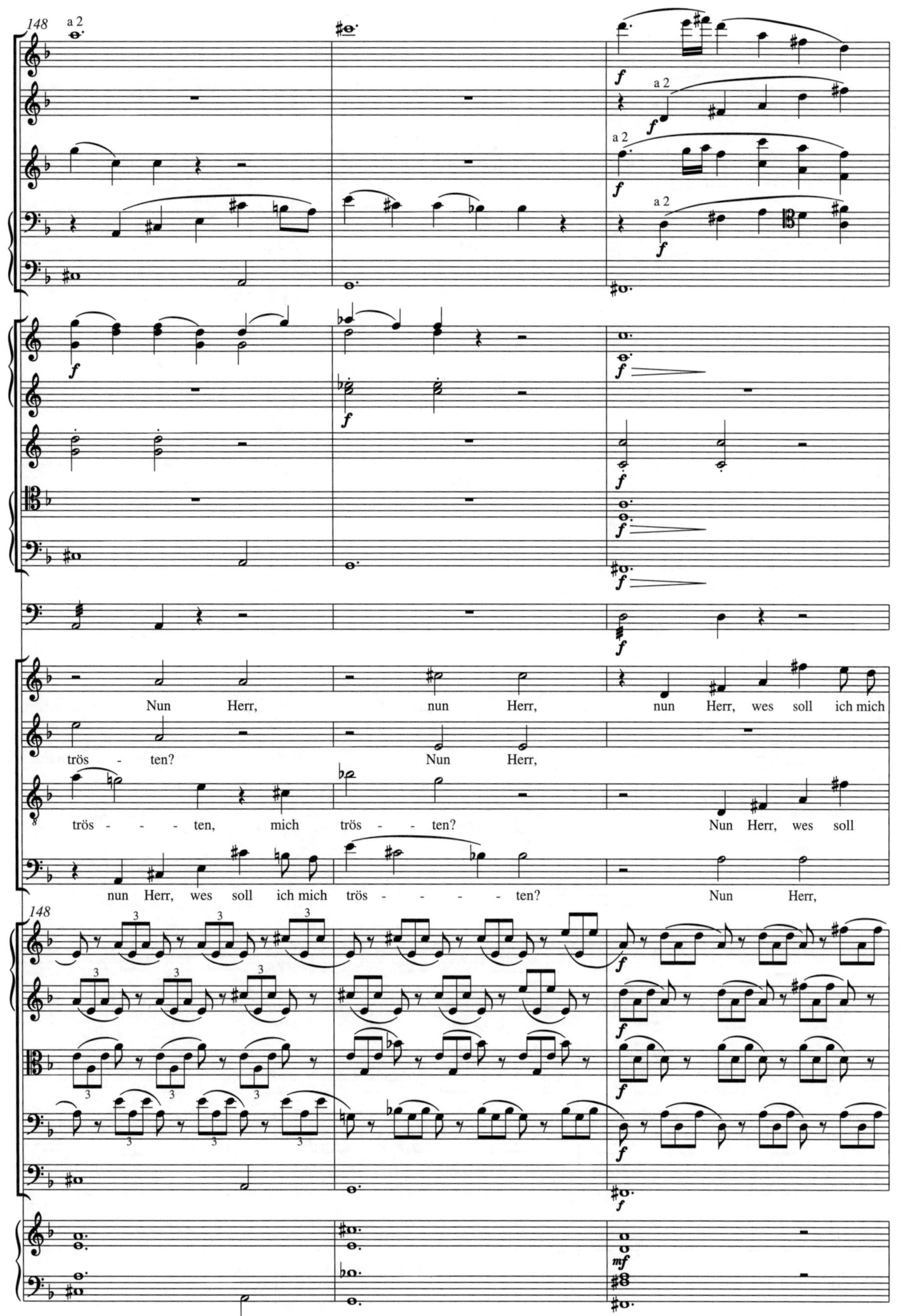
148
a 2
a 2
a 2
a 2
Nun Herr, nun Herr, nun Herr, wes soll ich mich
trös - ten? Nun Herr,
trös - - - ten, mich trös - - ten? Nun Herr, wes soll
nun Herr, wes soll ich mich trös - - - - ten? Nun Herr,
148

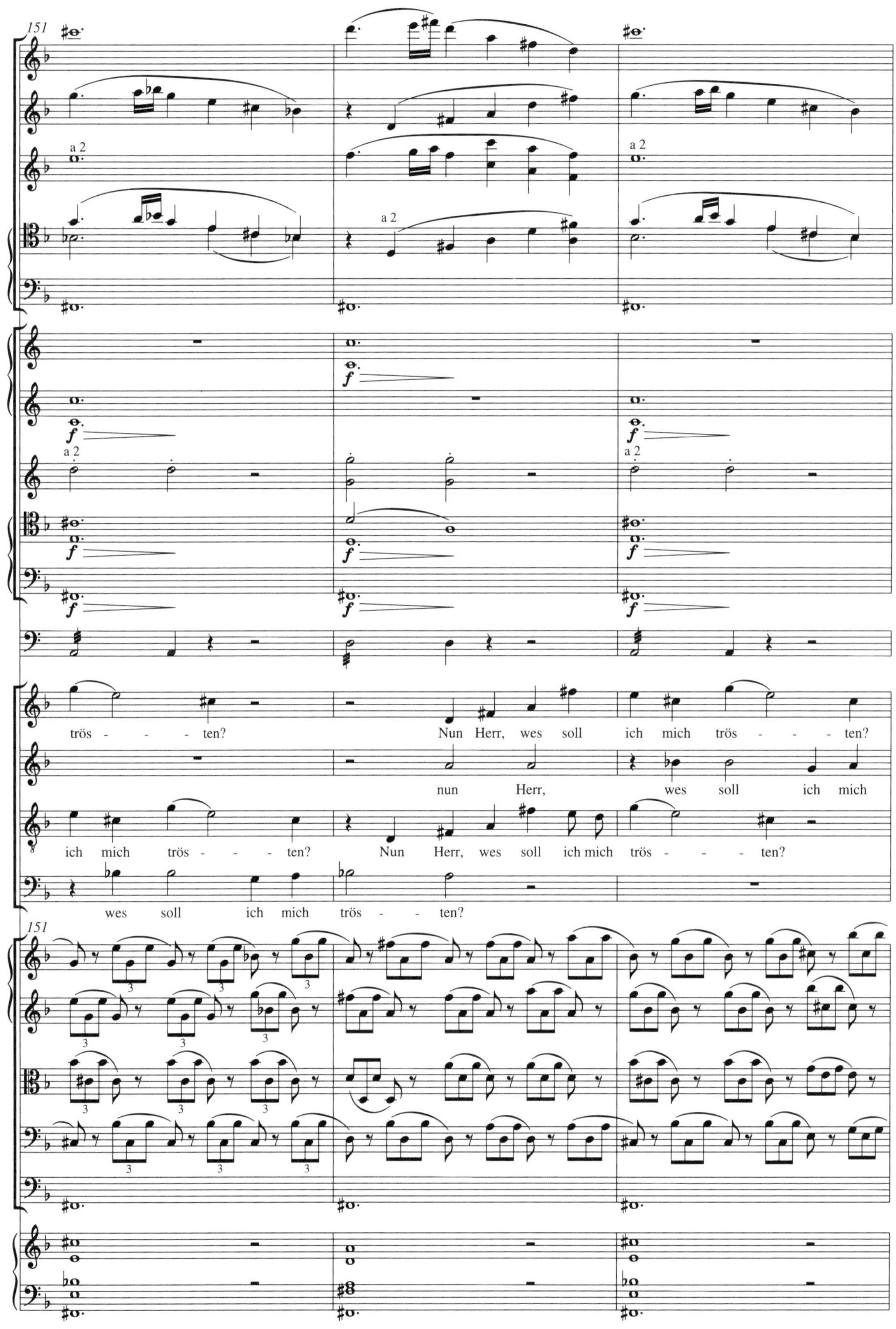
151
a 2
a 2
a 2
a 2
a 2
trös - - - ten? Nun Herr, wes soll ich mich trös - - - ten?
nun Herr, wes soll ich mich
ich mich trös - - - ten? Nun Herr, wes soll ich mich trös - - - ten?
wes soll ich mich trös - - ten?
151

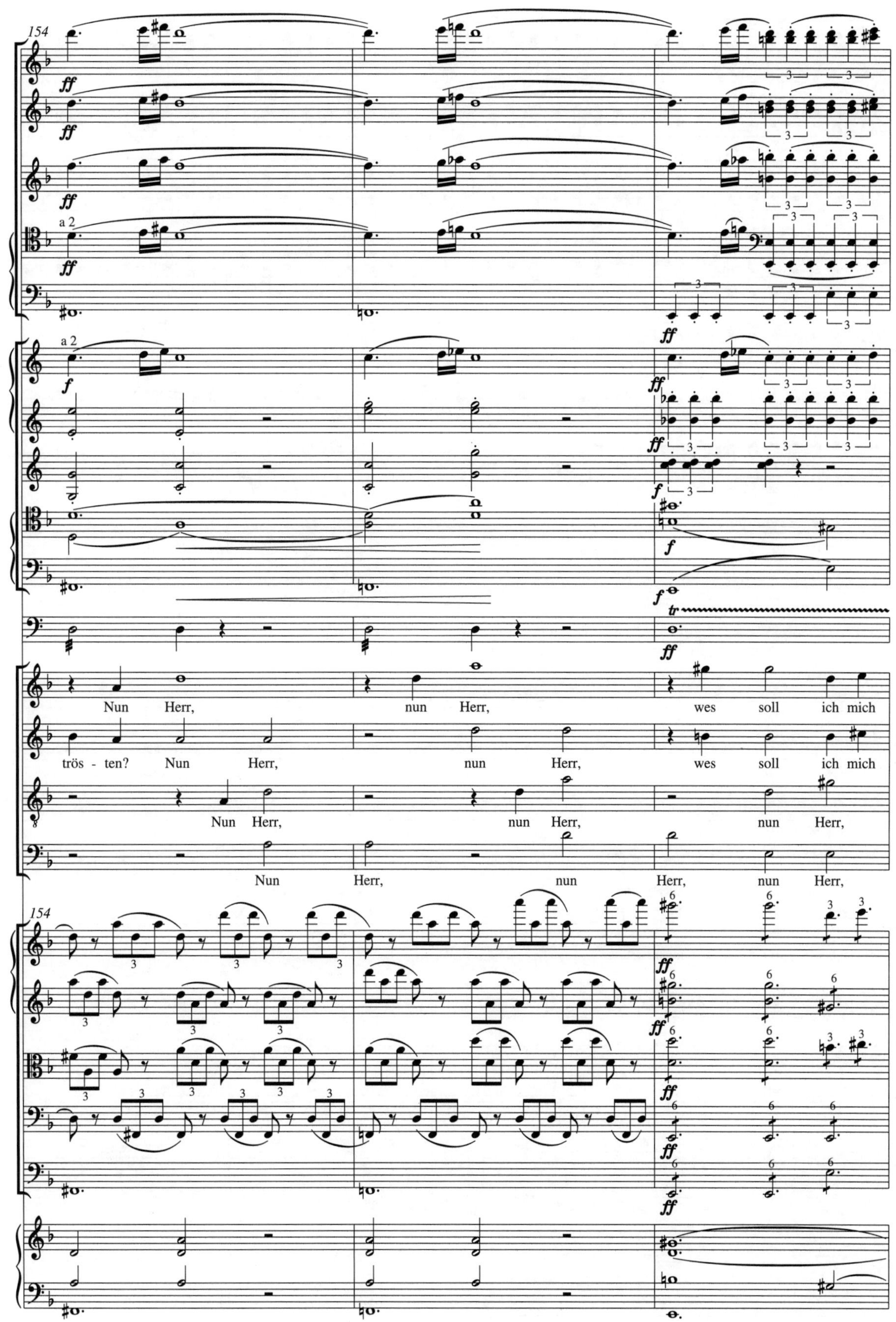
154
a 2
a 2
tr
Nun Herr, nun Herr, wes soll ich mich
trös - ten? Nun Herr, nun Herr, wes soll ich mich
Nun Herr, nun Herr, nun Herr,
Nun Herr, nun Herr, nun Herr,
154

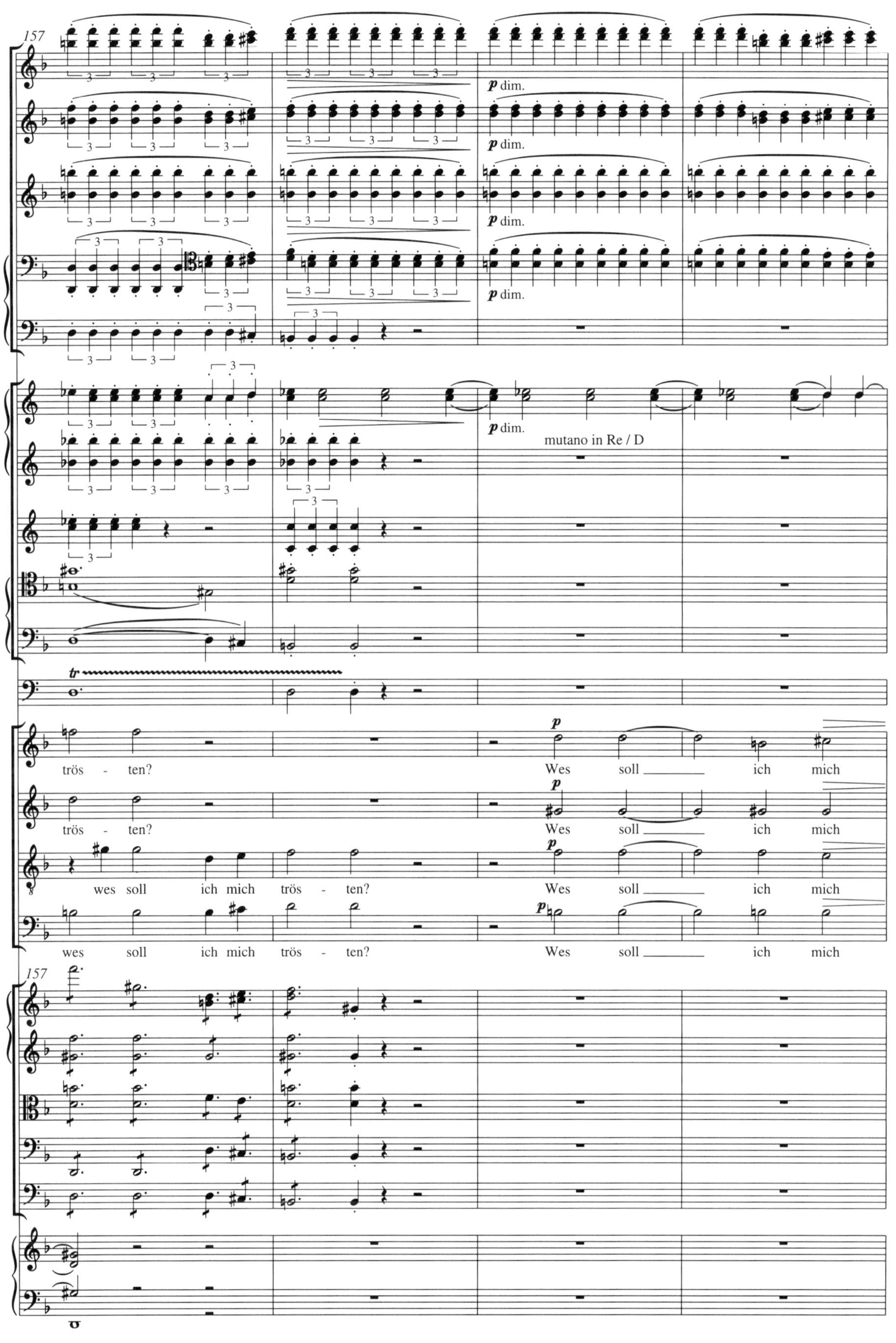
157
p dim.
p dim.
p dim.
p dim.
p dim.
mutano in Re / D
tr
p
trös - ten?
Wes soll ich mich
trös - ten?
Wes soll ich mich
wes soll ich mich trös - ten?
Wes soll ich mich
wes soll ich mich trös - ten?
Wes soll ich mich
157

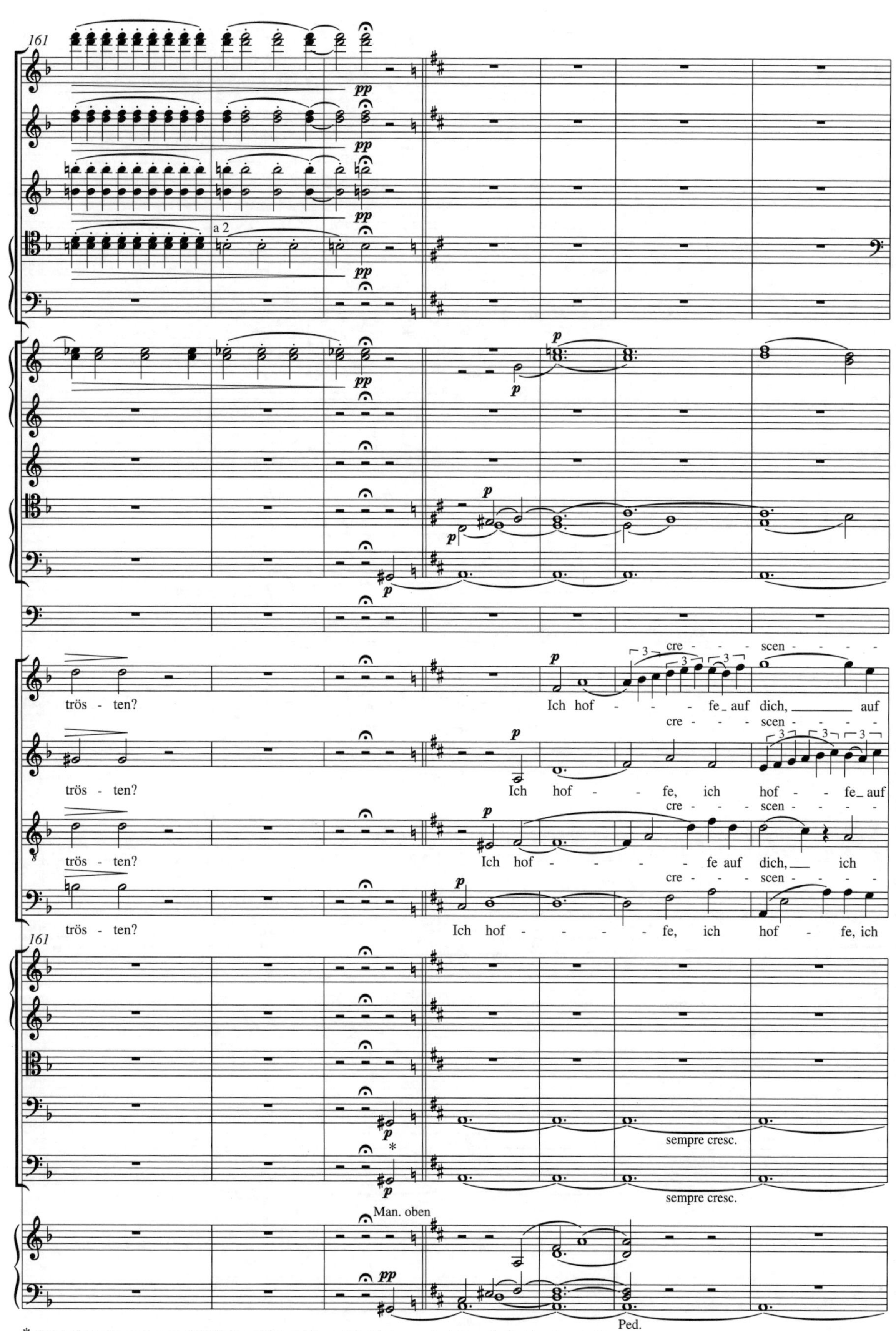

* Einige Kontrabässe stimmen die E-Saite nach D um / *Several double basses should tune the E string down to D*

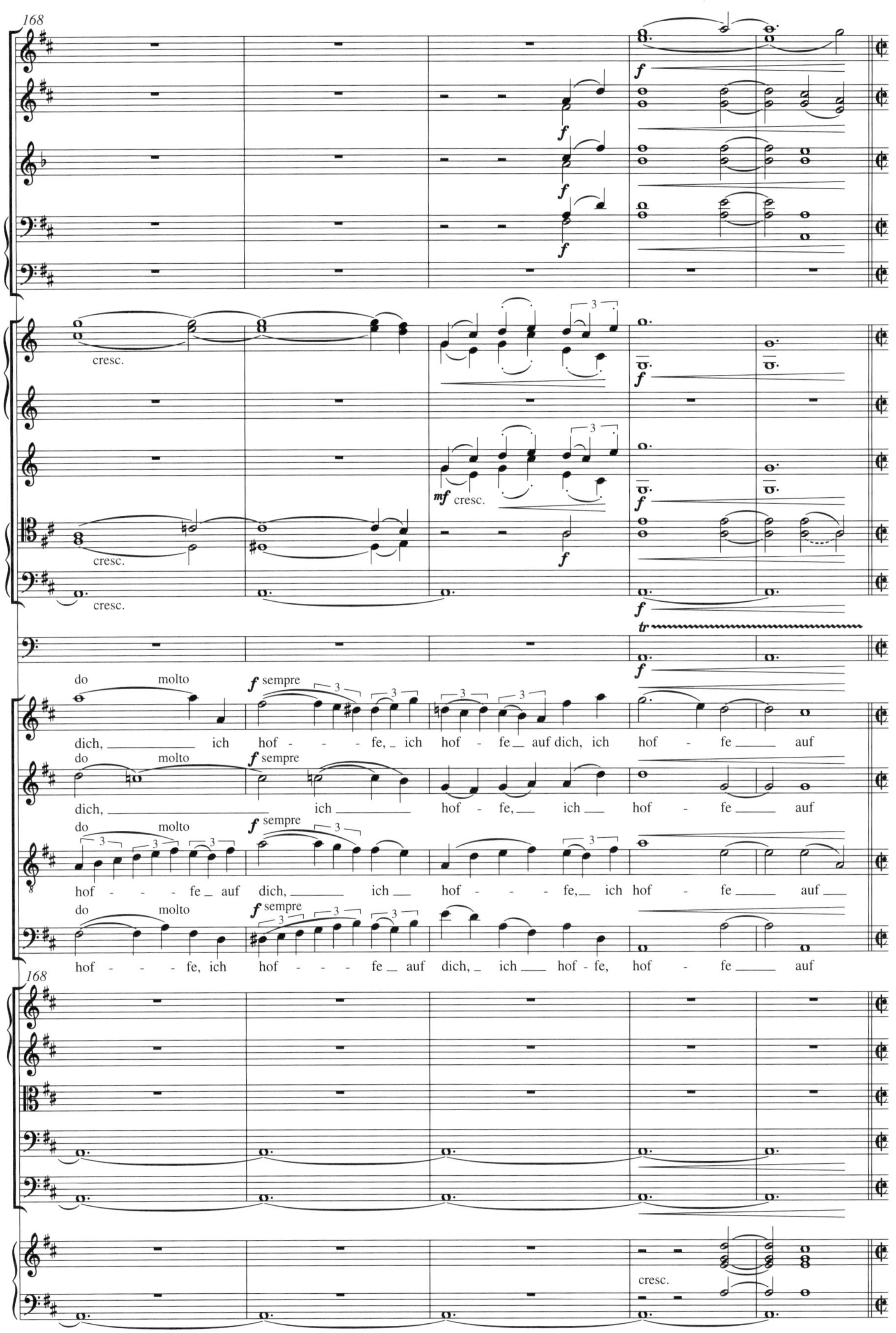
168
cresc.
mf cresc.
do molto
f sempre
dich, ich hof - - fe, ich hof - fe auf dich, ich hof - fe auf
dich, ich hof - fe, ich hof - fe auf
hof - - - fe auf dich, ich hof - - - fe, ich hof - fe auf
hof - - - fe, ich hof - - - fe auf dich, ich hof - fe, hof - fe auf
168
cresc.

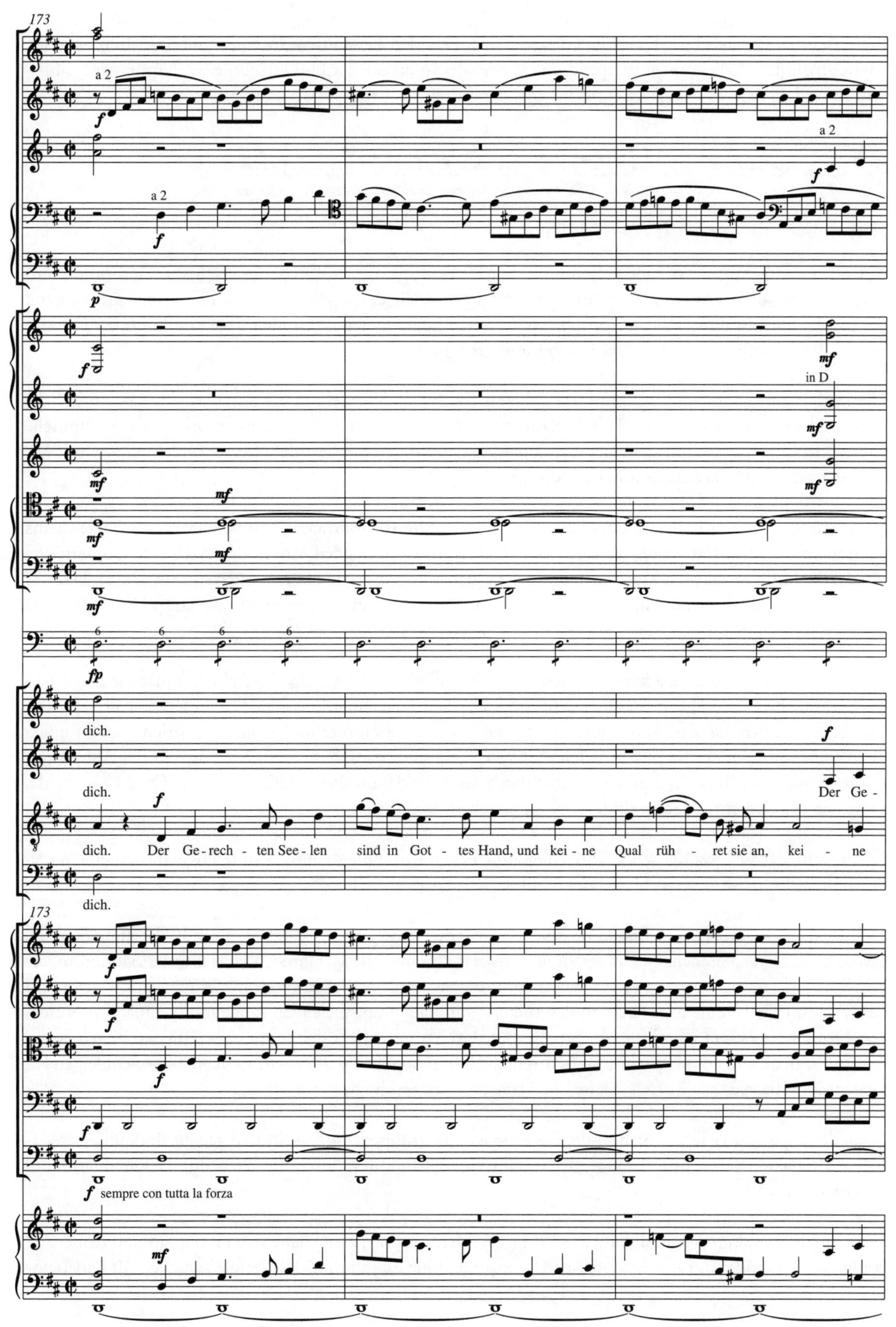
173
a 2
a 2
a 2
in D
dich.
dich.
dich. Der Ge-rech - ten See-len sind in Got - tes Hand, und kei - ne Qual rüh - ret sie an, kei - ne
Der Ge -
dich.
173
sempre con tutta la forza

Brahms schreibt eine Fuge. Das Fugenthema deklamiert den Gesamttext in einem silbig fortschreitenden Viertelrhythmus. Es beginnt aufsteigend und verwendet Intervalle der D- Dur-Tonleiter. Nur in der Schlussgruppe sind zu den Worten „rühret sie an" dissonant dreimal kleine Terzen benützt:

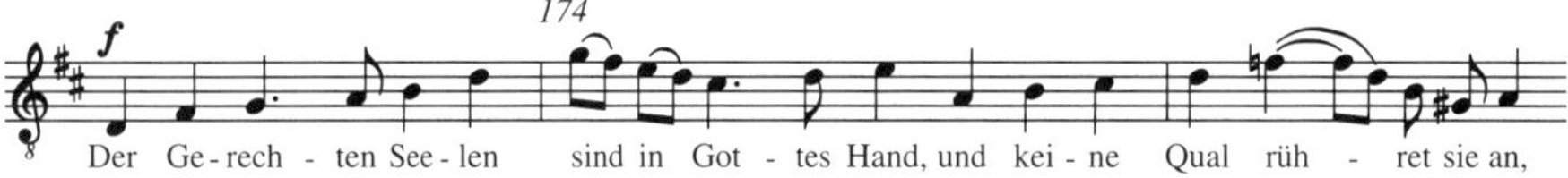

Notenbeispiel 18: Satz III, T. 173–175, Tenor

Mit diesem Fugenthema verbindet Brahms eine Motivgruppe, die im Orchester erscheint. Sie beginnt auftaktig und ist vorwiegend von Achtelbewegungen geprägt, die das vokale Hauptthema umspielen. Während der ganzen Fuge ist diese Motivgruppe immer mit dem Fugenthema verbunden. Ihre kombinierten Einsätze betont Brahms mit zwei Halben der Hörner und Trompeten.

Die Fuge beginnt auf dem Orgelpunkt *D* – diesen Ton halten alle Celli und Kontrabässe, die Posaunen, die Tuba und auch die Pauken fest. Brahms schreibt nicht nur gehaltene Töne, sondern belebt die rhythmische Gestalt des Orgelpunkts mit ständigen Synkopen, in den Pauken mit Sextolen. Dieser Orgelpunkt wird während der ganzen 36 Takte langen Fuge erklingen.

Lassen sie uns diese strukturellen Beobachtungen auf Brahms' Ausdruckswillen befragen. Das Fugenthema weist in seiner hellen D-Dur-Gestalt die Seelen der Gerechten nach oben. Am Ende des Themas erinnern drei dissonante Moll-Terzen an die jetzt überwundene Qual. Sie ergeben einen verminderten Septakkord. Das war vorher der Schlussakkord der dissonanten „Wes soll ich mich trösten?"-Fermate (Takt 163). Diese quälende Frage ist jetzt aufgelöst und erhält mit der Fuge eine Antwort.

Das schreitende Hauptthema hat statischen Charakter, wird aber beständig von Achteln umspielt und erhält so rhythmische Lebendigkeit. Brahms sieht die Seelen der Gerechten in einem Dasein gelöster Freudigkeit. Das ist ihm sichere Gewissheit – mit ihren Halben bekräftigen Hörner und Trompeten jeden neuen Einsatz des Themas und der es umgebenden Achtel. Der Orgelpunkt, der den ganzen Satz trägt, ist das Abbild von Gottes Hand. Mit ihrer rhythmisch so lebendigen Gestalt erlahmt diese Hand nie, keine Qual ist mehr da. Dort, wo der Gerechten Seelen sind, ist ewige Seligkeit.

Nicht wahr, das ist gewaltig, was Brahms hier ausdrücken will. Eine so ausgedehnte Fuge, die auf einem Orgelpunkt steht, ist wohl sonst bis heute nicht komponiert worden.

Die ständige Dur-Tonalität schränkt die modulatorischen Entwicklungen der Harmonik, die ohne den Orgelpunkt selbstverständlich wären, geradezu drastisch ein, und die Gefahr sich einstellender Monotonie ist erheblich. Lassen Sie uns beobachten, wie Brahms dieser Problematik begegnet. In der Exposition stellt er in den Takten 173–184 die Kombination des Themas mit dem es umspielenden Achtelmotiv zunächst fünfmal vor. Der Tenor beginnt, es folgen Alt, Sopran und Bass, dann schließt der Sopran bekräftigend diesen ersten Abschnitt. In diesem ersten Abschnitt setzen Tenor, Alt und Sopran das Thema fort mit einem gleichbleibenden Gegenmotiv, das zu den Worten „keine Qual rühret sie an" erklingt.

Nach der Exposition gliedert Brahms die Fuge in vier Taktgruppen, die verschieden gebaut sind, unterschiedlichen Charakter haben und dadurch der Gefahr einer Ermüdung durch die bleibende D-Dur-Harmonik entgegen wirken.

Die erste dieser Taktgruppen (Takte 185–190) ist zunächst geprägt durch eine sich im Sopran und den ersten Violinen entfaltende ausdrucksbetonte Achtelbewegung. Eine Engführung des Themas zwischen Alt und Tenor schließt sich an, dann rückt ein in sehr hoher Lage erklingendes kanonisches Melisma von Sopran und Tenor mit einem dissonanten Tritonus-Intervall das Wort „Qual“ in den Vordergrund des Klangbilds.

In der zweiten Taktgruppe (Takte 191–195) ist der Beginn des im Sopran erscheinenden Themas synkopisch hervorgehoben. Dann folgt auch nun eine Themen-Engführung, jetzt zwischen Tenor und Sopran. Ihre Viertelbewegung schwingt sich im Schlusstakt in den ersten Violinen in hoher Lage über den Chor.

Die dritte Taktgruppe (Takte 196–201) ist geprägt von enggeführten Chorpaaren, zunächst Bass und Tenor, dann Alt und Sopran. Brahms verstärkt diesen vokalen Satz durch die mitgehenden Streicher. Die Holzbläser übernehmen das umspielende Achtelmotiv und sind jetzt im Unisono in ständig höhere Lagen gerückt. Zum letzten Mal übernimmt der Tenor im Takt 199 das Fugenthema.

In der letzten Taktgruppe, die im Takt 202 beginnt und bis zum Ende der Fuge reicht, erklingt das Thema nicht mehr. Im Tenor leuchtet noch einmal die ausdrucksbetonte Achtelbewegung auf, die die Soprane nach der Fugenexposition gesungen hatten. Dann ist der Chor zum ersten Mal in der Fuge akkordisch gesetzt. Brahms lässt ihn fünfmal die Worte „keine Qual“ wiederholen und führt ihn danach in hoher klangintensiver Lage zum Schlussakkord.

Überaus differenziert gestaltet Brahms den Orchestersatz dieses letzten Fugenabschnitts. Den Orgelpunkt hat er schon ab Takt 200 durch die Fagotte verstärkt. Das Achtelmotiv, das bisher das Fugenthema umspielte, wandelt er jetzt in eigenständige und fortlaufende Bewegung. Bratschen und erste Violinen erhalten Achtel, dann mit Einschluss der zweiten Violinen triolische Rhythmen. Dazu erklingen in den hohen Holzbläsern unablässig Bindungen von jeweils zwei Achteln, die kurz vor dem Schlussakkord – wie auch die tiefen Hörner und Trompeten – in Synkopen übergehen. Den Pauken hat Brahms während der ganzen Fuge nie abreißende Triolen gegeben. Diesen triolischen Rhythmus verbindet er in den Schlusstakten mit den hohen Streichern, verlangt ein *crescendo* des ganzen Ensembles und bleibt auf dem abschließenden D-Dur mit einer Fermate stehen.

Diese Fuge mit ihrer Exposition und den folgenden Teilabschnitten ist ein gewaltiges Bauwerk. Wir bewundern zunächst Brahms' schöpferischen Gedanken, eine Fuge auf einem Orgelpunkt zu komponieren. Durch das Studium barocker Werke geschult, erweist ihn der fugierte Satz als einen Kontrapunktiker, der sich in dieser komplizierten Sprache sehr wohl ausdrücken kann. Die Worte „Der Gerechten Seelen sind in Gottes Hand“ sind immer nach oben gerichtet – Brahms vermeidet die satztechnisch denkbare Umkehrung. Abgesehen vom Themenbeginn des Soprans in Takt 191 erklingt das Fugenthema immer in Dur-Tonarten. Mit seinen Moll-Dissonanzen ist der Nebensatz „und keine Qual rühret sie an“ für lange Zeit als Reminiszenz präsent, aber im Schlussteil werden seine Moll-Trübungen in das D-Dur des Gesamtklangs aufgesogen. Der schreitenden Rhythmik des Themas ist die Lebendigkeit ständiger Achtelbewegung hinzugesellt.

Brahms' Vision eines Daseins in Gottes Hand gibt mit dem Orgelpunkt die Zusage bleibender Seligkeit. Die Fuge beschreibt den strahlenden Glanz künftiger Herrlichkeit und verbindet sie mit dem Ausdruck unablässiger Vitalität (→ Notenbeispiel 19, S. 68–70).

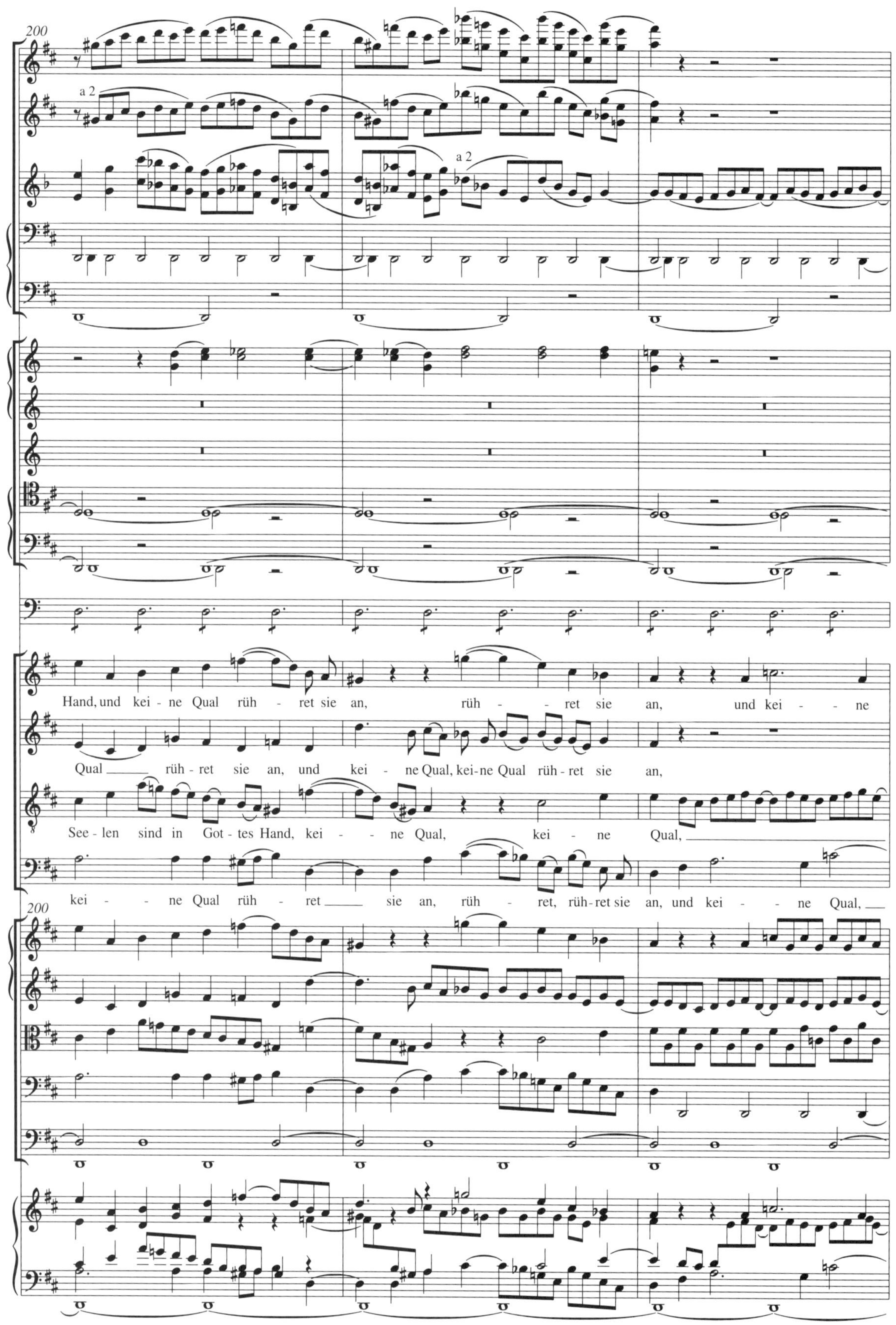

Notenbeispiel 19: Satz III, T. 200 bis Schluss

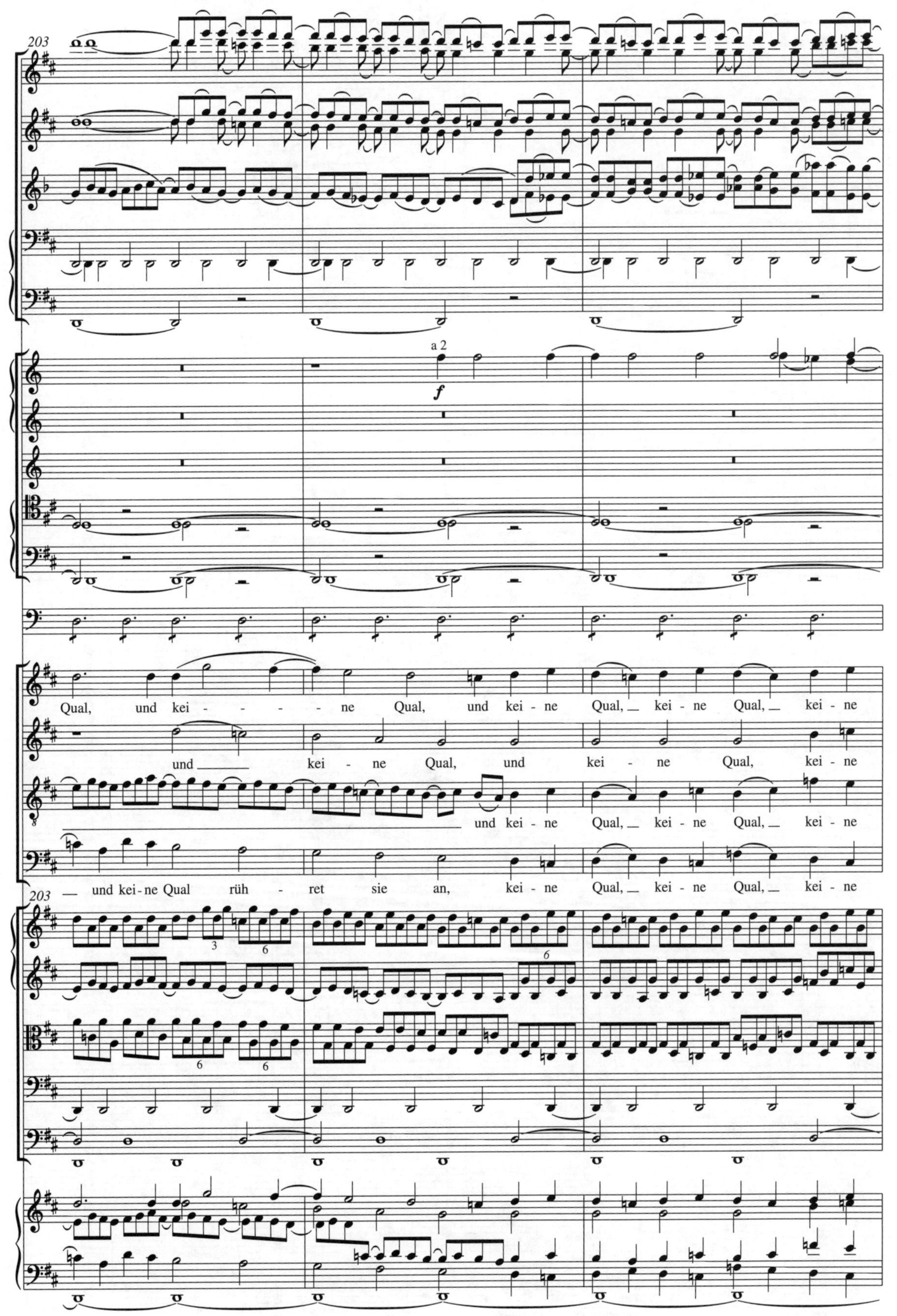
203
a 2
f
Qual, und kei - - - - ne Qual, und kei - ne Qual, kei - ne Qual, kei - ne
und kei - ne Qual, und kei - ne Qual, kei - ne
und kei - ne Qual, kei - ne Qual, kei - ne
und kei - ne Qual rüh - ret sie an, kei - ne Qual, kei - ne Qual, kei - ne
203

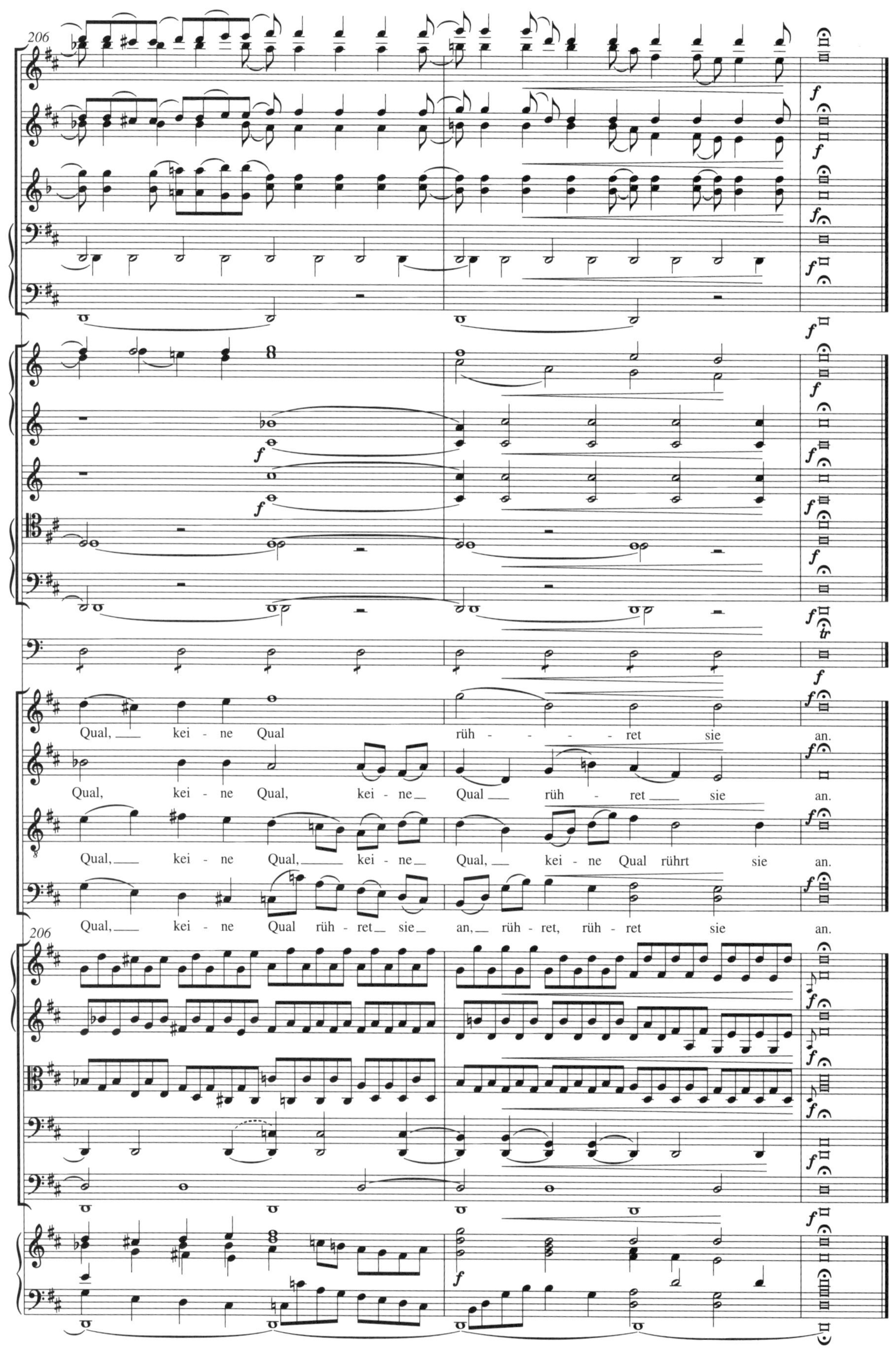
206
Qual, kei - ne Qual rüh - - - - ret sie an.
Qual, kei - ne Qual, kei - ne Qual rüh - ret sie an.
Qual, kei - ne Qual, kei - ne Qual, kei - ne Qual rührt sie an.
Qual, kei - ne Qual rüh - ret sie an, rüh - ret, rüh - ret sie an.
206

Satz IV

Wie lieblich sind deine Wohnungen, Herr Zebaoth! Meine Seele verlanget und sehnet sich nach den Vorhöfen des Herrn; mein Leib und Seele freuen sich in dem lebendigen Gott. Wohl denen, die in deinem Hause wohnen, die loben dich immerdar!

Psalm 84, 2, 3, 5

Die Mitte des siebensätzigen Werks ist sein vierter Satz. Für ihn wählt Brahms drei Verse des 84. Psalms: „Wie lieblich sind deine Wohnungen, Herr Zebaoth." In jedem der anderen Sätze des Werks sind requiemsbezogene Gedanken angesprochen und werden mit der Vision eines jenseitigen Daseins verbunden. Der Ort dieses Daseins sind die himmlischen Wohnungen des Herrn Zebaoth. Losgelöst von menschlichen und irdischen Problemen lässt Brahms in diesem vierten Satz seine Vorstellung der himmlischen Wohnungen erklingen.

Nach den vorausgegangenen gewichtigen Stücken nimmt Brahms mit seiner Instrumentation der Musik alle Schwere. Zum Chor sind nur die Holzbläser, zwei Hörner und die Streicher besetzt – die Trompeten, die tiefen Hörner, die Pauke und überraschenderweise auch die Harfe schweigen. Der auftaktig schwingende Dreivierteltakt, sich entfaltende Melodien und auflockernde Pizzicatogruppen der Streicher prägen den Klang.

Der Satz hat die Gliederung eines Rondos. Das liedhaft schwingende Hauptthema trägt die Worte „Wie lieblich sind deine Wohnungen". Es beginnt den Chorsatz, wird in der Satzmitte ab Takt 89 wieder aufgenommen und bestimmt von Takt 154 an den Schlussteil. Brahms macht es zur wichtigsten Aussage des Satzes, dazwischen vertont er die beiden anderen Psalmverse.

Denken wir zurück an den Anfang der bisherigen Sätze: Immer begannen die tiefen Instrumente, im zweiten und dritten Satz verbunden mit düsteren Harmonien. Jetzt – welch ein Gegensatz! Flöte und Klarinette werfen aus hoher Lage ihren Glanz melodisch nach unten, die Celli empfangen ihn mit hellen Dur-Klängen, die Pizzicati der Kontrabässe vermitteln heitere Leichtigkeit. Im akkordischen Chorsatz kehrt der Sopran die Melodie der Bläser um, blickt nach oben zu den Wohnungen, woher dieser helle Glanz kam. Zu dem Anruf „Herr Zebaoth" sind übergehaltene Töne Ausdruck der Sehnsucht, in diesen Wohnungen sein zu dürfen. Nach dem chorischen Anfang übernehmen mit Auftakt zu Takt 13 Flöten, Oboen und Hörner das Hauptthema. Sie geben es an den Chor zurück, der seiner Wendung an den „Herrn Zebaoth" harmonisch und mit den Melismen seiner Vokale warme Empfindsamkeit gibt (→ Notenbeispiel 20, S. 72–75).

Ab Takt 23 werden Details dieser himmlischen Wohnungen sichtbar und hörbar. Die Konturen der ersten Violinen verbinden sich mit der Melodie der Tenöre und umschlingen sie mit ihren expressiven Klängen. Dann wendet sich der Blick auf das wundersame Klanggebäude, das der Bass, der Sopran und Alt und wieder der Tenor mit ihren Einsätzen errichten. In den Takten 30 und 40 weicht Brahms aus B-Dur in die entlegene Tonart Ges-Dur aus – wir tasten einem heiligen, unseren Blicken entrückten Bereich nach. Schließlich nehmen die zweiten Violinen und Bratschen in den Takten 43–46 verklingend Abschied von diesem so schönen Bild der lieblichen Wohnungen.

IV. Wie lieblich sind deine Wohnungen

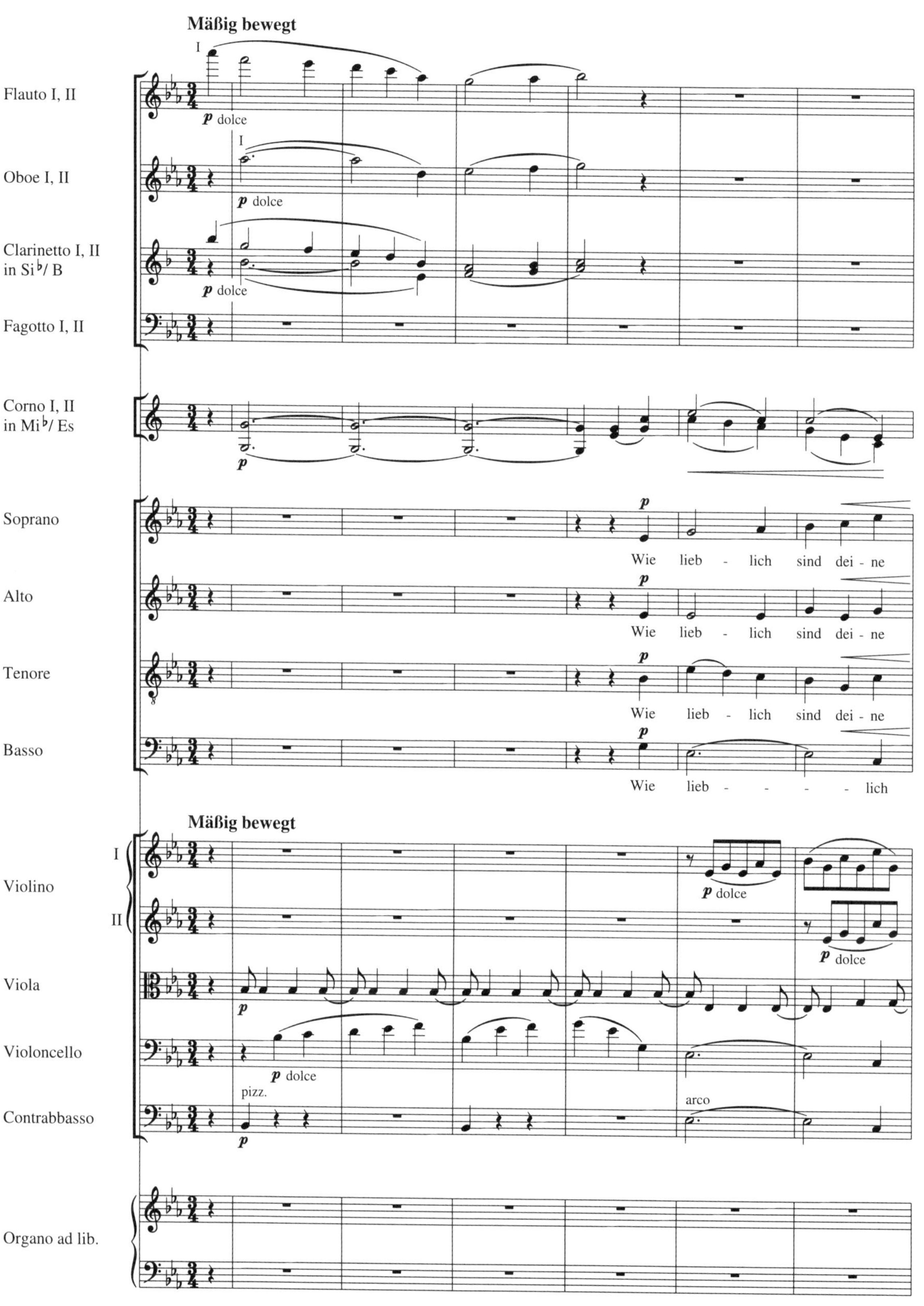

Notenbeispiel 20: Satz IV, T. 1–30

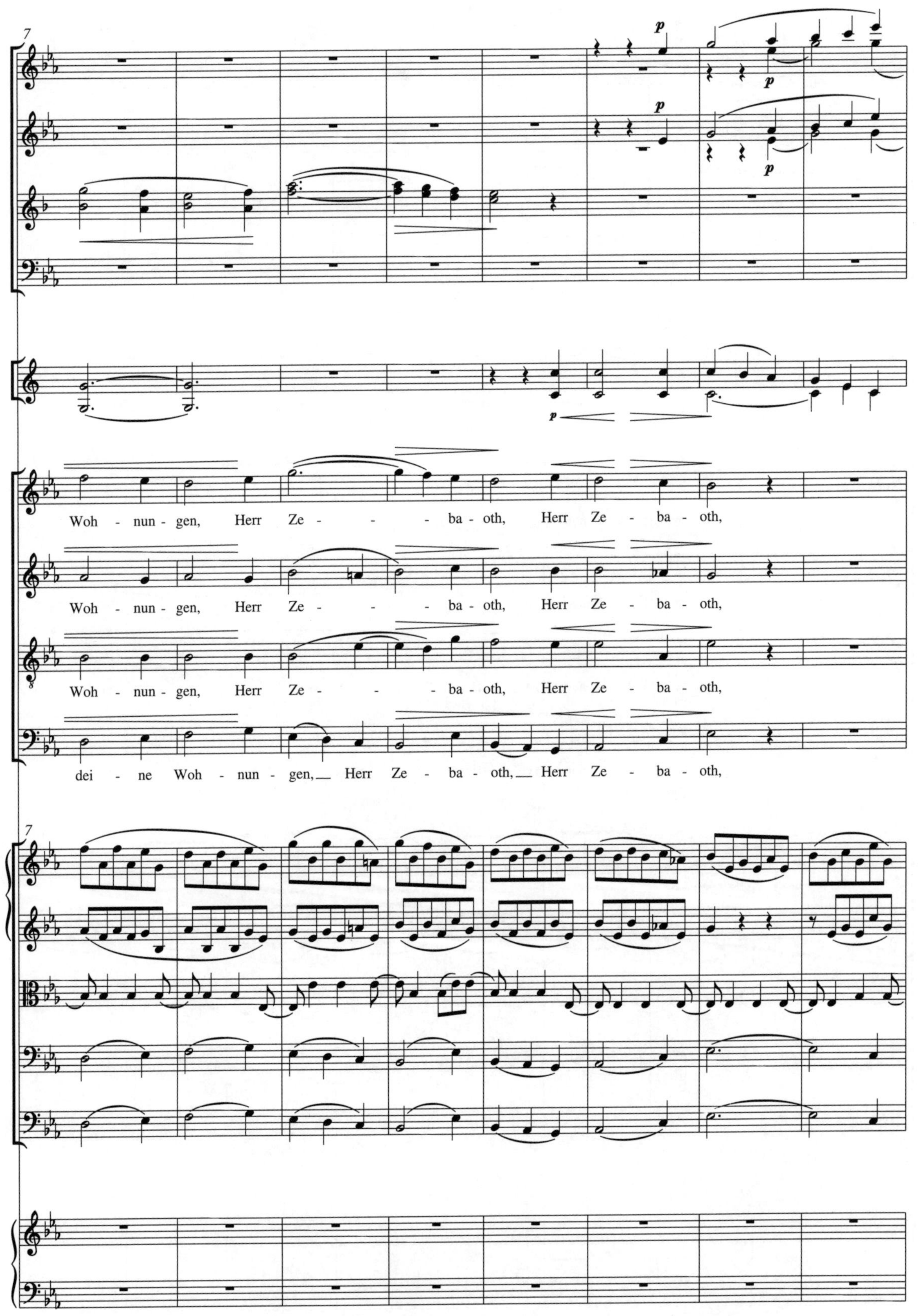
7
p
p
p
p
p
Woh - nun - gen, Herr Ze - - - ba - oth, Herr Ze - ba - oth,
Woh - nun - gen, Herr Ze - - - ba - oth, Herr Ze - ba - oth,
Woh - nun - gen, Herr Ze - - - ba - oth, Herr Ze - ba - oth,
dei - ne Woh - nun - gen, Herr Ze - ba - oth, Herr Ze - ba - oth,
7

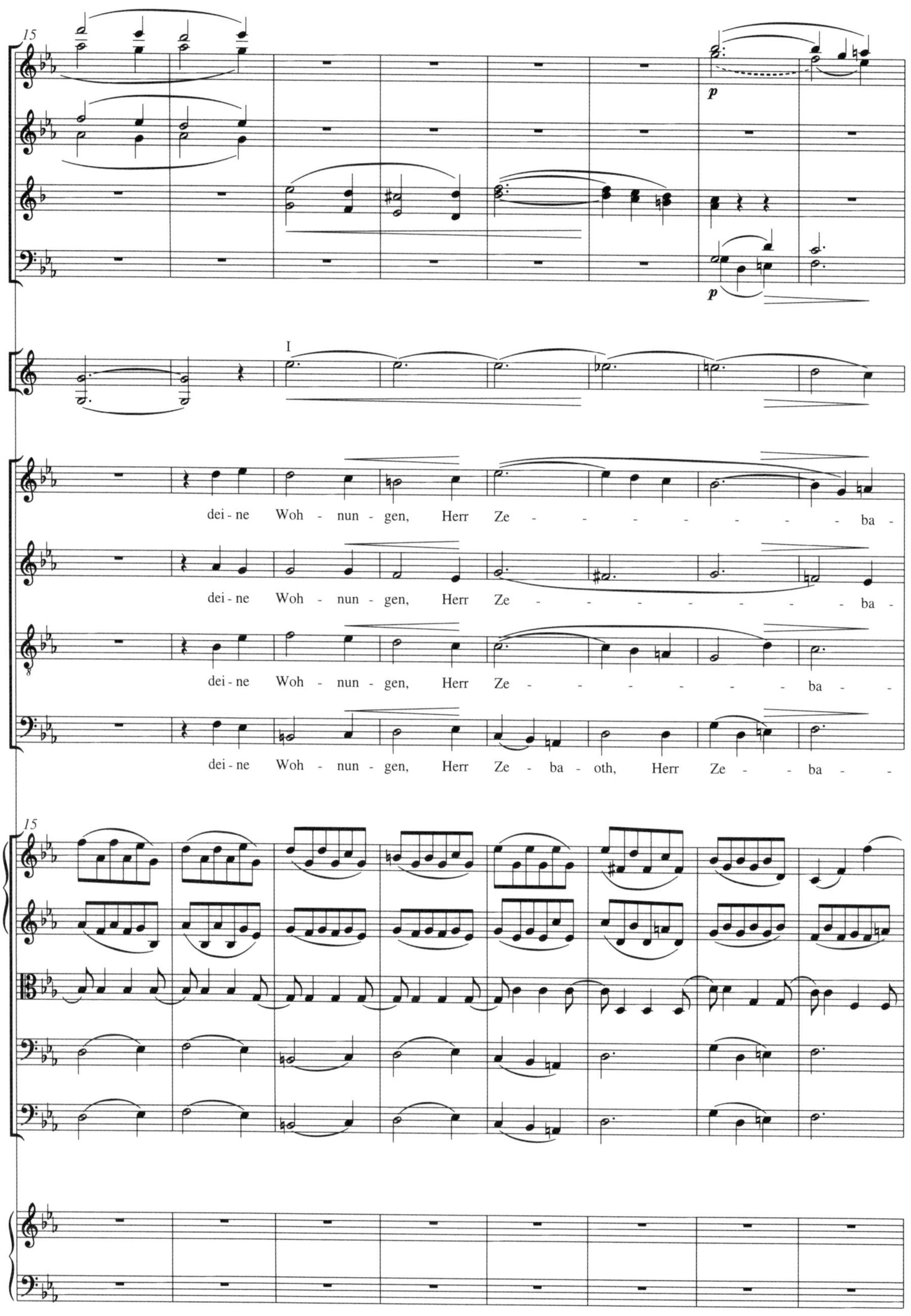
15
p
p
I
dei - ne Woh - nun - gen, Herr Ze - - - - - - - - ba -
dei - ne Woh - nun - gen, Herr Ze - - - - - - - - - ba -
dei - ne Woh - nun - gen, Herr Ze - - - - - - - ba - -
dei - ne Woh - nun - gen, Herr Ze - ba - oth, Herr Ze - - ba - -
15

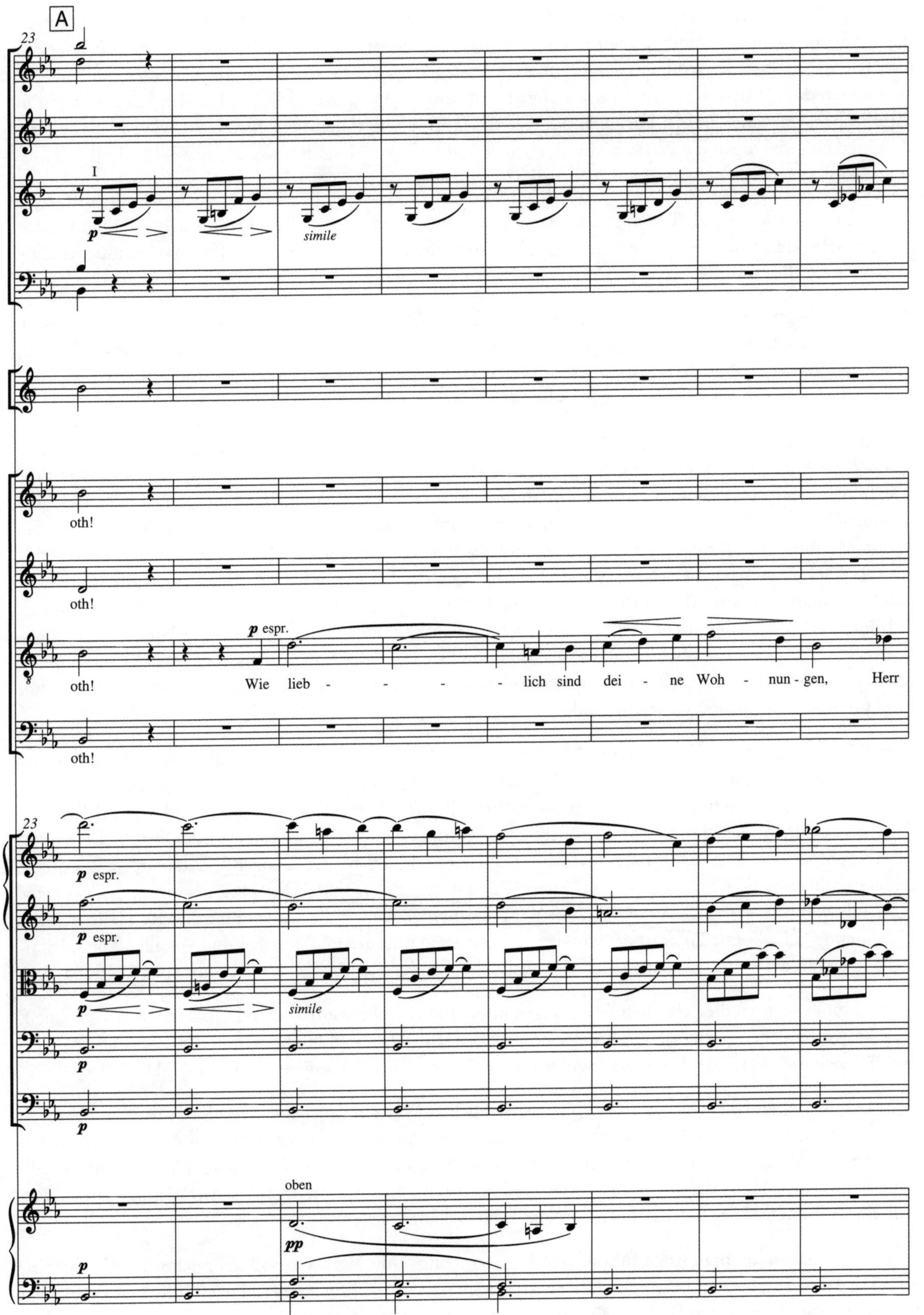
A
23
I
p
simile
oth!
oth!
p espr.
oth! Wie lieb - - - - lich sind dei - ne Woh - nun - gen, Herr
oth!
23
p espr.
p espr.
p
simile
p
p
oben
pp
p

Jetzt – ab Takt 46 – verändert Brahms den Charakter seiner Musik beinahe drastisch: Ich will diese Wohnungen nicht nur von Ferne bewundern, „meine Seele verlanget und sehnet sich“ – ich will dort sein! Eruptiv drängend lässt er die Chorstimmen vom Bass ausgehend nach oben gerichtet einsetzen. Unterstützt von den pulsierenden Rhythmen des Orchesters erreicht das Verlangen und Sehnen einen *forte*-Höhepunkt. Aber wir sind nicht in den Wohnungen, nur „in den Vorhöfen des Herrn“. Dort erklingt die Musik *piano*, aber sie ist von heiterer Leichtigkeit – das sagen die Pizzicati von Bratschen und Celli (→ Notenbeispiel 21, S. 77–80, T. 46–62).

Die Worte „mein Leib und Seele freuen sich“ erhalten mit Auftakt zu Takt 66 und nochmal mit Auftakt zu Takt 74 ihre Vitalität durch die *forte/piano*-Akzente und die erregten Rhythmen der Streicher. Mit den Worten „in dem lebendigen Gott“ münden sie in kantable Textgruppen, deren übergehaltene Töne das Sehnsuchtsmotiv des Anfangs, dort mit den Worten „Herr Zebaoth“ einschließen.

Hier – mit Auftakt zu Takt 85 – kehrt Brahms zurück zum Satzanfang. Die ersten Violinen und sofort danach die erste Flöte schwingen das Anfangsmotiv aus hoher Lage nach unten. Dort erwarten sie die heiteren Pizzicati der Kontrabässe. Und auch das zweite Horn lässt sich anstecken. Mit seinen gut gelaunten Rhythmen führt es in Takt 89 den Wiedereinsatz des Chors herbei (→ Notenbeispiel 21, S. 80–84, T. 66–93).

Mit den Worten „Wie lieblich sind deine Wohnungen“ wiederholt Brahms in den folgenden 19 Takten den chorischen Anfangsteil. Die abschließende „Herr Zebaoth“-Kadenz wendet er jetzt nicht wie vorher auf die Details der lieblichen Wohnungen, sondern mit dem noch fehlenden Psalmvers auf die, „die in deinem Hause wohnen“. Mit ihrer in hoher Lage ganz wunderbar aufblühenden Melodie umschlingen die Violinen den Chor. Mit ihrem von Brahms vorgeschriebenen *piano*- und *legato*-Klang beziehen sie ihn ein in die bleibende Vision einer jenseitigen Welt. Mehr und mehr passt sich der Chor den kantabel fließenden Rhythmen der Violinen an, findet seine Wohnung, sein Zuhause in ihrer Melodie. Mit einem *crescendo* weitet Brahms den Klangraum, seine Musik klingt jetzt beinahe mächtig. Und ganz unerwartet öffnet er die Tür des Klangdoms und wir hören, was dort geschieht: „die loben dich immerdar“. Der Lobpreis erklingt zunächst im Sopran, dann im Alt mit einem energisch voranschreitenden Motiv. Dazu treten schnell laufende Achtel, die in Chor und Orchester „immerdar“ lebendig sind.

Die Satzstruktur ist jetzt kontrapunktisch, die kurzen Motive sind imitierend und kanonisch gesetzt, die Fugati schließen Engführungen und Vergrößerungen ein. Wollen wir uns Brahms schmunzelnd vorstellen: „In diese heil'gen Hallen passt die Romantik nicht, soll unser Lob gefallen, ist Bach und Händel Pflicht“? Brahms beschreibt die Musik, die in den lieblichen Wohnungen erklingt mit den Ausdrucksmitteln der von ihm verehrten barocken Tradition. Diese Musik ist energisch und besitzt drängende Vitalität, sie könnte zu einem strahlenden Abschluss des Satzes führen. Aber mit den in den Takten 149–152 unvermittelt nach *piano* gewendeten und gehaltenen Akkorden zum Wort „immerdar“ ruft Brahms die unbeschwerte Heiterkeit des Satzanfangs zurück: Die Pizzicati der von den Kontrabässen grundierten Streicher und vor allem die spielerischen Staccati der zweiten Klarinette leiten zum abschließenden Rondo-Teil (→ Notenbeispiel 22, S. 85–89).

Noch einmal glänzen die lieblichen Wohnungen in der hohen Lage von Flöte und Oboe, dann der Violinen. Die antwortenden, einstimmig geführten Chorgruppen, zunächst Sopran und Tenor, dann Alt und Bass verbinden sich diesem Glanz, Celli und Hörner wollen ihn mit ihren Synkopen festhalten (Takt 153f.).

Ein letztes Mal entfaltet sich das Klangbild der lieblichen Wohnungen beinahe enthusiastisch in der hoch geführten Lage des Chors. Aber das ist nicht gewaltig gemeint – die Violinen verleihen mit ihren ständigen Pizzicati der Musik rhythmische und heitere Lockerheit. Mit schwingenden Vierteln der Bläser, dann der Celli und Kontrabässe klingt die Musik aus. Als Nachklang von Brahms' Vision der lieblichen Wohnungen bleiben die Bläser in hoher Lage für drei Takte auf dem Schlussakkord stehen.

Im dritten Satz hatte Brahms ausführlich die Frage gestellt: „Nun Herr, wes soll ich mich trösten?“ Eine indirekte Antwort gibt er mit diesem vierten Satz, in dem er seine Vision eines von allen irdischen Problemen abgehobenen himmlischen Bereichs als transzendente Realität erklingen lässt.

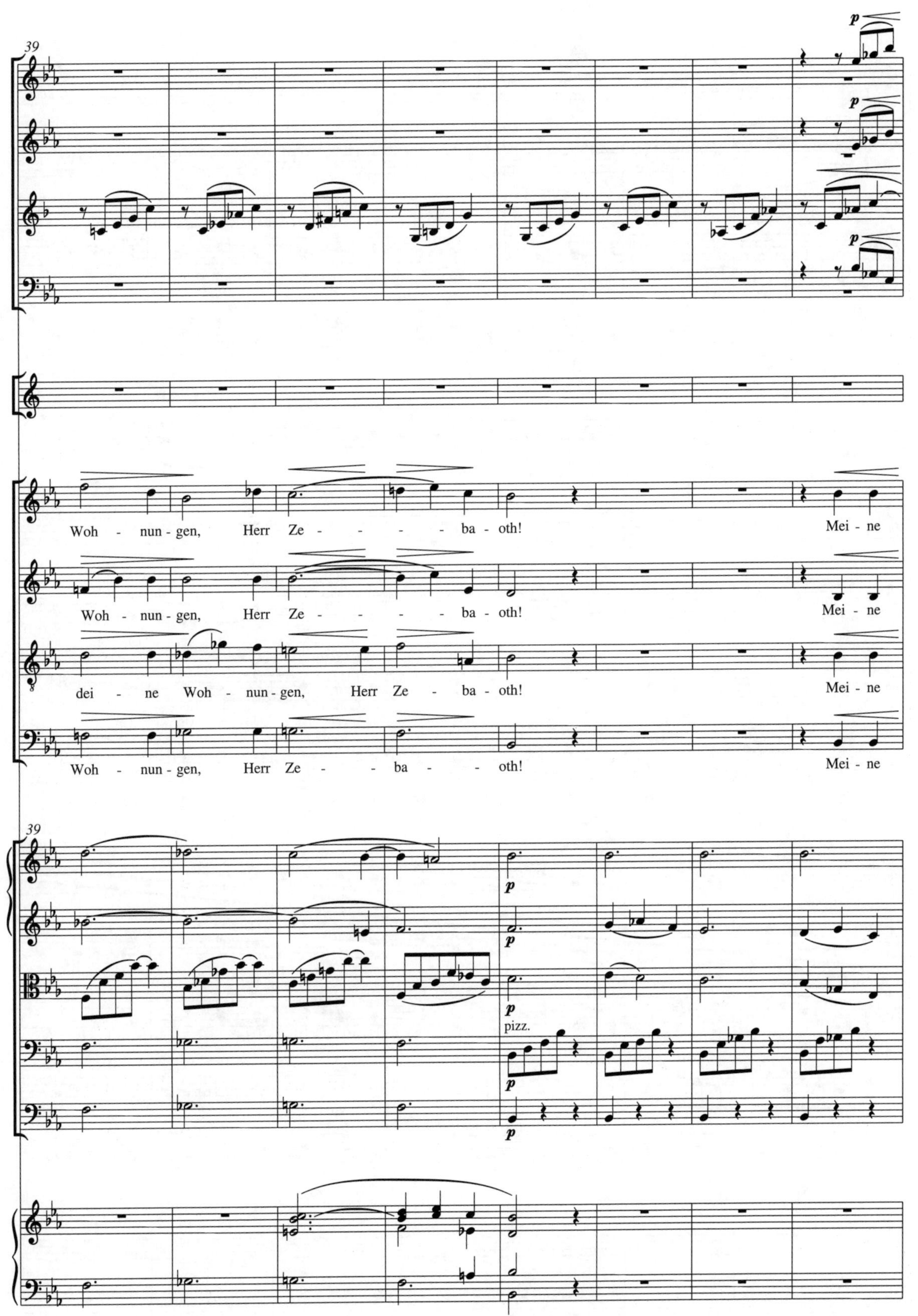

Notenbeispiel 21: Satz IV, T. 39–97

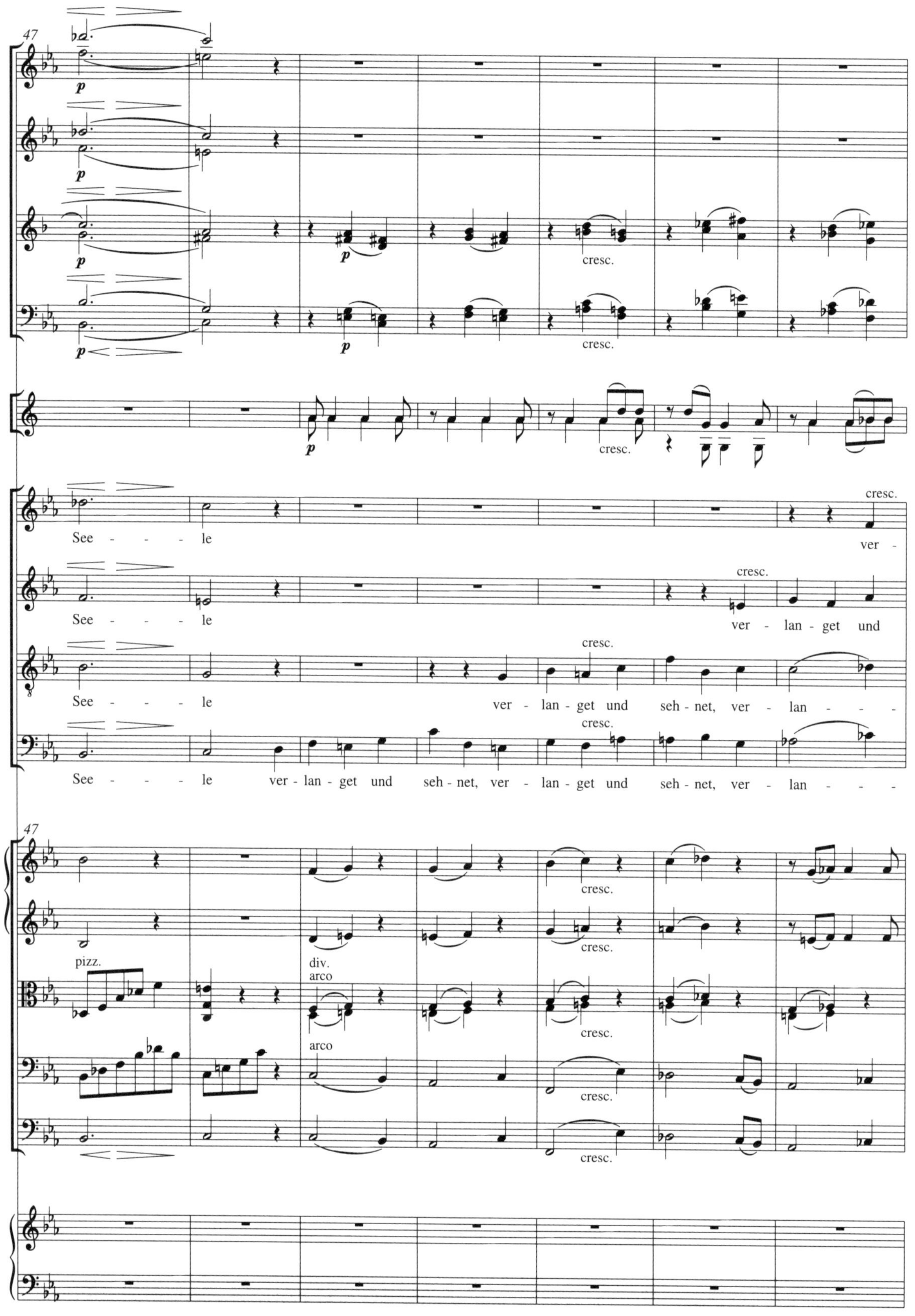
47
p
p
p
p
cresc.
cresc.
cresc.
See - - - le
ver -
See - - - le
ver - lan - get und
See - - - le
ver - lan - get und seh - net, ver - lan - - -
See - - - le ver - lan - get und seh - net, ver - lan - get und seh - net, ver - lan - - -
47
pizz.
div.
arco
arco
cresc.

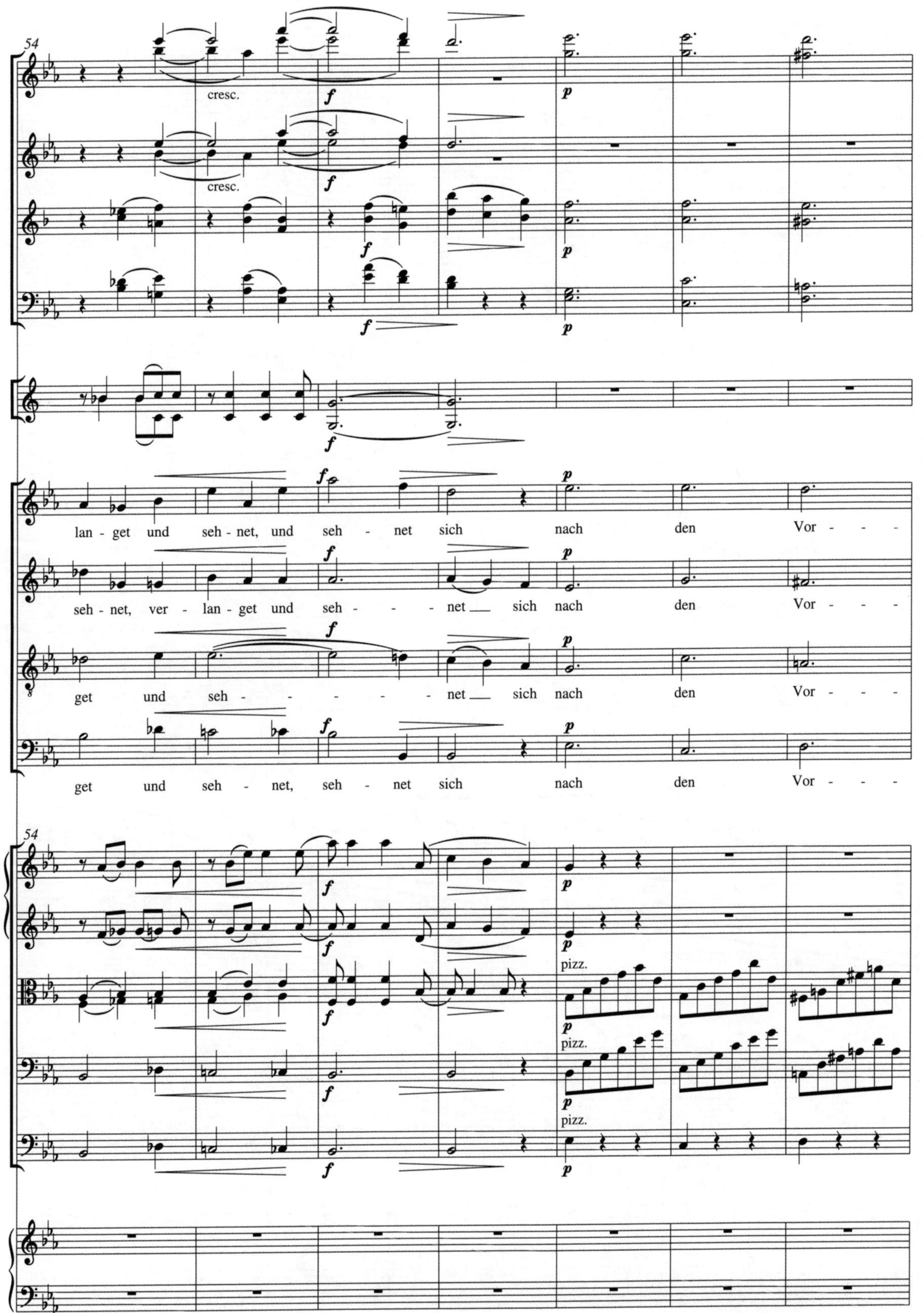
54
cresc.
cresc.
lan - get und seh - net, und seh - net sich nach den Vor - - -
seh - net, ver - lan - get und seh - - - net sich nach den Vor - - -
get und seh - - - - - net sich nach den Vor - - -
get und seh - net, seh - net sich nach den Vor - - -
54
pizz.
pizz.
pizz.

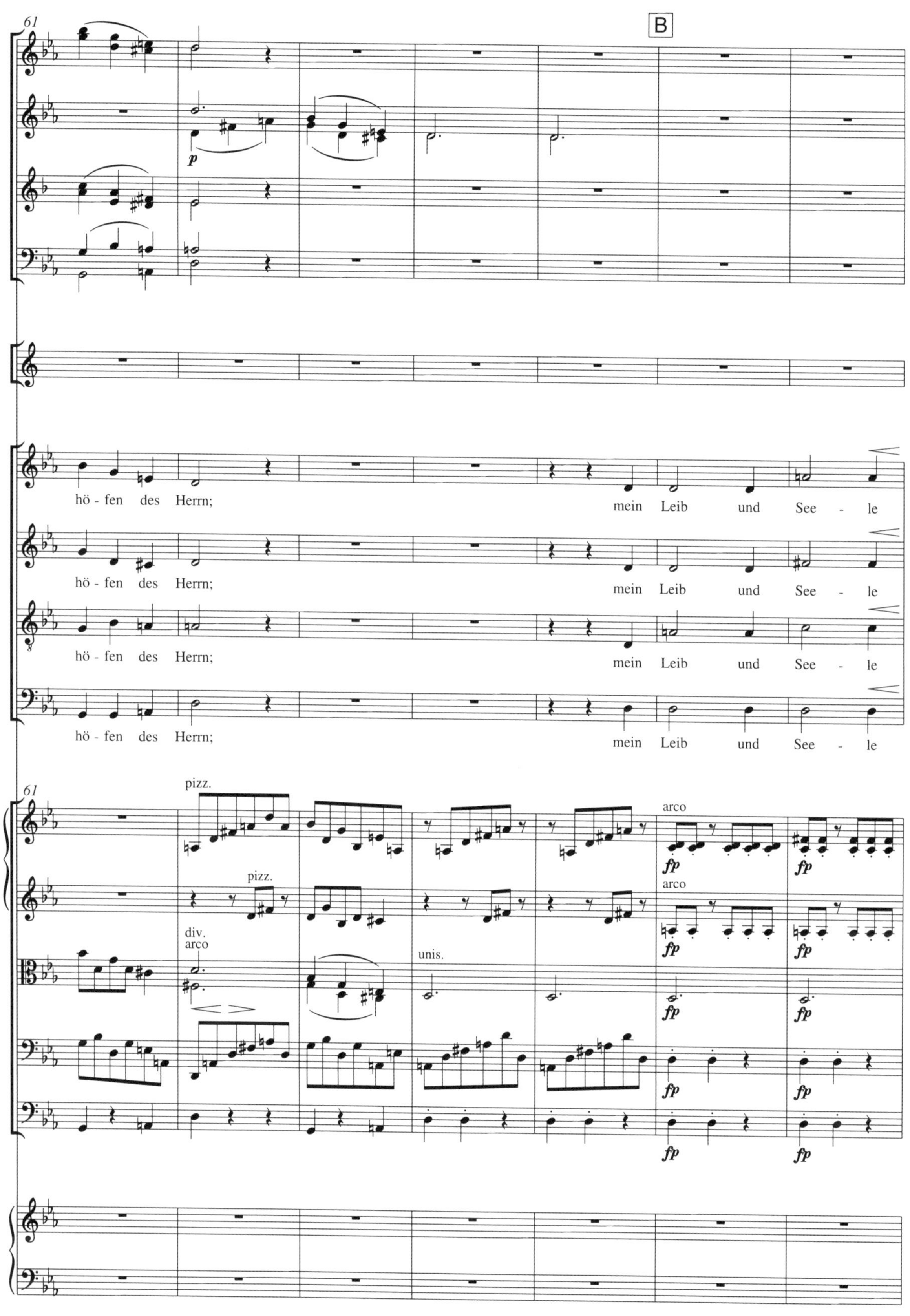
61
B
p
hö - fen des Herrn;
mein Leib und See - le
hö - fen des Herrn;
mein Leib und See - le
hö - fen des Herrn;
mein Leib und See - le
hö - fen des Herrn;
mein Leib und See - le
61
pizz.
arco
fp
pizz.
arco
fp
div.
arco
unis.
fp
fp
fp

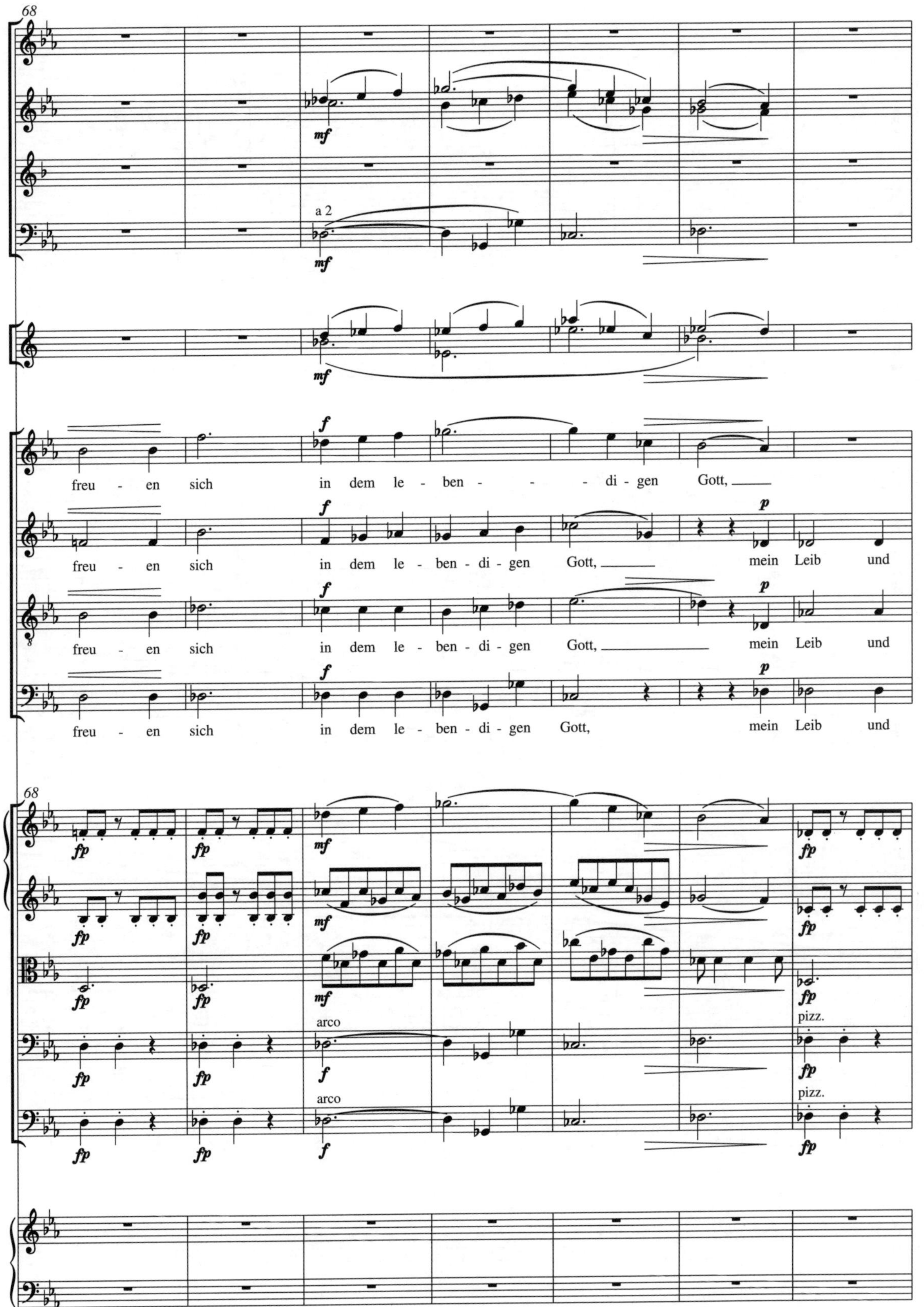
68
a 2
mf
f
p
freu - en sich in dem le - ben - - di - gen Gott,
freu - en sich in dem le - ben - di - gen Gott, mein Leib und
freu - en sich in dem le - ben - di - gen Gott, mein Leib und
freu - en sich in dem le - ben - di - gen Gott, mein Leib und
68
fp
arco
pizz.

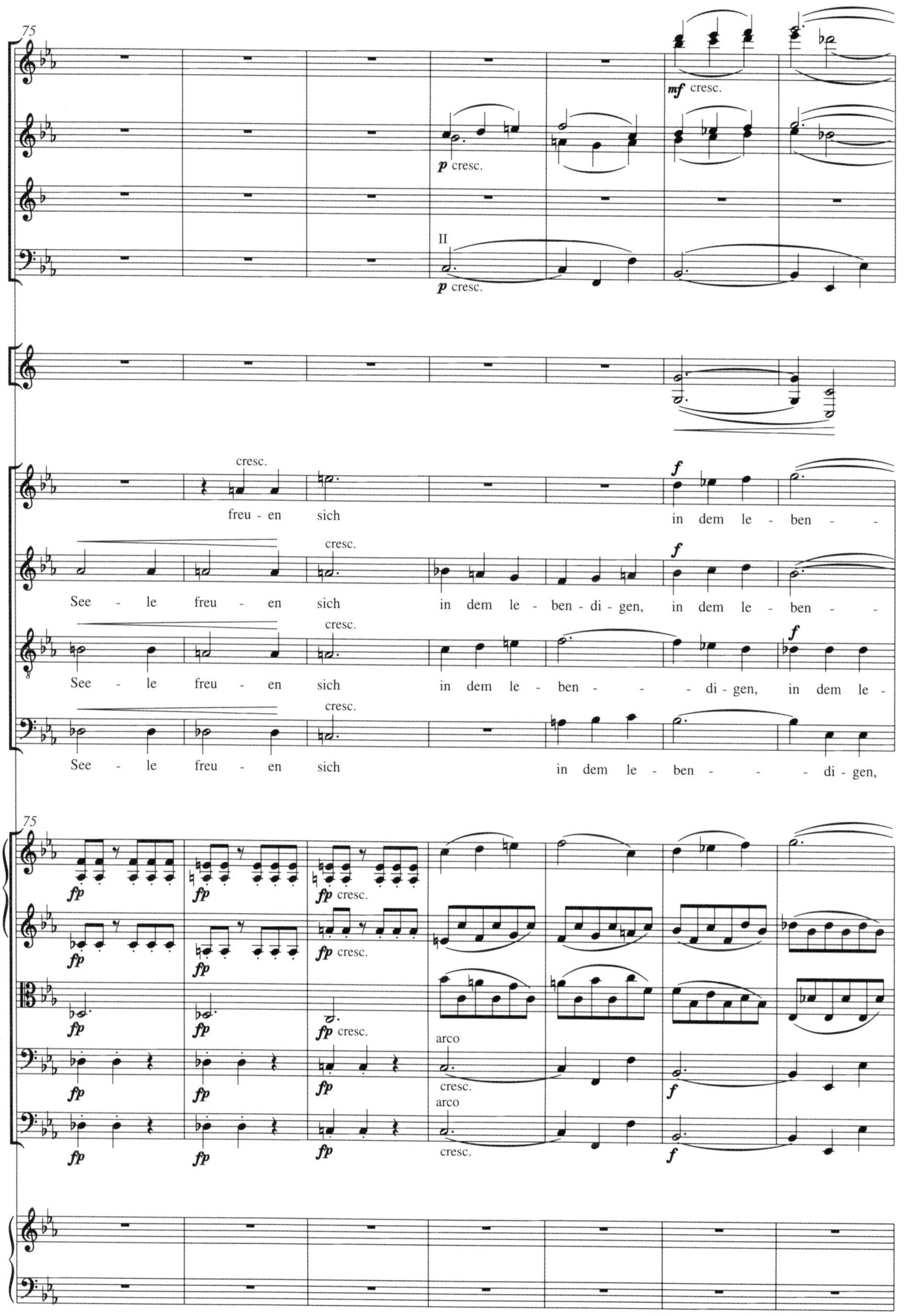
75
mf cresc.
p cresc.
II
p cresc.
cresc.
f
freu - en sich
in dem le - ben - -
cresc.
f
See - le freu - en sich
in dem le - ben - di - gen, in dem le - ben - -
cresc.
f
See - le freu - en sich
in dem le - ben - - - di - gen, in dem le -
cresc.
See - le freu - en sich
in dem le - ben - - - di - gen,
75
fp
fp
fp cresc.
fp
fp
fp cresc.
fp
fp
fp cresc.
arco
fp
fp
fp
cresc.
f
arco
fp
fp
fp
cresc.
f

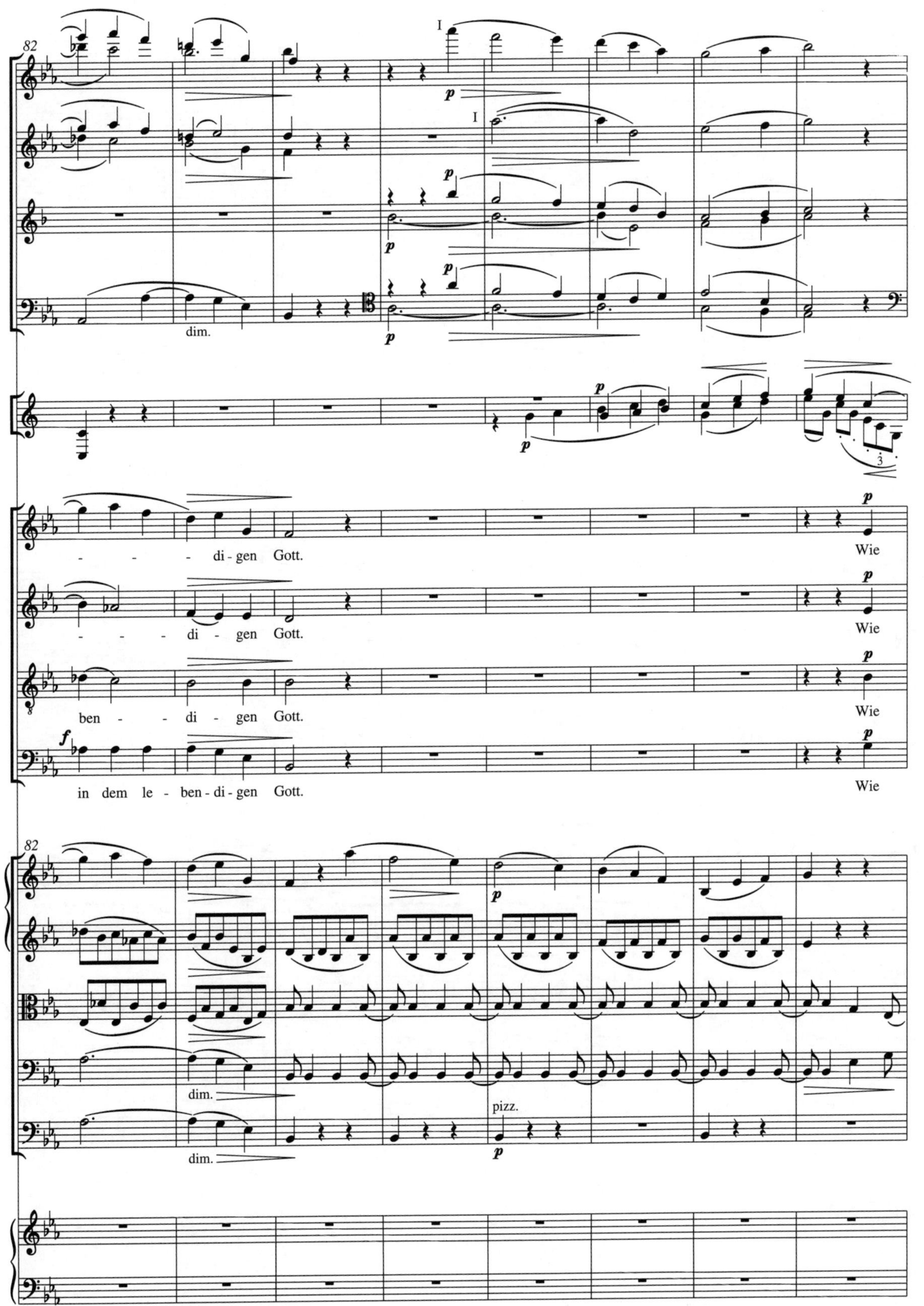
82
I
I
dim.
- - - di - gen Gott.
Wie
- - - di - gen Gott.
Wie
ben - - di - gen Gott.
Wie
in dem le - ben - di - gen Gott.
Wie
82
dim.
pizz.
dim.

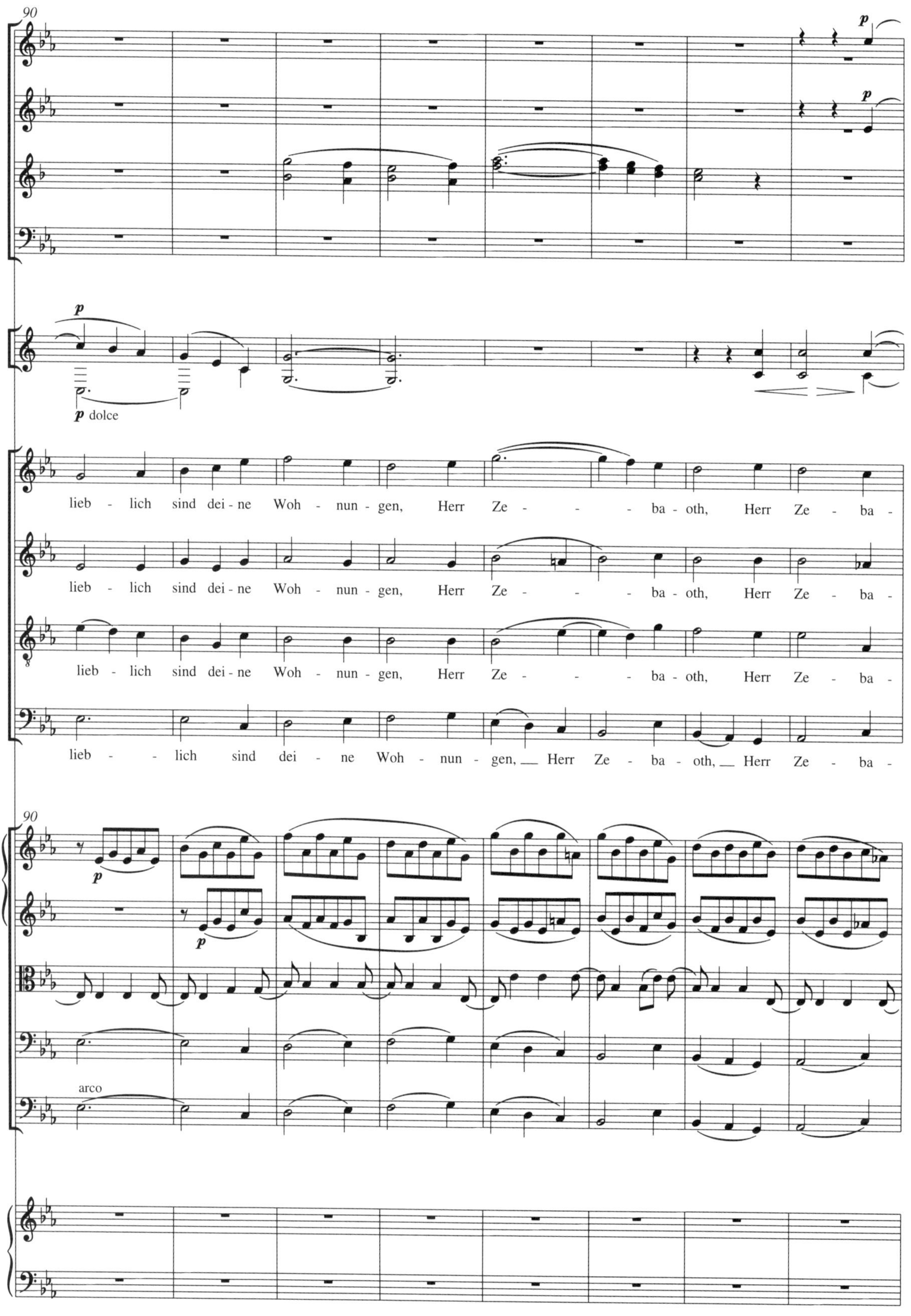
90
p
p
p
p dolce
lieb - lich sind dei - ne Woh - nun - gen, Herr Ze - - - ba - oth, Herr Ze - ba -
lieb - lich sind dei - ne Woh - nun - gen, Herr Ze - - - ba - oth, Herr Ze - ba -
lieb - lich sind dei - ne Woh - nun - gen, Herr Ze - - - ba - oth, Herr Ze - ba -
lieb - - lich sind dei - ne Woh - nun - gen, Herr Ze - ba - oth, Herr Ze - ba -
90
p
p
arco

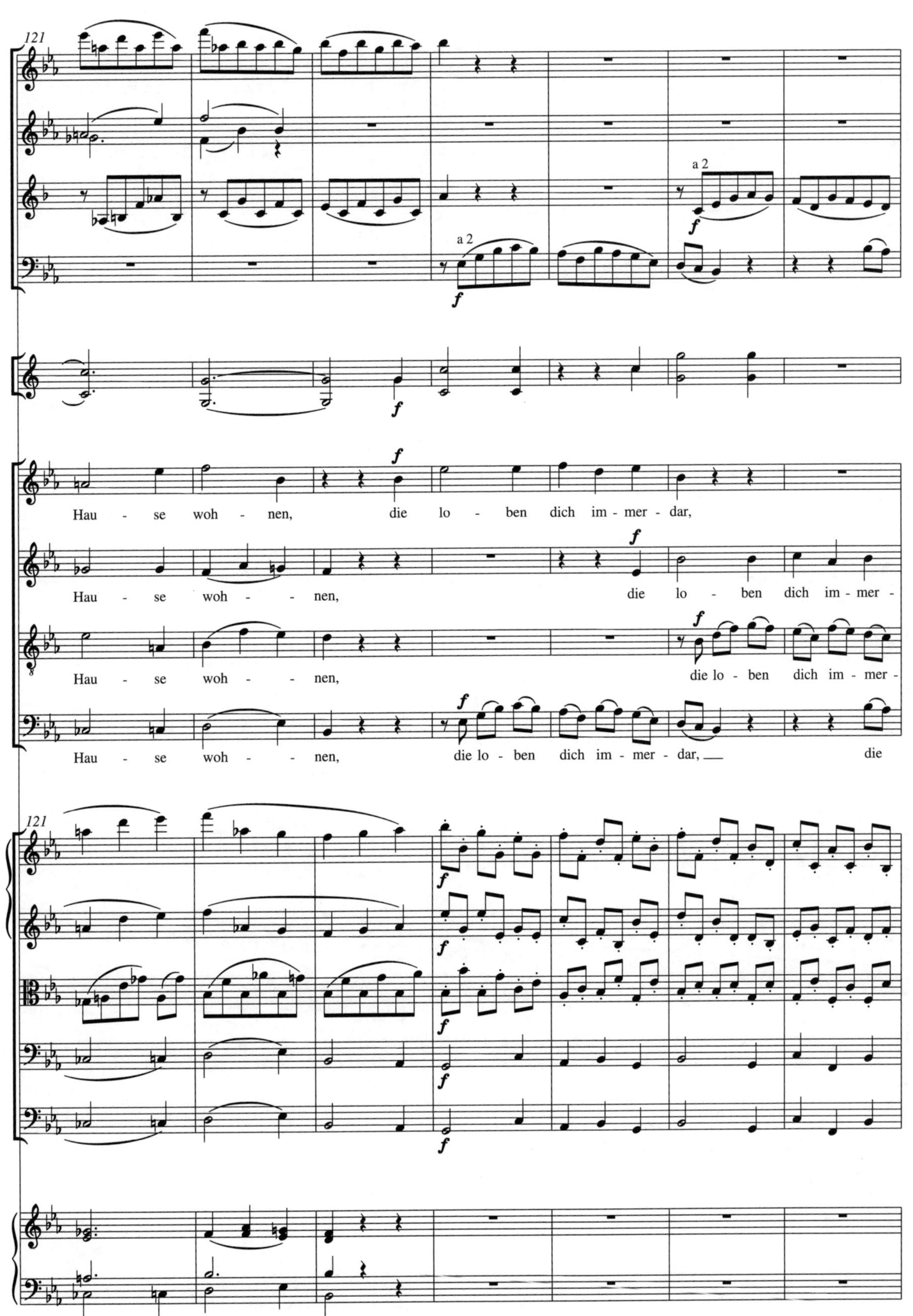

Notenbeispiel 22: Satz IV, T. 121–156

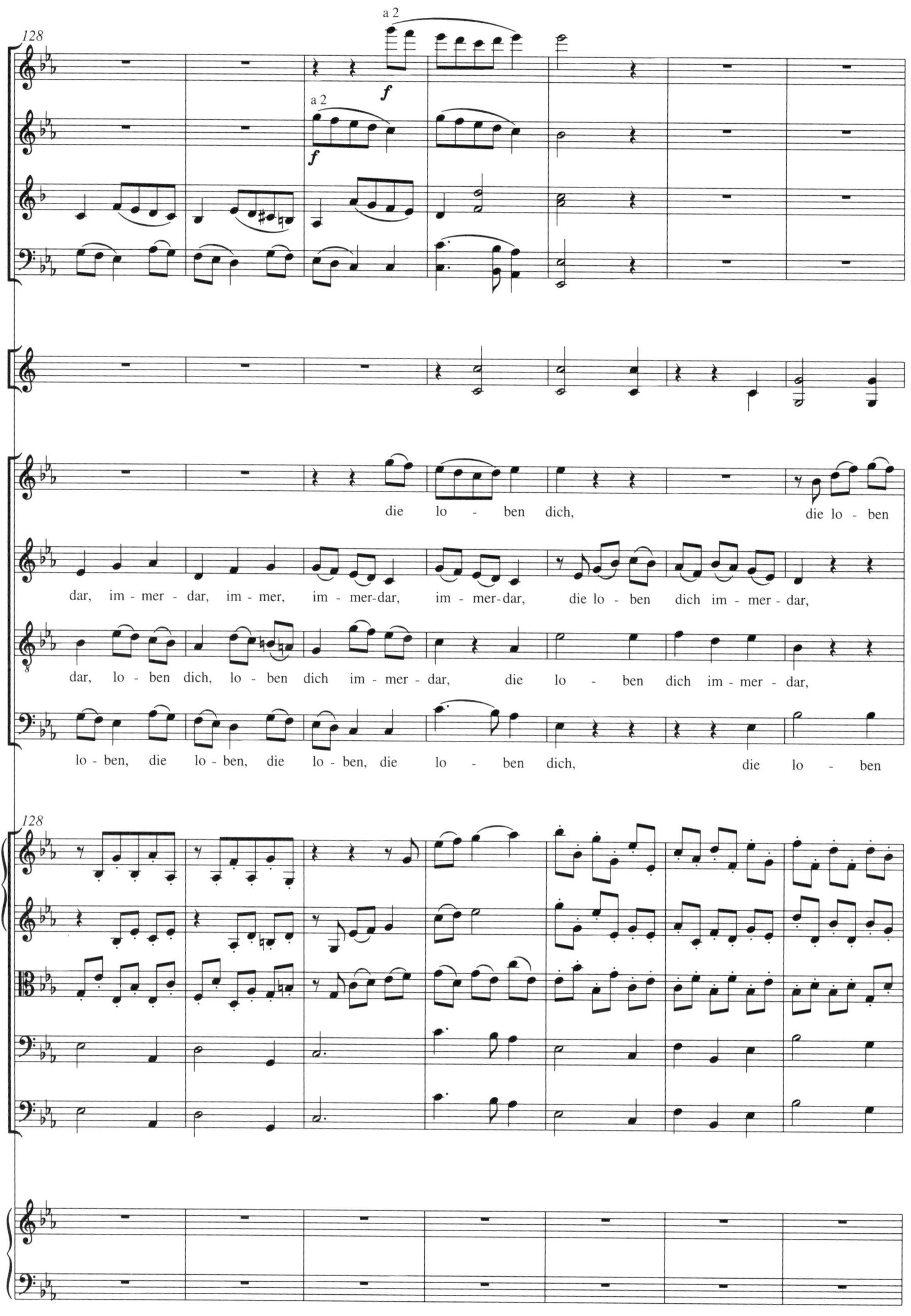
128
a 2
f
a 2
f
die lo - ben dich,
die lo - ben
dar, im - mer - dar, im - mer, im - mer-dar, im - mer-dar, die lo - ben dich im - mer - dar,
dar, lo - ben dich, lo - ben dich im - mer - dar, die lo - ben dich im - mer - dar,
lo - ben, die lo - ben, die lo - ben, die lo - ben dich, die lo - ben
128

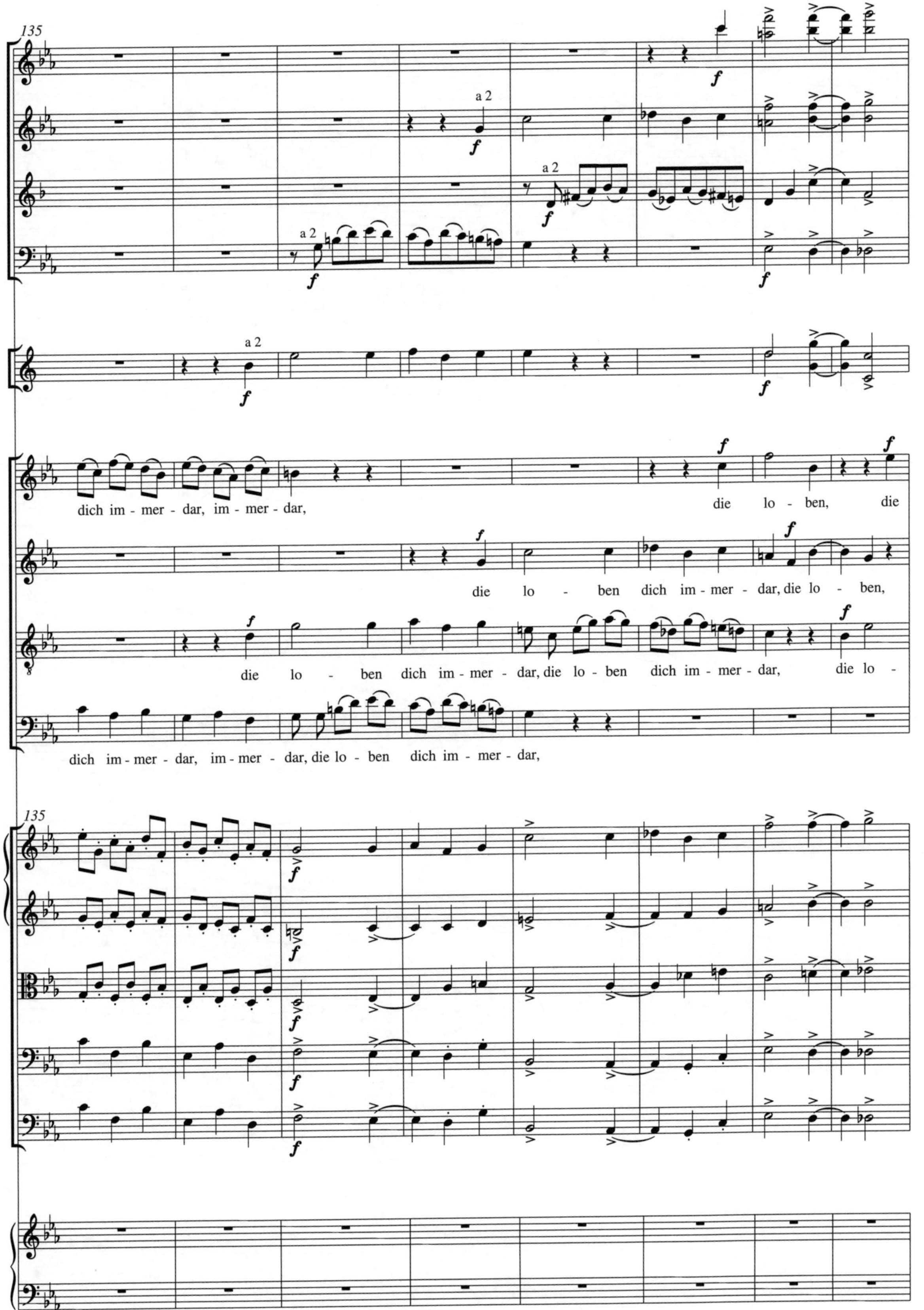
135
a 2
dich im - mer - dar, im - mer - dar, die lo - ben, die
die lo - ben dich im - mer - dar, die lo - ben,
die lo - ben dich im - mer - dar, die lo - ben dich im - mer - dar, die lo -
dich im - mer - dar, im - mer - dar, die lo - ben dich im - mer - dar,
135

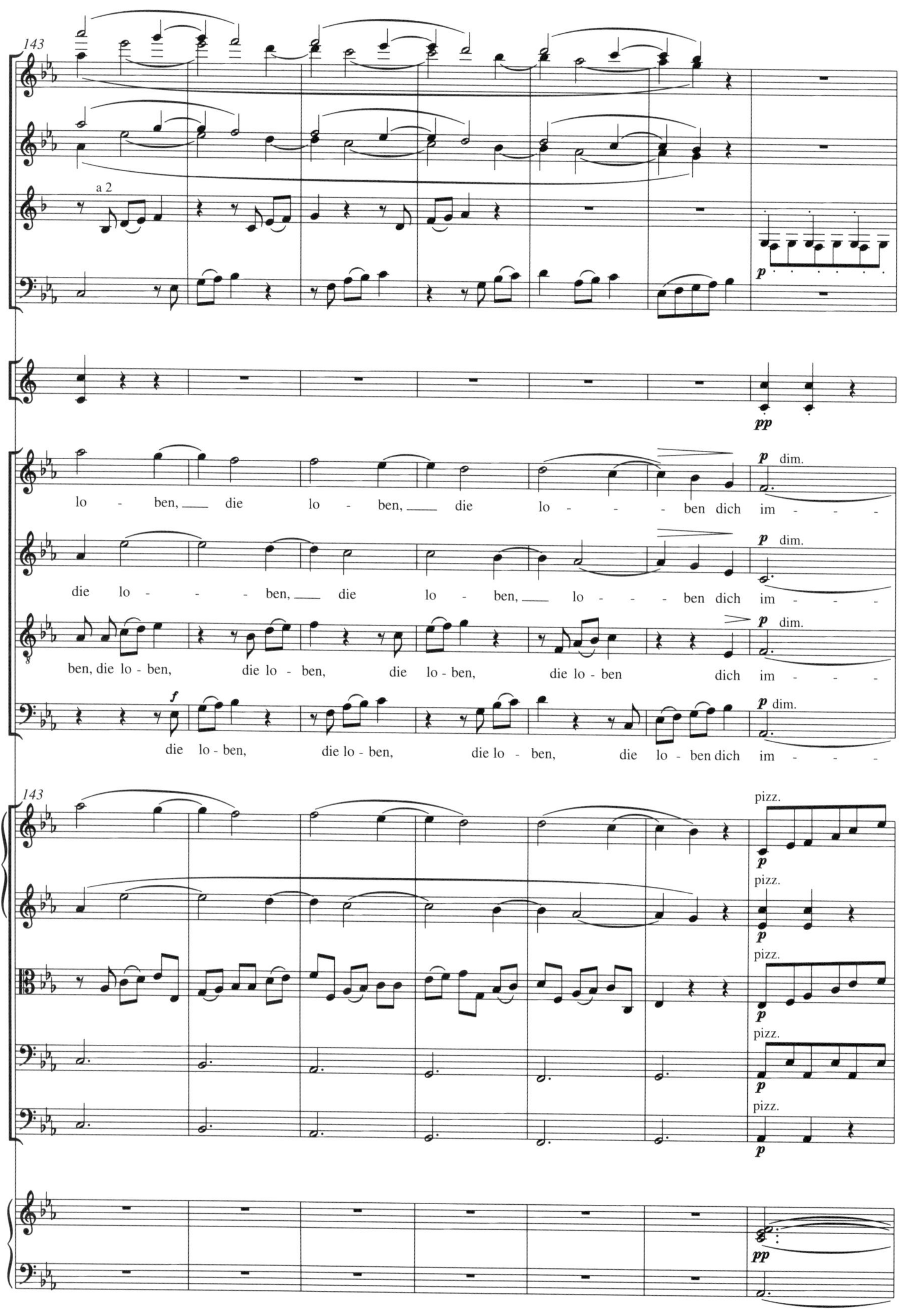
143
a 2
p
pp
lo - ben, die lo - ben, die lo - - - ben dich im - - -
p dim.
die lo - - - ben, die lo - ben, lo - - - ben dich im - - -
ben, die lo - ben, die lo - ben, die lo - ben, die lo - ben dich im - - -
f
die lo - ben, die lo - ben, die lo - ben, die lo - ben dich im - - -
143
pizz.

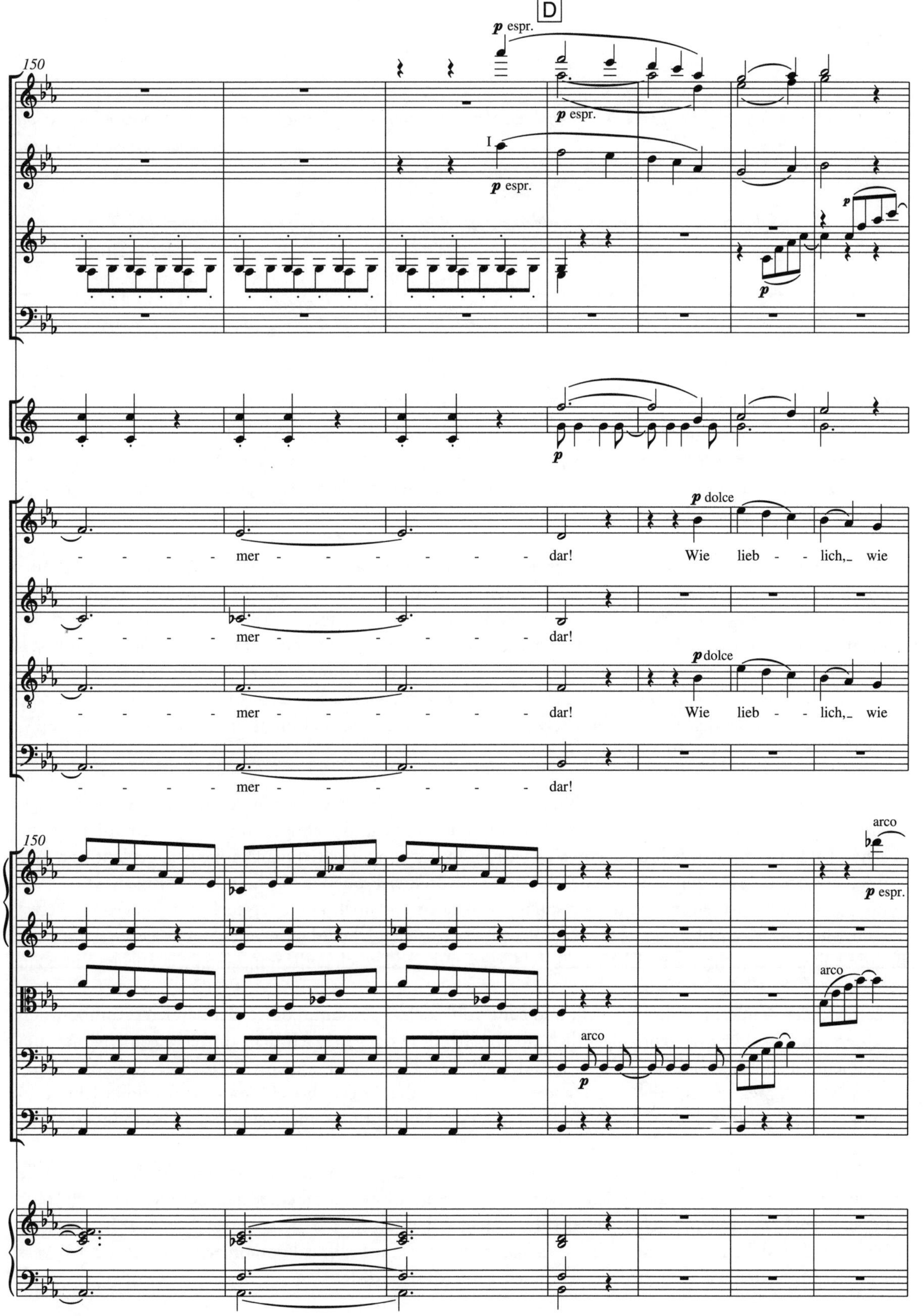
D
150
p espr.
I
p
p dolce
- - - - mer - - - - - - - dar! Wie lieb - - lich, wie
arco
p espr.

Satz V

Ihr habt nun Traurigkeit, aber ich will euch wiedersehen, und euer Herz soll sich freuen, und eure Freude soll niemand von euch nehmen.
Johannes 16, 22

Sehet mich an: Ich habe eine kleine Zeit Mühe und Arbeit gehabt und habe großen Trost funden.
Jesus Sirach 51, 35

Ich will euch trösten, wie einen seine Mutter tröstet.
Jesaja 66, 13

Bei der Karfreitagsaufführung im Bremer Dom erklangen im Jahr 1868 sechs Sätze des Requiems. Ein knappes Jahr später, im Februar 1869, wurde das Werk im Leipziger Gewandhaus zum ersten Mal in seiner vollständigen siebensätzigen Gestalt musiziert. Brahms hatte in der Zwischenzeit diesen weiteren Satz komponiert und als fünften Teil in das Werk eingeschoben.

Lassen Sie uns versuchen, dem Entstehungsprozess dieses neuen Werkteils zu folgen. Brahms hatte die Aufführung im Bremer Dom selbst geleitet. Die ersten drei Sätze waren schon in Wien am 1. Dezember 1867 erklungen. Dort war, wie der Brahms-Freund Joseph Joachim an seine Frau Amalia schreibt, zu wenig geprobt worden. Brahms' Biograph Max Kalbeck berichtet: „Der Paukist glaubte bei dem Orgelpunkt am Ende des dritten Satzes [...] ein Übriges tun zu müssen und schlug mit seinem donnernden Gehämmer die kunstvollste aller Brahms'schen Fugen in Stücke" (Max Kalbeck, *Johannes Brahms*, Bd. 2, 3. Aufl., Berlin 1912, S. 234). Brahms wird wohl bei den Bremer Proben den Paukisten um Zurückhaltung gebeten haben. Die Sätze IV, VI und VII hörte er zum ersten Mal.

Das große Interesse eines zahlreichen Publikums, das führende Vertreter des Musiklebens einschloss, und das breite und positive Echo der Presse hat Brahms wohl mit Freude und Genugtuung erlebt. Vermutlich wusste er schon bald, dass für den Februar 1869 eine weitere Aufführung des Requiems in Leipzig geplant war. Wir würden erwarten, dass Brahms die bei den Wiener und Bremer Proben gemachten Erfahrungen zum Anlass nähme, das Werk noch einmal zu überarbeiten, Revisionen vorzunehmen oder auch nur Änderungen etwa dynamischer Details anzubringen. Aber von solch einer kritischen Überarbeitung des Stücks wissen wir nichts. Brahms hält sein Requiem noch nicht für abgeschlossen und wendet sich der Komposition eines neuen Satzes zu.

Er hatte bei der Bremer Aufführung erlebt und dem wohl auch zugestimmt, dass Stücke anderer Komponisten musiziert wurden. Für uns heute eigentlich überraschend, erklangen nach dem dritten Requiem-Satz drei Instrumentalstücke für Violine und Orgel und nach dem Ende des Requiems Bachs Arie „Erbarme dich" aus der *Matthäuspassion* und Teile aus Händels *Messias* mit der Arie „Ich weiß, dass mein Erlöser lebt" und dem „Halleluja"-Chor. Ob diese Erfahrungen ihn bei der Konzeption seines neuen Satzes beeinflusst haben?

Lassen Sie uns zunächst den Text betrachten, den Brahms für dies neu zu komponierende Stück vorsieht. Wie auch in den anderen Sätzen des Requiems stellt er ihn aus verschiedenen Bibelstellen zusammen. Für den Chor wählt er einen Vers aus dem zweiten Teil des Buchs Jesaja, dem Trostbuch, dessen erste Worte „Tröstet, tröstet mein Volk" Händel an den Beginn seines *Messias* stellt. Der von Brahms komponierte Text ist der 13. Vers des 66. Kapitels: „Ich will euch trösten, wie einen seine Mutter tröstet."

Als Text für die solistische Partie fügt Brahms zwei ganz unterschiedliche Bibelstellen zusammen. Zunächst sind das Worte aus dem Johannes-Evangelium, die zu den Abschiedsreden Christi gehören. Dort sagt Jesus: „Ihr habt nun Traurigkeit, aber ich will euch wiedersehen und euer Herz soll sich freuen, und eure Freude soll niemand von Euch nehmen" (Johannes 16, 22). Die zweite Wortgruppe entstammt dem apokryphen Buch Jesus Sirach. Der im zweiten vorchristlichen Jahrhundert lebende Theologe schreibt: „Sehet mich an: Ich habe eine kleine Zeit Mühe und Arbeit gehabt und habe großen Trost funden." (Jesus Sirach 51, 35)

Auch in den anderen Sätzen des Requiems fügt Brahms den Text aus verschiedenen Teilen der Bibel zusammen. So verbindet er im zweiten Satz Worte aus dem 1. Paulusbrief, dem Brief an Jakobus und dem Buch Jesaja. Hier sind die Texte so gewählt, dass sie kontrastierende Gedanken vermitteln und eine ihrem Sinn entsprechende gegensätzliche kompositorische Gestaltung ermöglichen. Das geschieht in ähnlicher Weise in fast allen anderen Sätzen. Wenn wir den Text des fünften Satzes betrachten, so ist das anders. Hier sind drei verschiedene Textgruppen auf denselben Sinnzusammenhang gerichtet. Im Chor ist es die Zusage „Ich will euch trösten", in der Solostimme wird dem die Erfahrung von Traurigkeit, gehabter Mühe und Arbeit, aber auch die Gewissheit von Trost zugefügt. Allen Textgruppen gemeinsam ist der tröstliche Zuspruch.

Nach diesen Überlegungen zur Entstehungsgeschichte und den Texten des fünften Satzes wenden wir uns der Musik zu. Brahms gliedert das Stück in drei Großabschnitte.

Den ersten dieser Abschnitte beginnt er mit einer viertaktigen Einleitung der Streicher in ungewöhnlicher Weise: Die Violinen und Bratschen haben einen Auftakt von drei Achteln, die Celli und Kontrabässe treten ein Achtel später, auf der Zählzeit „vier", mit ihrer Viertelbewegung ein – Brahms verwendet keine einheitlichen rhythmischen Werte, beginnt von etwas zu reden, dessen Konturen erst allmählich deutlich werden. Nach diesem Auftakt führt er die hohen Streicher mit einem Achtelmotiv in parallelen, terzbetonten Akkorden aus hoher in tiefe Lage schwebend nach unten. Er schreibt *piano* und *dolce* vor, dazu *con sordini* (mit Dämpfern) – will also einen Klang, der Wärme besitzt, aber von Verhaltenheit geprägt ist.

Die schwebenden Klänge leiten zum Sopran, der sein „Ihr habt nun Traurigkeit" mit einer nach oben, dann nach unten ausschwingenden Kantilene entfaltet. Die Ruhe dieses vokalen Beginns ist nicht statisch, sie erhält ihre Lebendigkeit durch die Solo-Oboe und Solo-Flöte, die das Viertelmotiv des Soprans in rhythmisch verkleinerten Achteln umspielen. Die Achtel der Klarinette in Takt 8 und der Flöte in Takt 10 weisen nach oben. Die tiefen, dann die hohen Streicher wechseln ihr Pizzicato-Motiv nach jeweils einem Takt. Auch dies Motiv ist nach oben gerichtet – was wird der Sopran uns sagen?

Brahms komponiert das Wort „Traurigkeit" viermal und verändert dabei seinen Sinngehalt. In den vier Anfangstakten erklingt es in hellen Dur-Akkorden: Der Sopran redet aus einem Bereich, der Bekümmernis nicht kennt. Beim zweiten und dritten Mal – in Takt 9 und 11 – wird das Wort „Traurigkeit" vorsichtig harmonisch eingetrübt und endet beide Male mit Seufzermotiven: Der Sopran redet von der mit Leid verbundenen Traurigkeit. Beim vierten Mal – ab der zweiten Hälfte von Takt 12 bis 14 – wendet Brahms die Musik zu Moll-Tonarten und benützt Dissonanzen. Sind die nach dem vorausgehenden Pizzicato jetzt unvermittelt *arco* (mit dem Bogen) spielenden Bratschen und Celli, dann die Hörner mit ihren repetierten Achteln als ein Anklopfen des Todes zu verstehen? Der Sopran redet vom Schmerz der Traurigkeit, die der Tod eines geliebten Menschen bedeutet (→ Notenbeispiel 23, S. 92–96, T. 1–24).

Die nach oben gerichtete Stimmführung der Streicher-Pizzicati und der Holzbläsersoli erhielt bisher die Sopran-Antwort „Traurigkeit". Jetzt – in den Takten 14–18 – ist diese Antwort verbunden mit dem zweimaligen „aber" des Sopran und führt aus der Traurigkeit zur Freude des Wiedersehens. Mit den Worten „ich will euch wiedersehen" kehrt Brahms zurück zum Beginn der auftaktigen Orchestereinleitung. Der dort wie eine Vorahnung nicht konturierte Anfang erhält durch die hohe Sopranlage jetzt rhythmische Bestimmtheit und Lebendigkeit. Es ist wohl die Textgruppe „und eure Freude soll niemand von euch nehmen", die Brahms

V. Ihr habt nun Traurigkeit

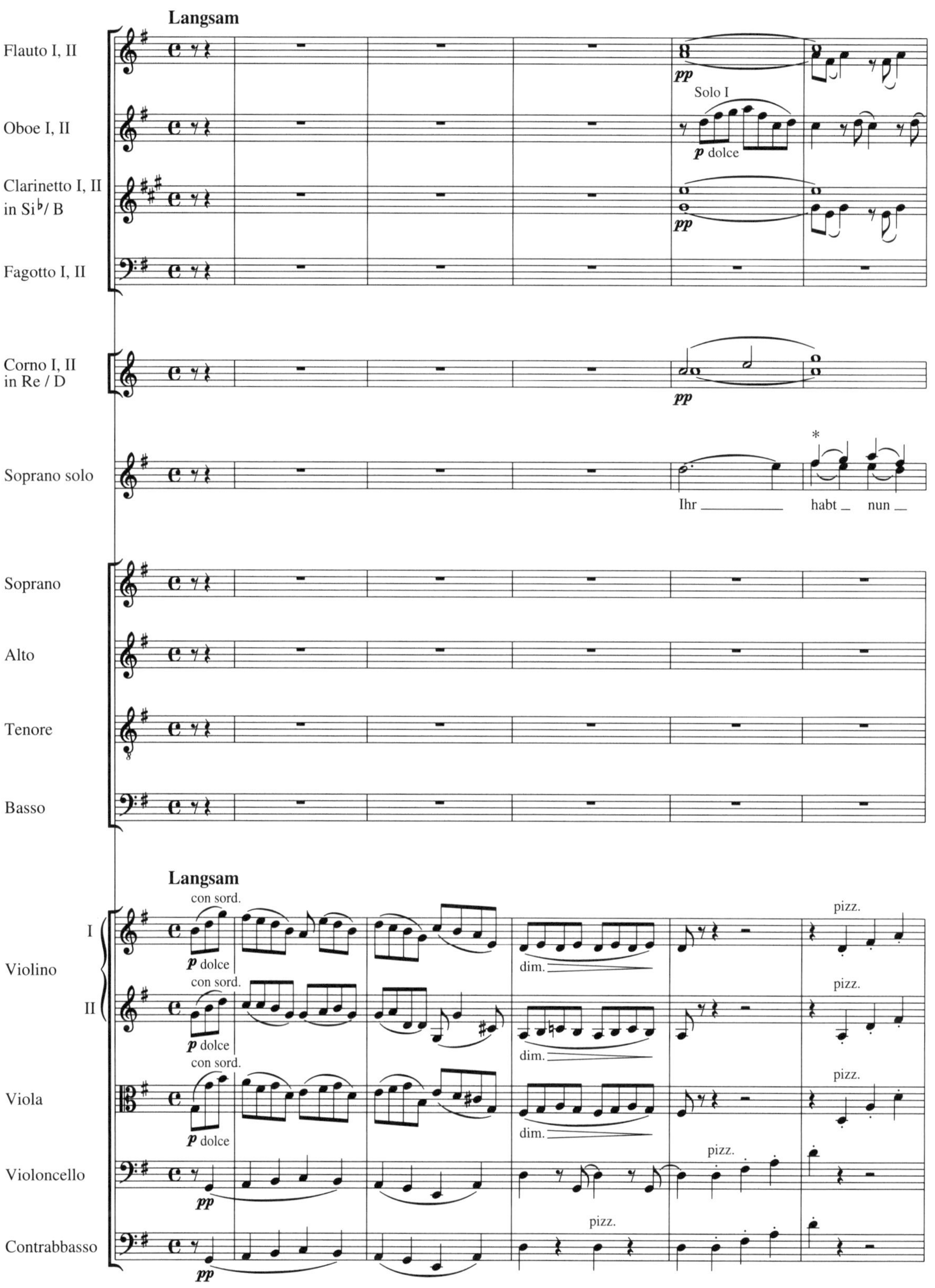

* T. 5 und 56: Nach unten gehalste Noten sind originales Ossia / *M. 5 and m. 56: Note stems pointing downward indicate the original ossia version*

Notenbeispiel 23: Satz V, T. 1–28

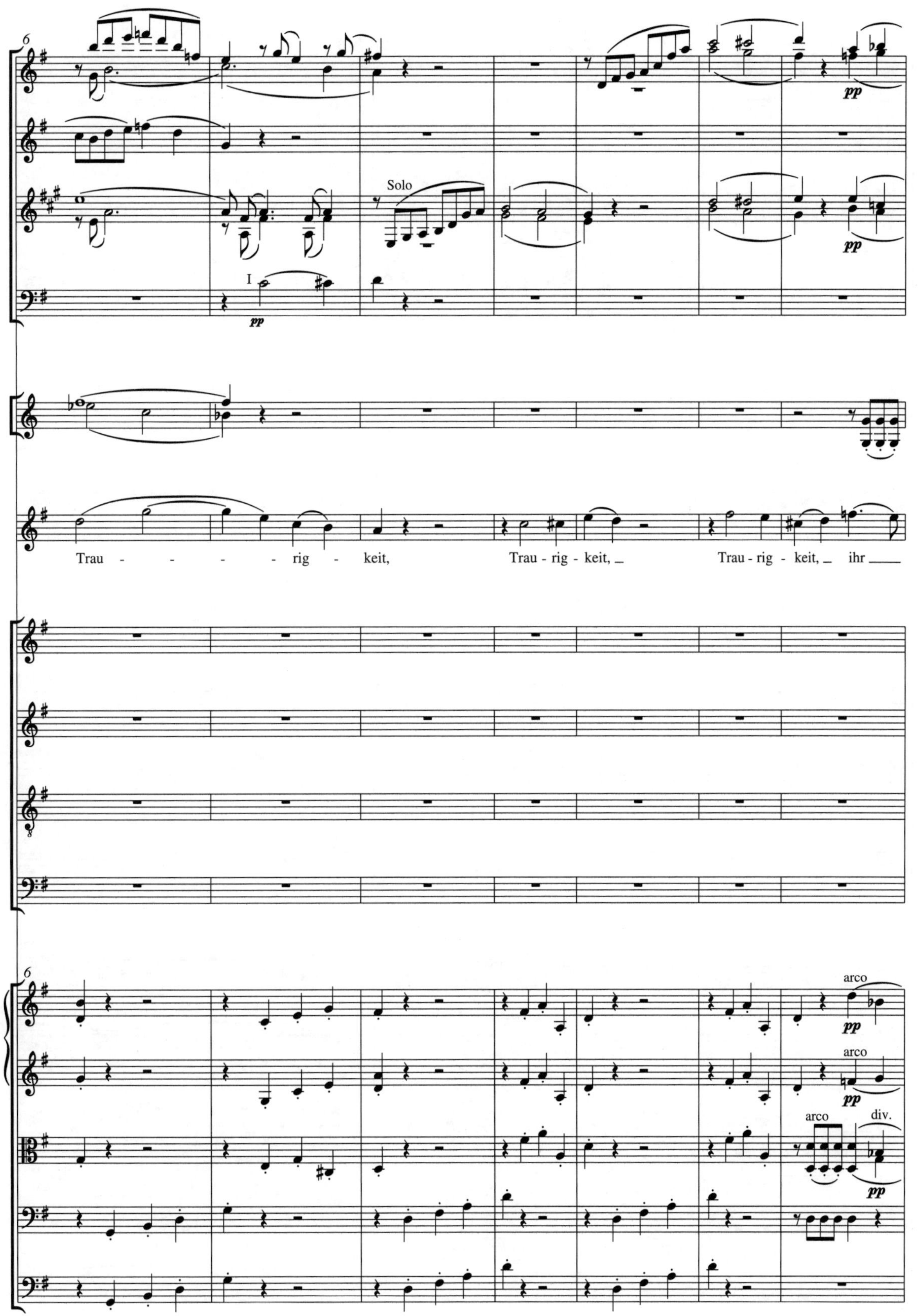
6
Solo
I
pp
Trau - - - - rig - keit,
Trau - rig - keit,
Trau - rig - keit, ihr
arco
div.

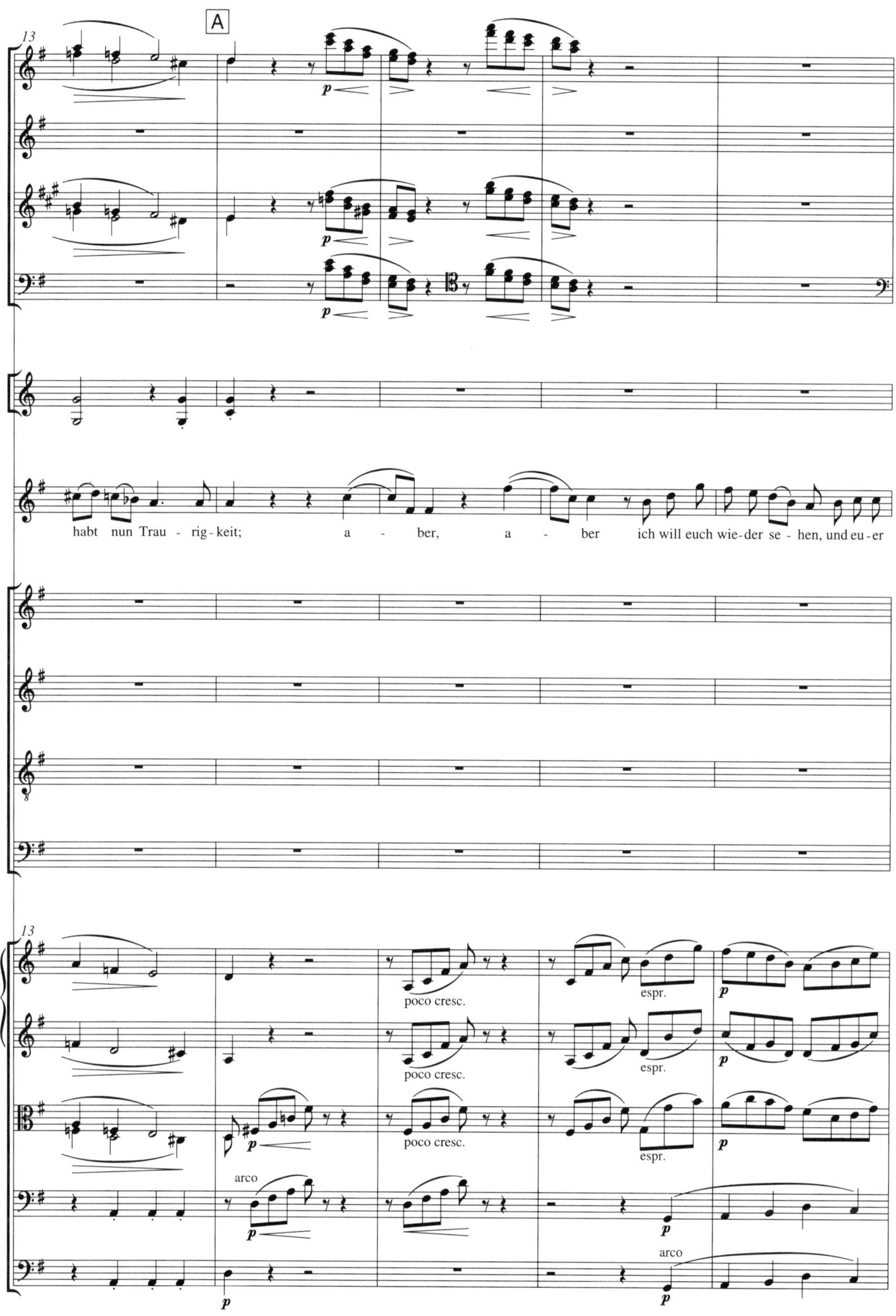
13
A
p
habt nun Trau - rig - keit; a - ber, a - ber ich will euch wie - der se - hen, und eu - er
poco cresc.
espr.
arco

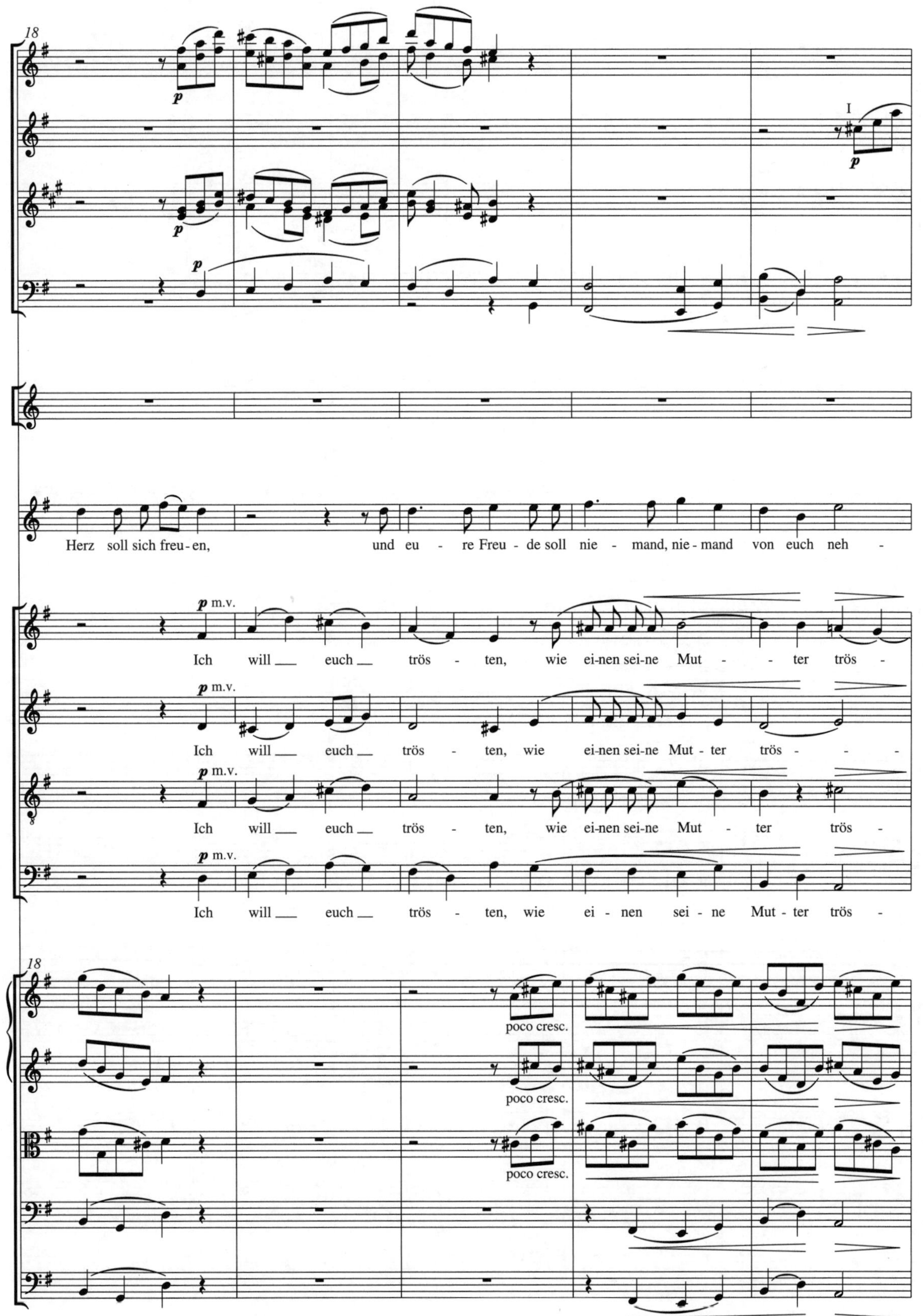
18
p
I
Herz soll sich freu-en, und eu - re Freu - de soll nie - mand, nie - mand von euch neh -
p m.v.
Ich will euch trös - ten, wie ei-nen sei-ne Mut - - ter trös -
Ich will euch trös - ten, wie ei-nen sei-ne Mut - ter trös -
Ich will euch trös - ten, wie ei-nen sei-ne Mut - ter trös -
Ich will euch trös - ten, wie ei - nen sei - ne Mut - ter trös -
poco cresc.

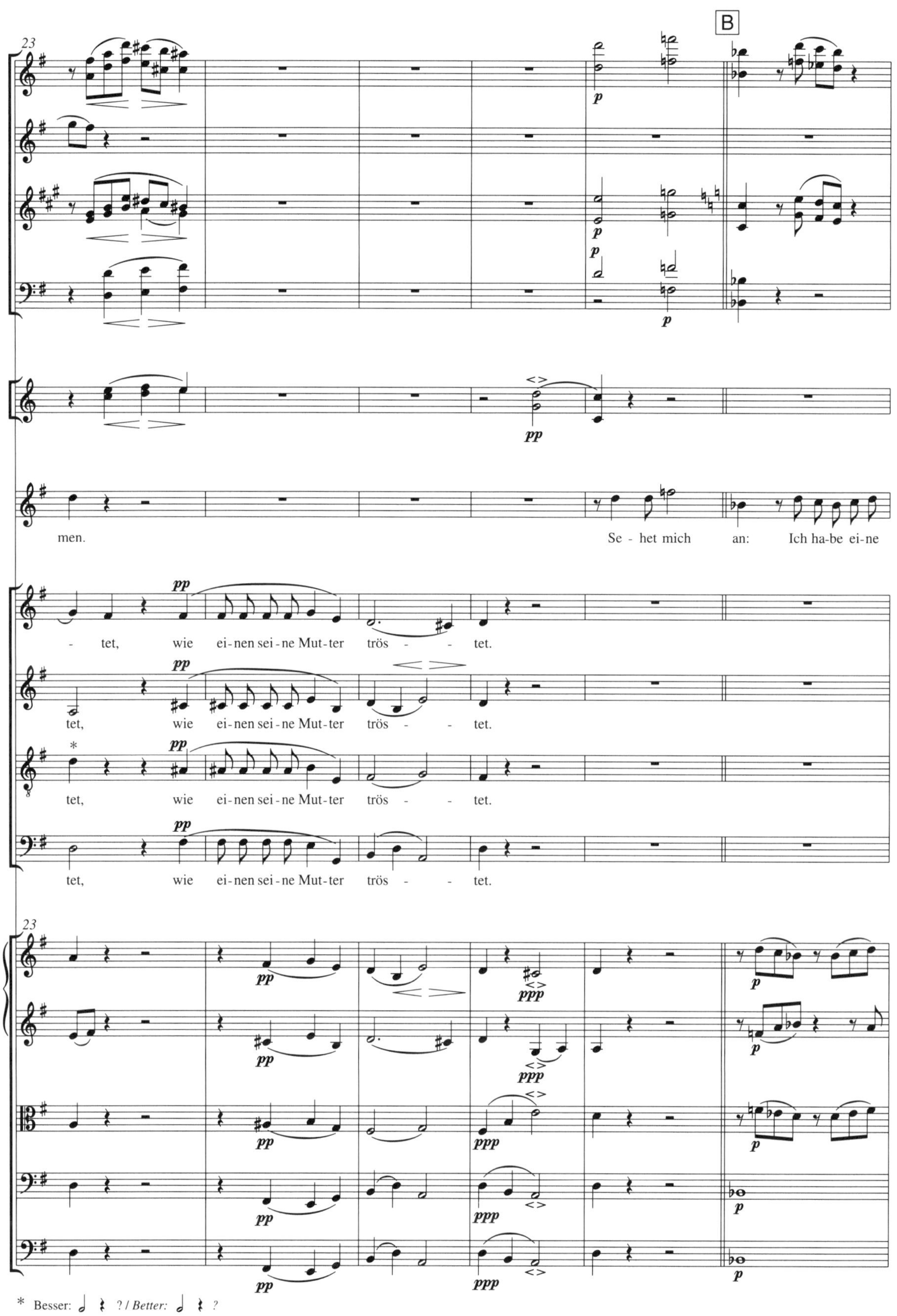

* Besser: 𝅗𝅥 𝄽 ? / *Better:* 𝅗𝅥 𝄽 ?

veranlasst, die lebendige Achtelbewegung in den Takten 18–23 zwischen Bläsern und Streichern zu wechseln, aber nie abreißen zu lassen. Den Affekt bleibender und ungetrübter Freude prägt Brahms auch harmonisch aus und reiht in kurzen Abständen Dur-Akkordgruppen in G-Dur, D-Dur und Fis-Dur aneinander.

Für den Schluss des ersten Großabschnitts lässt Brahms ab Takt 18 zum ersten Mal den Chor eintreten. Im dritten und sechsten Satz hat die Verbindung der Solostimme mit dem Chor vorwiegend responsorischen Charakter, der Chor antwortet auf die Aussage des Solisten und entwickelt daraus eigene Gedanken. Jetzt schreibt Brahms *piano* und *m. v. (mezza voce)*. Er lässt den Chor mit einer rhythmischen Vergrößerung der eben vorausgegangenen Sopran-Achtel „ich will euch wiedersehen" mit seinem neuen Jesaja-Text beginnen: „Ich will euch trösten, wie einen seine Mutter tröstet." Das klingt wie ein „Chor der Seligen", der wie der aus ihm hervorgetretene Sopran in Ich-Form singt und dessen Aussage bekräftigt. Nur vorsichtig gestützt von den Streichern lässt Brahms den Chor mit den wohl persönlichsten Worten des Requiems enden: „wie einen seine Mutter tröstet". Er schreibt die Chor-Akkorde in sehr tiefer Lage und verlangt *pianissimo*. In der sehr entlegenen Tonart Fis-Dur scheinen die Worte von weither zu kommen und doch erhalten sie mit *crescendo*- und *diminuendo*-Differenzierungen in Sopran und den zweiten Violinen Wärme und tröstenden Ausdruck (→ Notenbeispiel 23, S. 94–96, T. 14–27).

Hier beginnt der zweite Großabschnitt des Satzes, er umfasst die Takte 27–48. Brahms vertont hierfür die Worte aus dem Buch Jesus Sirach: „Sehet mich an: ich habe eine kleine Zeit Mühe und Arbeit gehabt und habe großen Trost gefunden." Auffällig ist hier der betonte Ich-Bezug der Worte „Sehet *mich* an, *ich* habe [...]." Mit dem Bläsereinsatz in Takt 27 und der anschließenden Modulation rückt Brahms diese Worte unüberhörbar in einen neuen Klangbereich aus D-Dur nach B-Dur. „Mühe und Arbeit" dauern nur eine „kleine Zeit" – fast nebensächlich lässt Brahms sie vorübergehen und wendet seinen Ausdruckswillen dem „großen Trost" zu. Ihn lässt er in einer Kantilene des Soprans aufblühen und begleitet ihn mit Motiven der hohen Streicher und Holzbläser, die wie im ersten Satzabschnitt nach oben gerichtet sind. Brahms fügt zwei Chortakte an, deren Seufzermotive zu „Ich will euch trösten" er jetzt mit *espressivo* bezeichnet und hervorhebt.

Die Worte aus Jesus Sirach komponiert Brahms ab Takt 38 ein zweites Mal. Er will ihre Aussage intensivieren: Den hohen Streichern gibt er jetzt für fünf Takte insistierende synkopische Rhythmen, die Sopran-Kantilene ist nun bis zum hohen *a* geführt und die *espressivo*-Seufzer des Chores beginnen jetzt nicht nach, sondern zur Kadenz des Soprans. Diese Seufzer setzen sich fort in den hohen Streichern und begleiten den wieder ohne den Sopran alleine singenden Chor, der mit seinem „trösten" das Hauptanliegen des Satzes verklingen lässt und den zweiten Satzteil abschließt.

Der jetzt ab Takt 49 folgende dritte Großabschnitt des Satzes hat den Charakter einer Reprise. Brahms kehrt zurück zum Text des Anfangs „Ihr habt nun Traurigkeit" und benützt wieder die dort eingeführten Motive. Aber die Musik ist keine Wiederholung.

Nur hier im ganzen Requiem weist Brahms dem Cello eine zweitaktige Solostelle zu und betont dadurch den subjektiven Ausdruck der Musik. Diese Stelle ist notengleich mit dem Beginn des Soprans am Anfang des Satzes. Aber die dort für vier Takte anhaltende Helligkeit der Dur-Takte wird mit dem neuen Sopraneinsatz ab Takt 51 verdunkelt. Die wie vorher repetiert pochenden Achtel erscheinen jetzt dreimal in den Hörnern, den Celli und den Kontrabässen und den Fagotten. Der Ausdruck tiefer Traurigkeit erhält eine neue Dimension durch den gegensätzlichen Klangraum des in sehr hoher Lage klagenden Soprans und die rhythmische Erregung der tief liegenden Streicher. Die düsteren Tonarten b-Moll und es-Moll bestimmen das Klangbild (→ Notenbeispiel 24, S. 98–100).

Nach dieser beinahe beklemmenden und existenziellen Weitung des Ausdrucks zum Wort „Traurigkeit" intensiviert Brahms auch die kontrastierende Aussage zur Freude des Wiedersehens. In Takt 62 lässt er anders als im ersten Satzteil den Chortenor in rhythmischer Vergrößerung schon mit dem „ich will euch wiedersehen" des

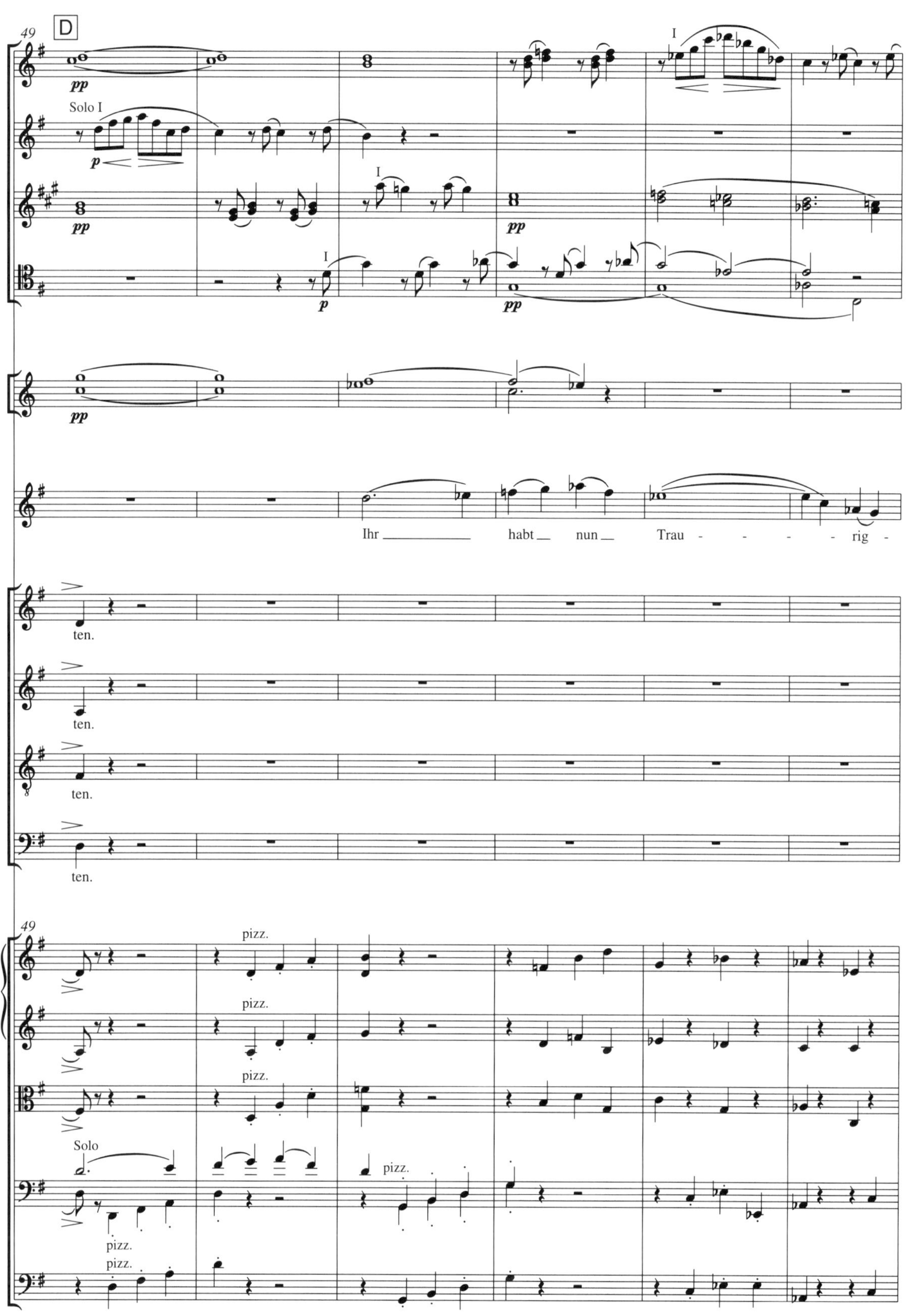

Notenbeispiel 24: Satz V, T. 49–64

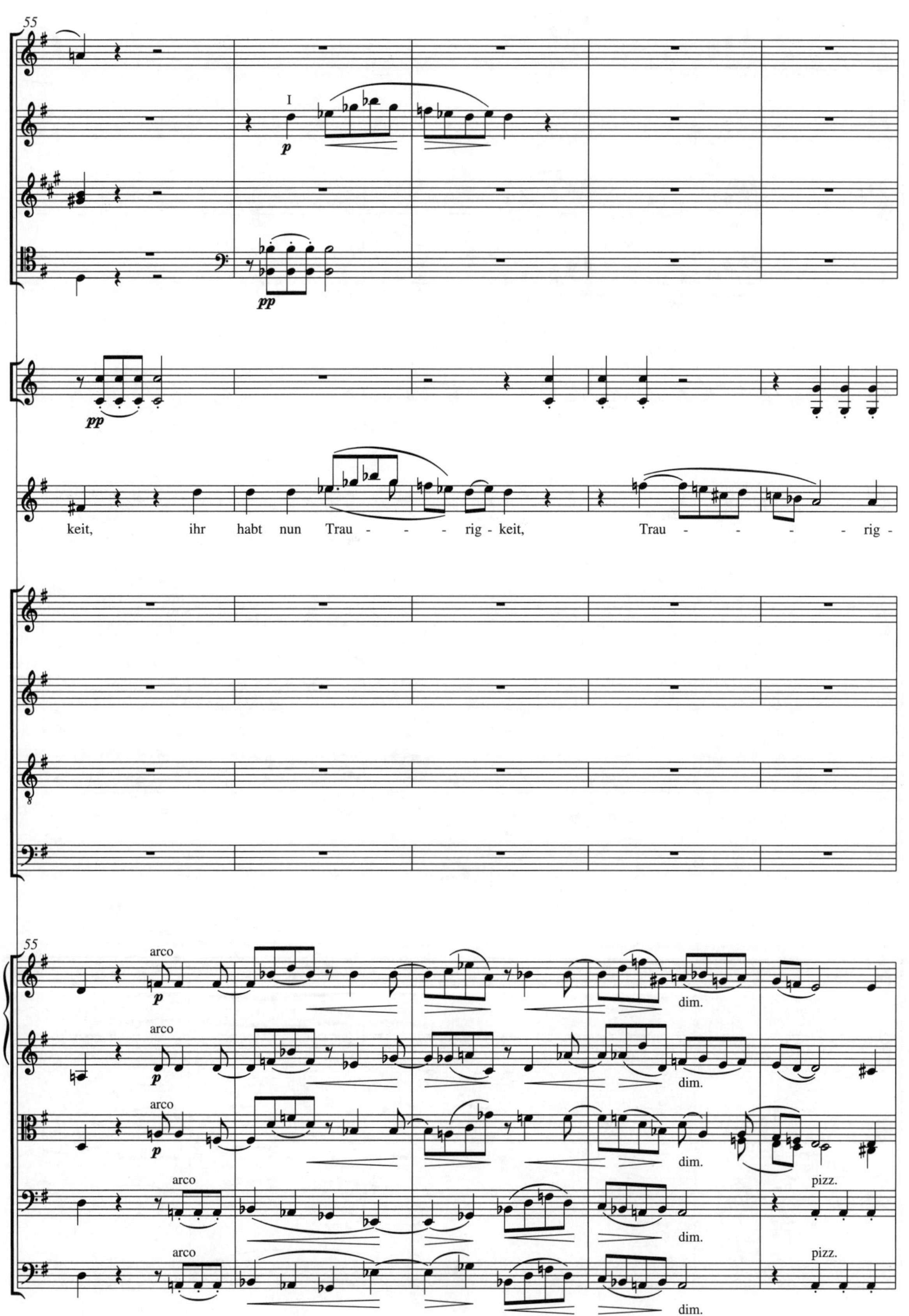
55
I
p
pp
pp
keit, ihr habt nun Trau - - - rig - keit, Trau - - - - rig -
55
arco
p
dim.
pizz.

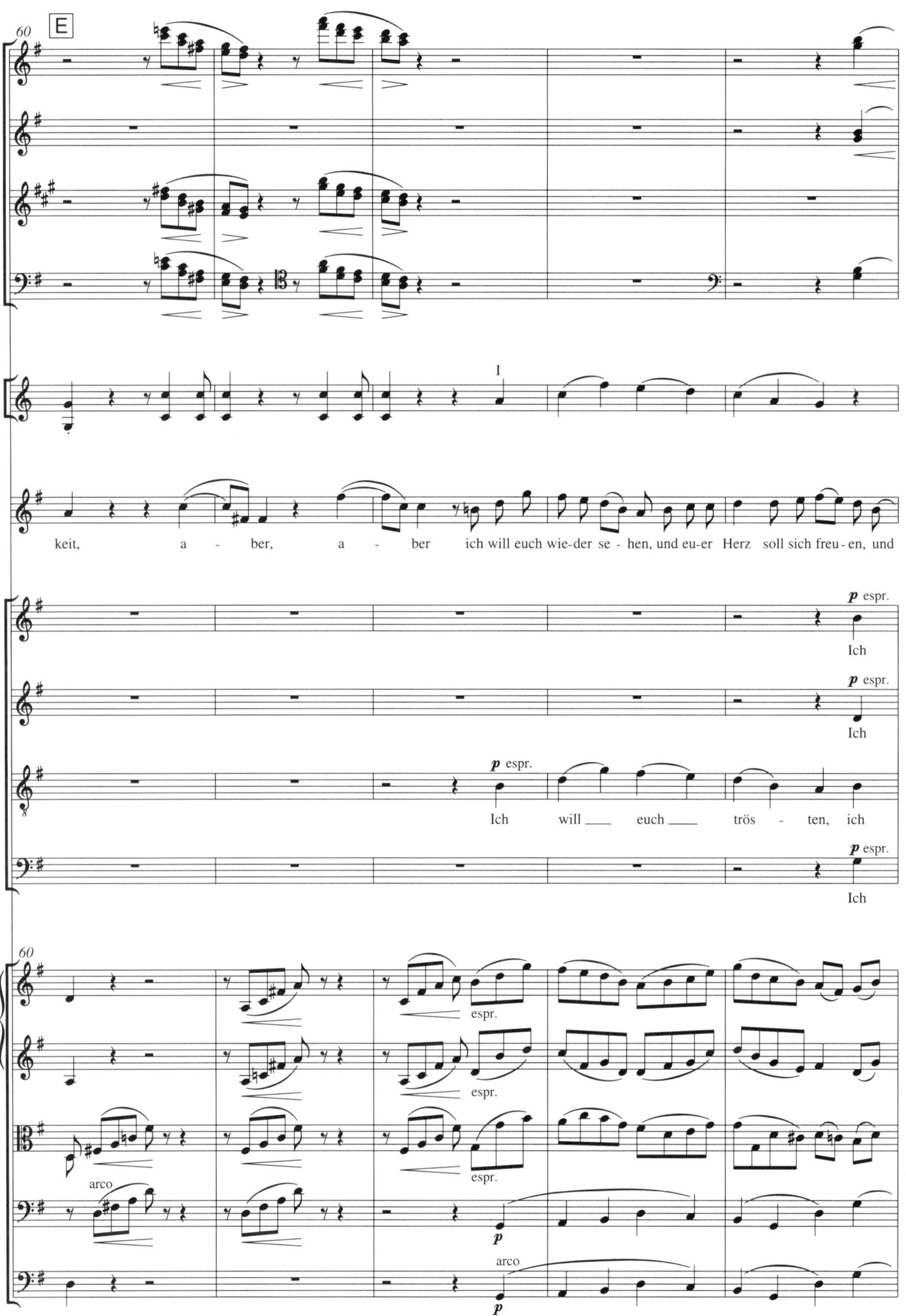
60
E
I
keit, a - ber, a - ber ich will euch wie-der se - hen, und eu-er Herz soll sich freu-en, und
p espr.
Ich
p espr.
Ich
p espr.
Ich will euch trös - ten, ich
p espr.
Ich
60
espr.
espr.
espr.
arco
p
arco
p

Soprans eintreten. Dann nimmt der Chor zusammen mit dem ganzen Orchester diese vergrößerten Rhythmen auf. Über diesem Gesamtsatz strahlt der Sopran in hoher Lage mit seinem geradezu überschwänglichen Ausdruck der Freude.

Ab Takt 72 leitet Brahms in den Männer-, dann den Frauenstimmen und schließlich den Holzbläsern den Satzschluss mit dem ausdrucksbetonten Seufzermotiv ein, das er im zweiten Satzteil für die abschließenden Chortakte mit den Worten „Ich will euch trösten" eingeführt hatte. Dann setzt der Sopran zum letzten Mal in hoher Lage ein. Dreimal singt er sein „Wiedersehen" – Brahms schreibt *espressivo*, dann *diminuendo*. Das dritte „Wiedersehen" lässt er im Klang der zunächst solistisch einsetzenden Klarinetten und Flöten in einem hohen und hellen G-Dur-Akkord verschwinden.

Der Chor mit den Worten „ich will euch trösten" und die Streicher mit tiefen Begleit-Akkorden sind verklungen. Im Schlusstakt gibt Brahms den beiden Violinen einen Flageolett-Ton, den er mit einer Auf- und Abschwellbezeichnung versieht. Ein Flageolett-Ton auf dem Streichinstrument entsteht, wenn der Finger die Saite berührt, sie aber nicht auf das Griffbrett drückt. Der Charakter des erklingenden Tons lässt die Obertöne mitschwingen, ist deshalb hell scheinend, aber in seiner Substanz kaum greifbar. Diesen Flageolett-Ton verwendet Brahms während des ganzen Requiems nur in diesem Takt. In Verbindung mit dem hohen Bläserakkord ist er wenig zu hören. Aber er scheint mir der Schlüssel zum Verständnis des hier zu Ende gehenden Satzes: Brahms hat mit seiner Musik Irreales, etwas nicht wirklich Fassbares ausgedrückt, eine Vision (→ Notenbeispiel 25, S. 102f.).

Vergegenwärtigen wir uns noch einmal die von Brahms für diesen Satz gewählten Texte. Dem Chor gibt er die Jesajaworte, die zunächst das Grundanliegen des Requiems formulieren („Ich will euch trösten"), denen er aber dann die Worte „wie einen seine Mutter tröstet" zufügt. Die Texte aus dem Johannes-Evangelium und dem Buch Jesus Sirach sind von Männern ausgesprochen. Brahms hat im dritten und sechsten Satz solistische Partien für den Bariton komponiert. Es könnte naheliegen, auch jetzt den Bariton als solistische Stimme zu wählen – aber Brahms entscheidet sich für den Sopran. Ob ihn dabei die Erfahrungen der Karfreitagsaufführung im Bremer Dom beeinflusst haben, die nur kurze Zeit zurücklag? Dort waren zu seinem Werk Stücke anderer Komponisten erklungen, so auch Händels Sopranarie: „Ich weiß, dass mein Erlöser lebt." Wen meint Brahms mit dem Sopran, der in so betont unmittelbarer Weise von sich selbst spricht?

Die Antwort auf diese Frage gibt Brahms wie so oft in seinem Requiem nicht direkt, aber mit der Wahl der Jesajaverse doch ganz unmissverständlich – „wie einen seine Mutter tröstet". Ich denke, man sollte diese Textgruppe wortwörtlich verstehen. Der unmittelbarste Bereich menschlicher Beziehung ist angesprochen. Nicht die Mutter von Brahms, *eine* Mutter spricht. Sie spricht als die Stimme eines Menschen, der gestorben ist. Jetzt schwebt sie in der Orchestereinleitung aus einem hohen entfernten Bereich herab und redet von der Traurigkeit, die ihr Verscheiden auslöste. Die nach oben gerichteten Motive des Orchesters sind ihr zugewandt. Aber dann sagt sie: „Ich will euch wiedersehen" und beschreibt die Realität eines Lebens, das von Freude geprägt ist. Im Mittelteil nennt sie zwei Mal die Mühe und Arbeit ihres eigenen Daseins und stellt dem die hohen Lagen des Trostes und der Hoffnung auf eine andere Welt gegenüber. Im dritten Satzteil kehrt sie zurück zu ihrem „Ihr habt nun Traurigkeit", verdichtet und intensiviert es. Dann lässt Brahms' Vision die Mutter sich in einer ganz persönlichen Weise verabschieden. Dreimal und verklingend sagt sie ihr „Wiedersehen". Es bleibt in den Bläsern die lichte Helligkeit jenseitigen Daseins, darunter der Flageolett-Ton der Brahms'schen Vision, der mit seinem *crescendo/decrescendo* die Hoffnung auf diese andere Welt aufleuchten lässt.

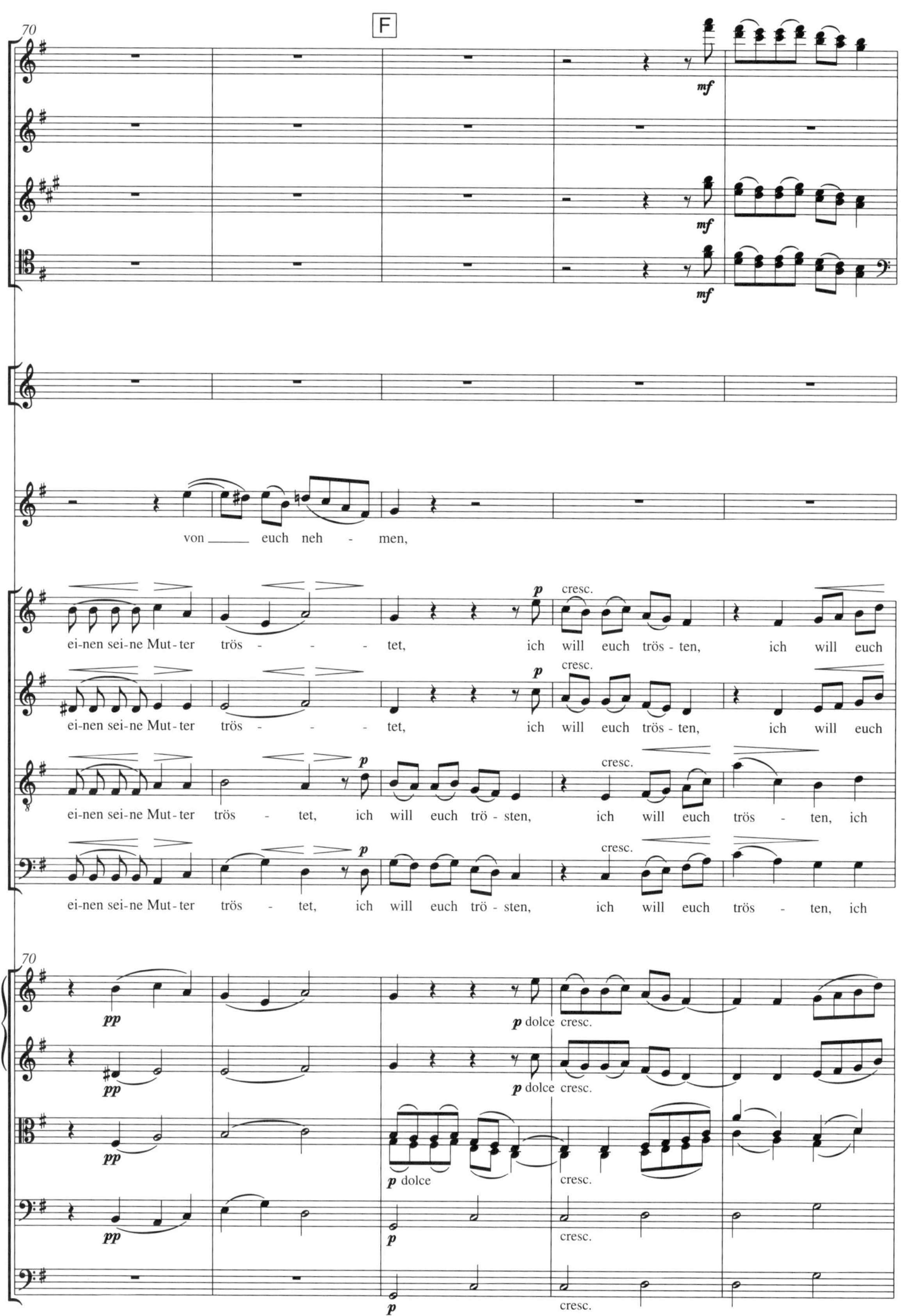

Notenbeispiel 25: Satz V, T. 70 bis Schluss

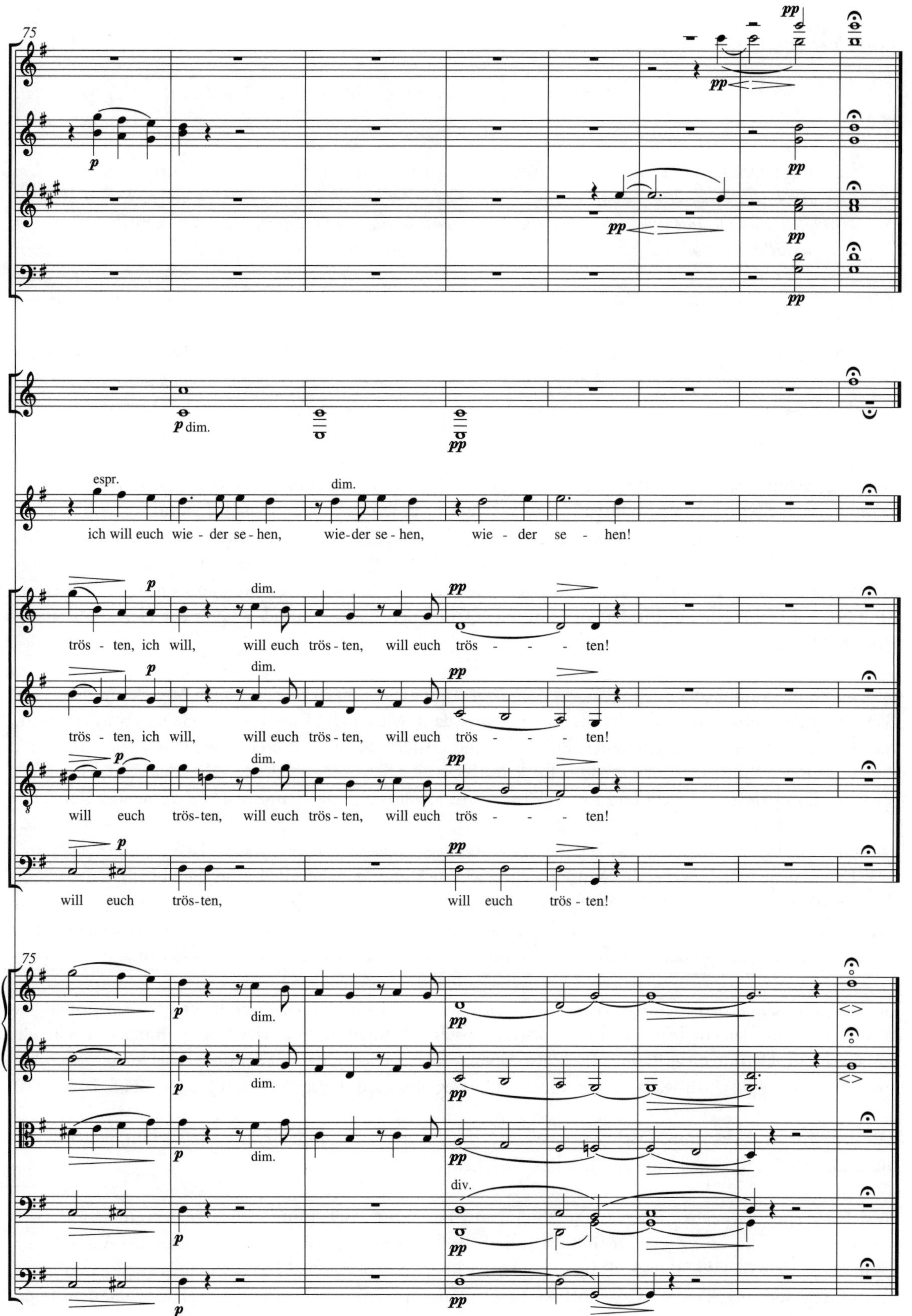
75
p
pp
p dim.
espr.
dim.
ich will euch wie - der se - hen, wie- der se - hen, wie - der se - hen!
dim.
trös - ten, ich will, will euch trös - ten, will euch trös - - - ten!
will euch trös-ten, will euch trös - ten, will euch trös - - - ten!
will euch trös-ten, will euch trös - ten!
div.

Satz VI

Denn wir haben hie keine bleibende Statt, sondern die zukünftige suchen wir.
Hebräer 13, 14

Siehe, ich sage euch ein Geheimnis: Wir werden nicht alle entschlafen, wir werden aber alle verwandelt werden; und dasselbige plötzlich, in einem Augenblick, zu der Zeit der letzten Posaune. Denn es wird die Posaune schallen, und die Toten werden auferstehen unverweslich, und wir werden verwandelt werden. Dann wird erfüllet das Wort, das geschrieben steht: Der Tod ist verschlungen in den Sieg. Tod, wo ist dein Stachel? Hölle, wo ist dein Sieg?
1. Korinther 15, 51, 52, 54, 55

Herr, du bist würdig zu nehmen Preis und Ehre und Kraft, denn du hast alle Dinge erschaffen, und durch deinen Willen haben sie das Wesen und sind geschaffen.
Offenbarung 4, 11

Den ausgedehnten sechsten Satz des Requiems gliedert Brahms deutlich in zwei große Abschnitte. Zunächst komponiert er die von ihm gewählten Worte aus dem Hebräerbrief: „Denn wir haben hie keine bleibende Statt, sondern die zukünftige suchen wir" (Hebräer 13, 14) und aus dem ersten Brief an die Korinther: „Siehe, ich sage euch ein Geheimnis (…)" (1. Korinther 15, 51–55). Als zweiter Großabschnitt folgt die Fuge mit ihrem Text aus der Offenbarung: „Herr du bist würdig zu nehmen Preis und Ehre und Kraft (…)" (Offenbarung 5,11). Brahms schreibt für den vierstimmigen Chor, den Bariton und das außer der Harfe vollständig besetzte Orchester.

Welch ein ungewöhnlicher Anfang! Bevor der Chor beginnt, erklingen in den hohen Streichern, dann den Bläsern zwei gehaltene Akkorde, die Brahms auf- und dann wieder abschwellt – man glaubt etwas zu sehen, was dem Blick sofort wieder entgleitet. Ein fahles und unstetes Licht fällt so auf das Hauptthema, mit dem der Chor zu den Worten „denn wir haben hie keine bleibende Statt" beginnt. Sein gehender Viertelrhythmus setzt sich im Pizzicato der Celli und Kontrabässe fort und vermittelt die Atmosphäre verrinnender Zeit.

Die Takte 10–15 sind eine Ausweitung der davor eintaktigen Akkordgruppen. Brahms lässt die künftige „Statt" in F-Dur aufleuchten, bevor er die Worte „suchen wir" nach f-Moll verdunkelt und die Vokalisen des Chors dem unruhig fortschreitenden Rhythmus der Orchesterbässe verbindet. Das anschließend in Takt 16 in den Bläsern verlangte und im Pizzicato der Streicher nachhallende *forte* wirkt wie ein Wetterleuchten und lässt den später ab Takt 62 komponierten Text vorausahnen: Das Weltende wird „plötzlich" geschehen.

Brahms könnte hier den nächsten Satzabschnitt beginnen, aber noch einmal wendet er sich dem bisherigen Hauptthema und seinem Text zu. In zweitaktigen Abständen erhält jede der vier Chorstimmen das gehende Anfangsmotiv. Darunter legt Brahms Pizzicato-Akkorde aller Streicher, die mit der unablässig fortschreitenden Viertelbewegung die Unausweichlichkeit dieses Unterwegseins ausdrücken (→ Notenbeispiel 26, S. 105–107).

Mit den Worten des Baritons „Sieh, ich sage euch ein Geheimnis" beginnt Brahms die Vertonung der Verse, die er aus dem 1. Korintherbrief gewählt hat. Ihr Thema ist das Weltende.

In den einleitenden sechs Takten (Takt 28–33) löst das Wort „Geheimnis" im Satz des Orchesters zwei verschiedene Affekte aus. Zunächst sind das innerhalb der zweitaktig auf- und abschwellenden Akkorde die Tremoli der Celli in Takt 30 und 31, dann beider Violinen in den Takten 33 und 34. Sie deuten darauf, dass etwas Erregendes angekündigt wird. Im Takt 32 setzt dazu die Piccoloflöte ein. Brahms hat sie seit dem Ende

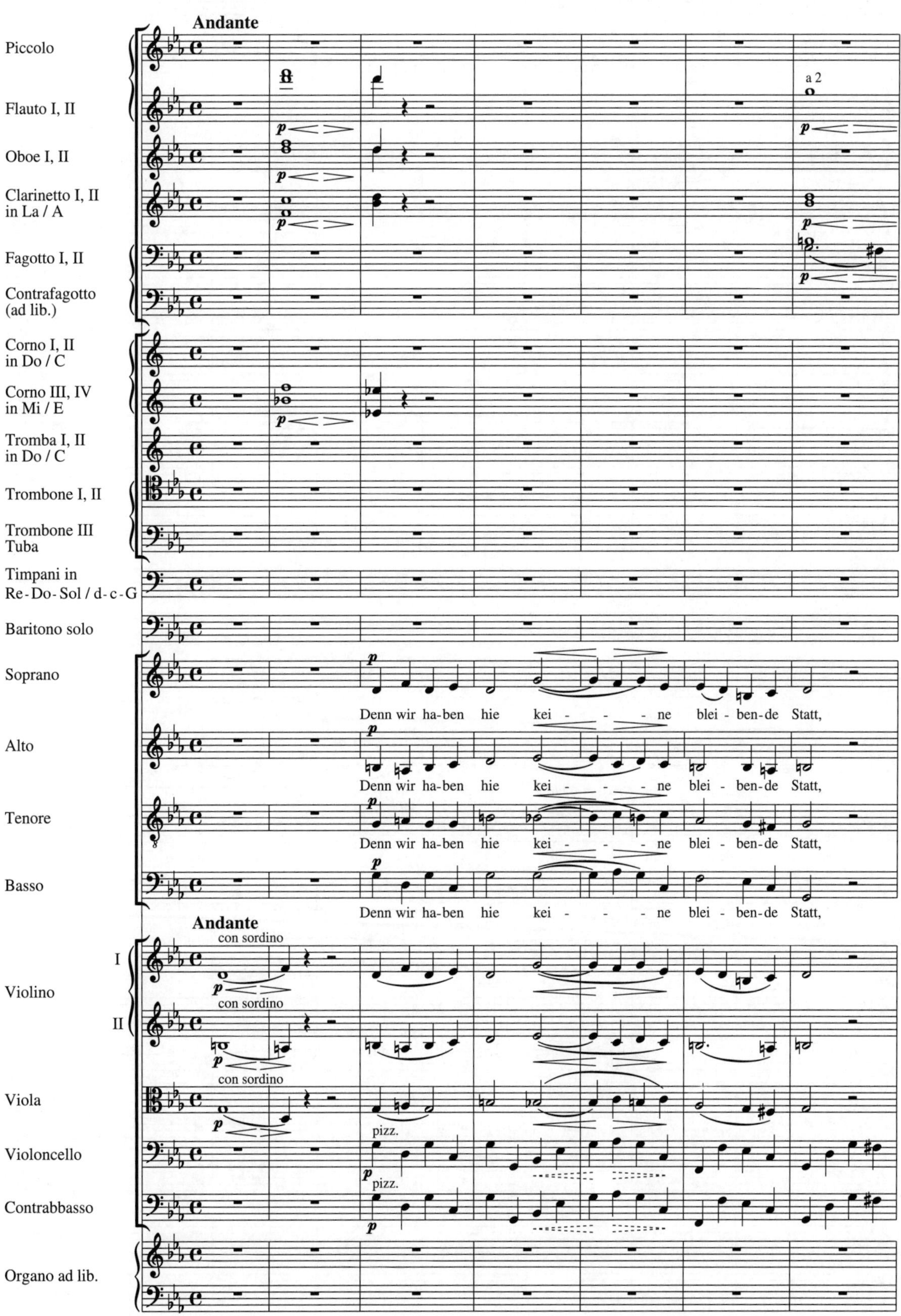

Notenbeispiel 26: Satz VI, T. 1–23

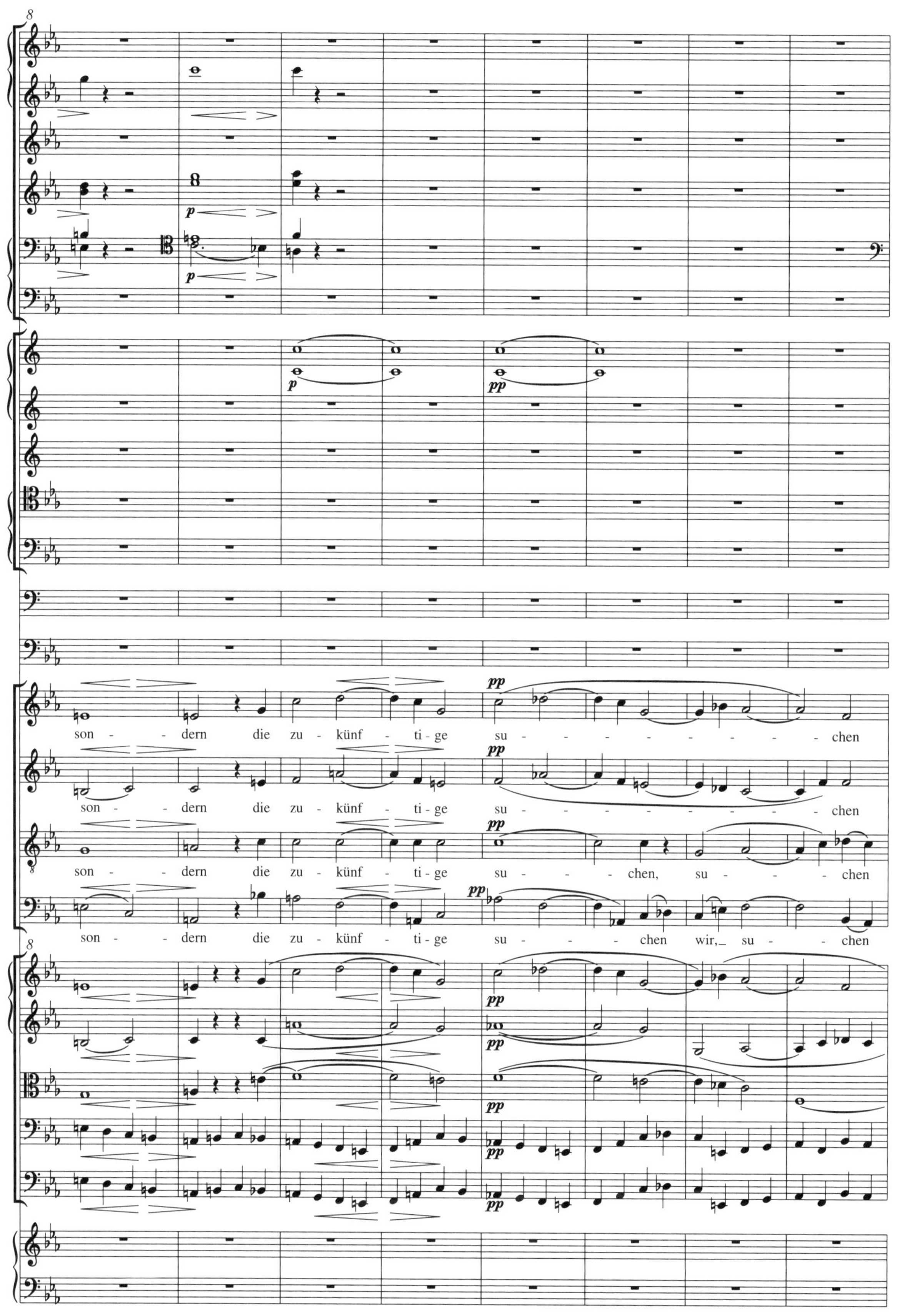

son - - dern die zu - künf - ti - ge su - - - - - - - - - chen
son - - dern die zu - künf - ti - ge su - - - - - - - - - chen
son - - dern die zu - künf - ti - ge su - - - - chen, su - - - - chen
son - - dern die zu - künf - ti - ge su - - - - chen wir, su - - - chen

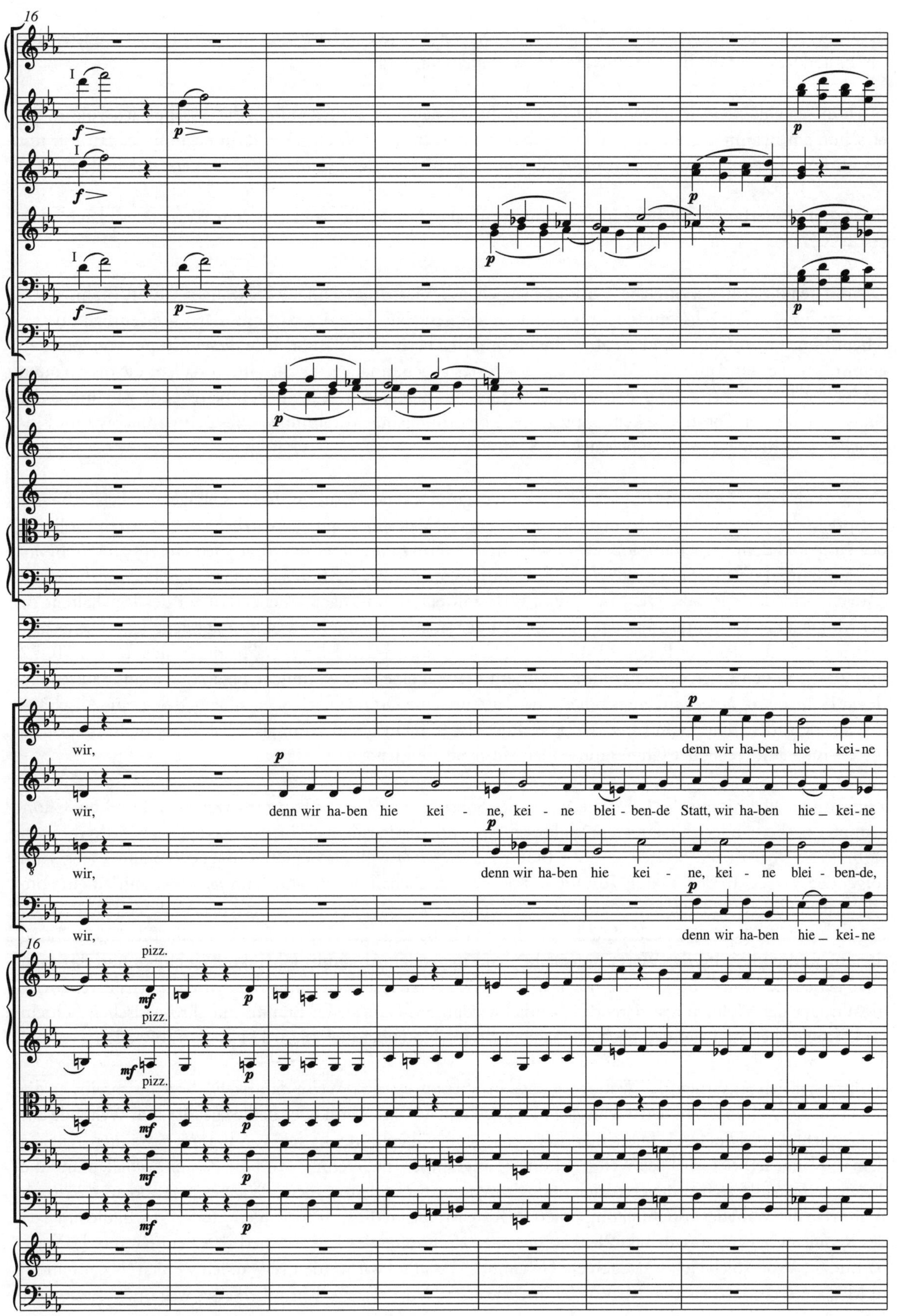
16
I
f
p
pizz.
mf
wir,
denn wir ha-ben hie kei-ne
denn wir ha-ben hie kei - ne, kei - ne blei - ben-de Statt, wir ha-ben hie _ kei-ne
denn wir ha-ben hie kei - ne, kei - ne blei - ben-de,
denn wir ha-ben hie _ kei-ne

des Trauermarsches im zweiten Satz nicht mehr verwendet. Jetzt schärft sie mit ihrem hohen Register den Orchesterklang, der die Extremsituation des Weltendes ankündigt.

Nach diesen einleitenden Takten greift Brahms im vokalen Satz zurück auf die dialogische Satzstruktur, die er schon am Beginn des dritten Satzes komponiert hat. In den Takten 33 und 46 beginnt der Bariton mit neuen Textgruppen – „Wir werden nicht alle entschlafen" und „Wir werden aber alle verwandelt werden".

Der Chor wiederholt diese Texte in rhythmisch ruhiger Gestalt, die wohl von dem Wort „entschlafen" ausgelöst ist.

Die mit den Pizzicati der Streicher verbundene, gehende Viertelbewegung des Satzanfangs führt Brahms jetzt im *legato* weiter. Zunächst mit der auf- und absteigenden Kantilene des Baritons, dann – eigentlich überraschend – nicht im Chor, sondern abwechselnd in Streichern und Bläsern. Jede dieser Gruppen ist unisono geführt und betont damit, dass die Aussage des Textes gleichermaßen für alle gilt. Vor allem die dissonanten Gänge der Bläser, aber auch der so überaus erregte, aus Sextolen und Synkopen bestehende Rhythmus der Bratschen, die den Solisten begleiten, prägen wie beunruhigende Vorahnungen die Zeitspanne bis zum Einbruch des Weltendes (→ Notenbeispiel 27, S. 109f.).

Der jetzt im Takt 62 folgende Einsatz des Baritons beginnt mit den Worten „und dasselbige plötzlich". Brahms entspricht dem Text und beschleunigt die vorausgehende Viertelbewegung „plötzlich" in den ersten Violinen, der Flöte und dem Fagott auf doppelt so schnelle Achtel. Dazu gibt er den Bratschen ein erregtes Tremolo. In Takt 64 und 65 führt ein *crescendo* zu dem durch seinen Wortrhythmus in hoher Lage hervorgehobenen „Augenblick" des Baritons. Die Musik reißt unvermittelt ab, und nach einem Moment des Innehaltens ist der Moment des Weltuntergangs da. „Zu der Zeit der letzten Posaune" – Brahms folgt dem Text: Die akzentuierten Akkorde der drei Posaunen und der Tuba bestimmen den Klang. Dazu tritt in den Takten 70, 72 und 74–75 in den tiefen Streichern und Hörnern dreimal eine ungewöhnliche Figur. Sie beginnt auf einem tiefen Halteton im *forte*, wird crescendiert und dann um eine Dezime nach oben auf einen Staccato-Abschluss geschleudert, den Brahms mit *sforzato* bezeichnet. Ist es nicht geradezu unglaublich, dass Brahms vermag, diese Vision aufbrechender Gräber mit seiner Musik abzubilden?

Zum dritten Mal nimmt der Chor die Worte des Solisten auf. Wie der Bariton setzen ab Takt 69 die Chorgruppen nacheinander mit erregten Synkopen ein und werden danach in den Takten 74–77 rhythmisch verbreitert. Über diesen Satzteil schreibt Brahms *accelerando*, will also ein emotionales Vorandrängen zum folgenden Vivace. In den Takten 76 und 77 erklingt der „Schall der Posaune" im *fortissimo* mit einem vom Chor, allen Bläsern und den tiefen Streichern gehaltenen Akkord. Dazu erscheint in den Violinen eine Passage, die mit schnell repetierten Sechzehnteln aus tiefer in hohe Lage geführt ist. Sie beschreibt die Auferstehung der Toten. Brahms wird das Wort „Auferstehen" im folgenden Abschnitt (ab Takt 90) nennen und das nach oben gerichtete Motiv mit ihm verbinden. In den vier Übergangstakten zum Vivace wird die erregte repetierte 4/8-Gruppe der Violinen insistierend siebenmal wiederholt. Dann leitet Brahms mit chromatischen Achteln im Unisono aller Streicher den nächsten Satzteil ein (→ Notenbeispiel 28, S. 111–113, T. 62–82).

Brahms hat den Ausbruch des Weltuntergangs in überaus erregter Weise dargestellt. Jetzt beschreibt er die Situation des Weltendes. In den lateinischen Requien von Mozart, Verdi oder Berlioz gehört zum Weltende das Weltgericht. Die „Dies Irae"-Teile sind dort dramatische Höhepunkte. In dem von Brahms gewählten Text aus dem 1. Korintherbrief wird das Weltgericht nicht angesprochen: „Denn es wird die Posaune schallen und die Toten werden auferstehen unverweslich und wir werden verwandelt werden." Wie bewusst und auch kritisch Brahms in der Wahl der von ihm komponierten Texte ist, zeigen die jetzt folgenden Abschnitte. In diesem Satz des Requiems hat Brahms ab Takt 28 Texte aus dem 15. Kapitel des 1. Korintherbriefs benützt und die Verse 51 und 52 – von „Siehe ich sage euch ein Geheimnis" bis „und wir werden verwandelt werden" – vollständig in Musik gesetzt. Jetzt lässt er den Vers 53 und die erste Hälfte des 54. Korintherverses weg und komponiert

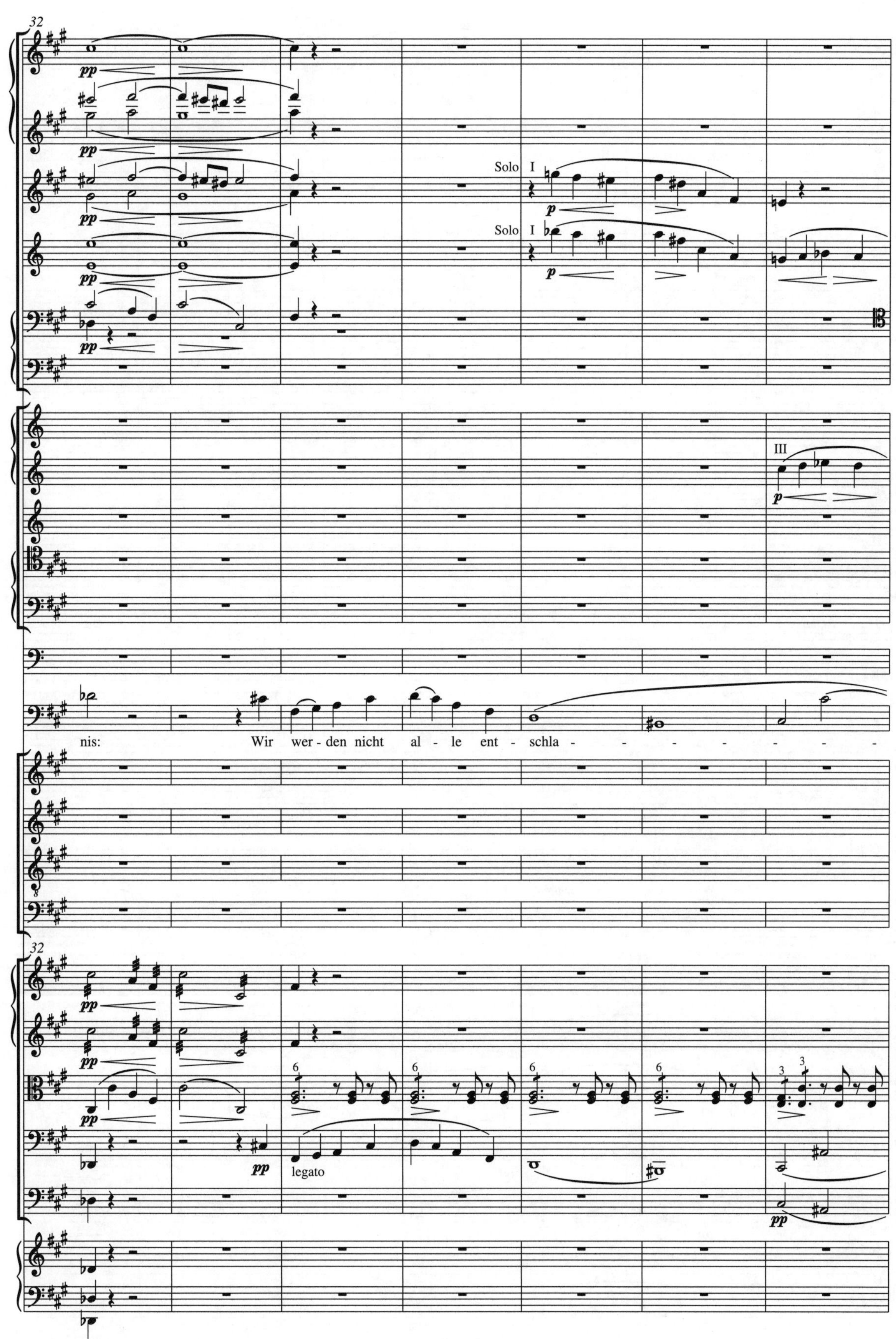

Notenbeispiel 27: Satz VI, T. 32–46

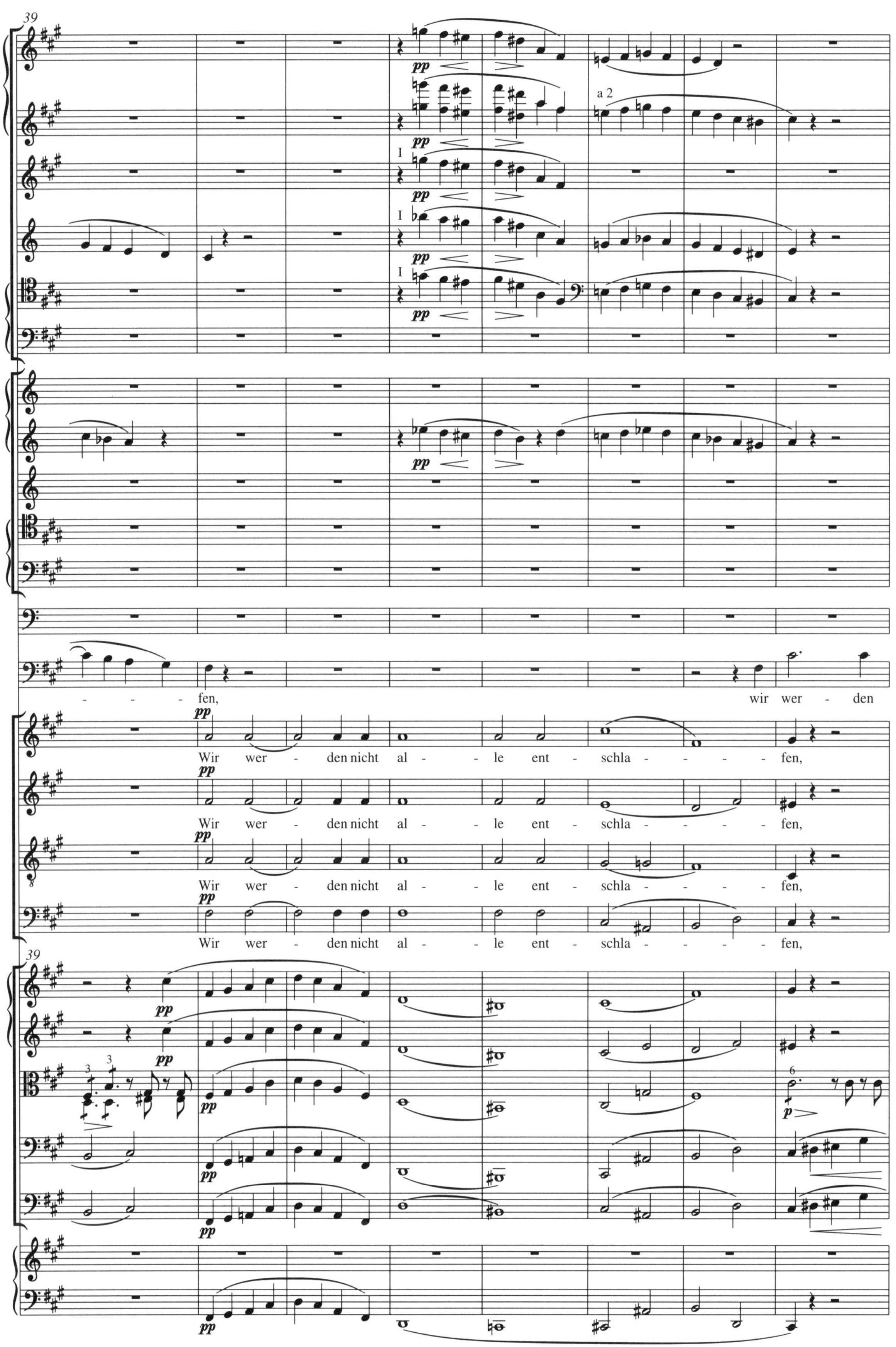
39
pp
a 2
I
- - - fen,
wir wer - den
Wir wer - den nicht al - - le ent - schla - - - - - fen,
Wir wer - den nicht al - - le ent - schla - - - - - fen,
Wir wer - den nicht al - - le ent - schla - - - - - fen,
Wir wer - den nicht al - - le ent - schla - - - - - fen,
39
3
6
p

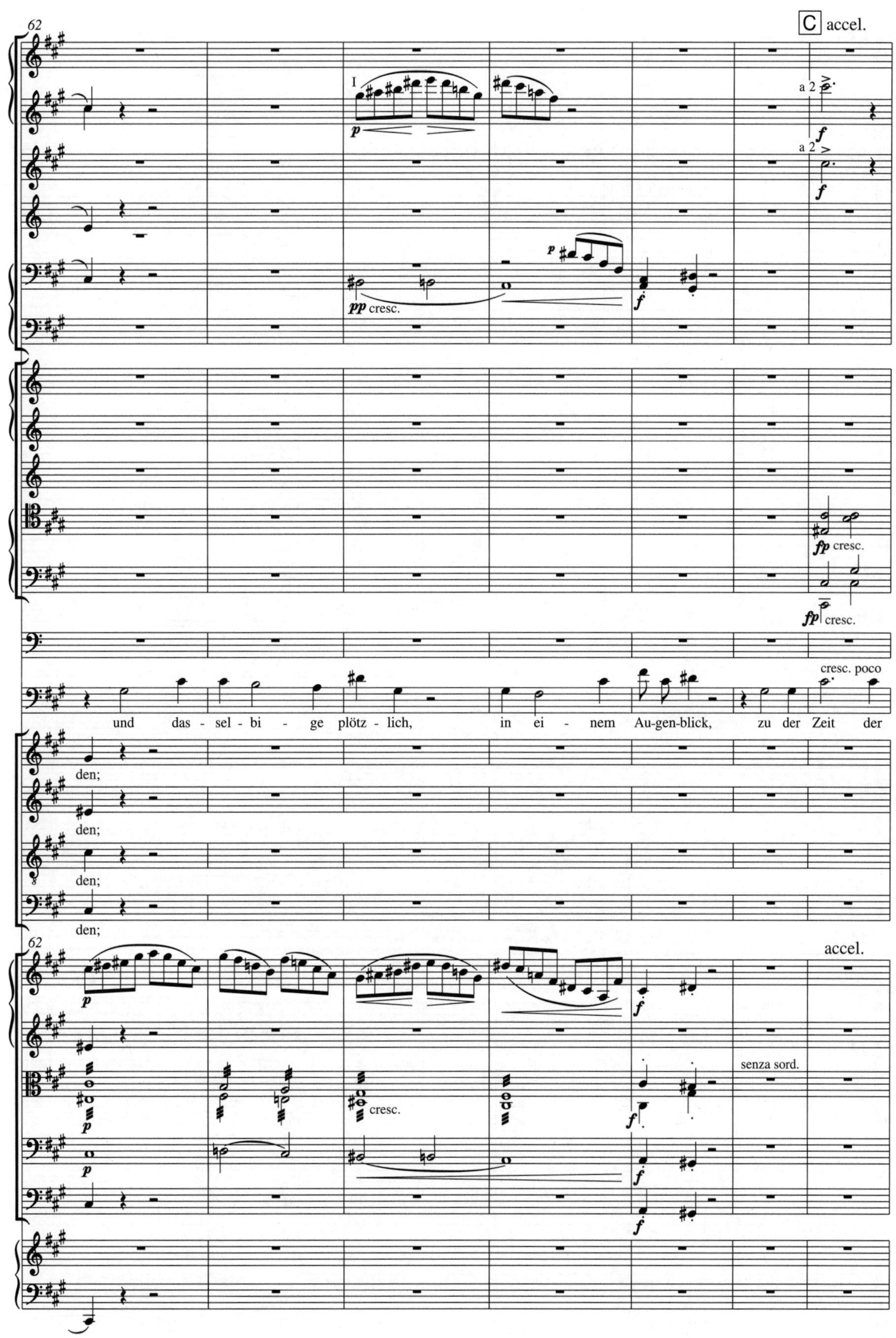

Notenbeispiel 28: Satz VI, T. 62–89

111

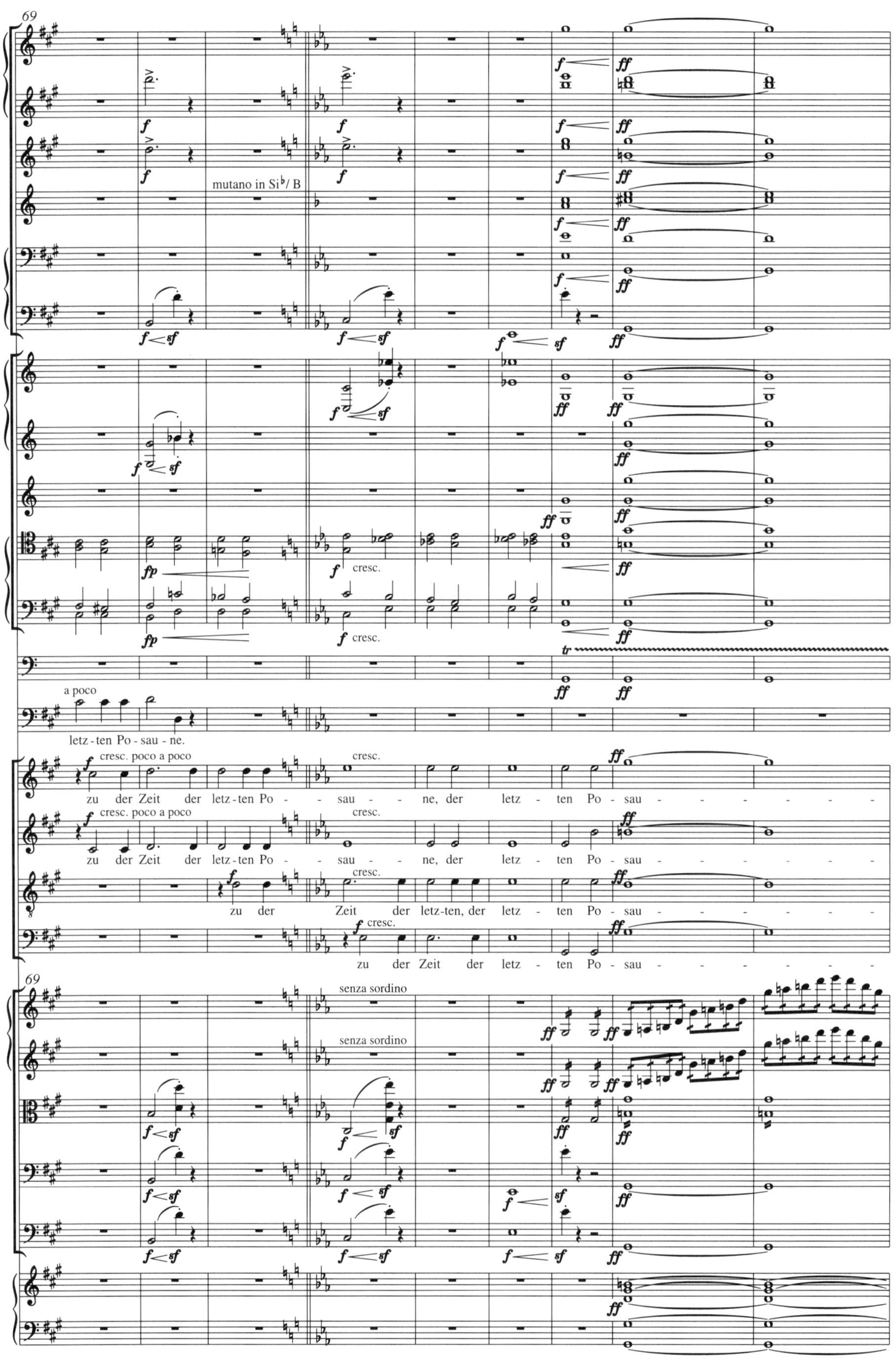
69
mutano in Si♭/ B
cresc.
a poco
letz - ten Po - sau - ne.
cresc. poco a poco
zu der Zeit der letz - ten Po - sau - ne, der letz - ten Po - sau -
zu der Zeit der letz - ten Po - sau - ne, der letz - ten Po - sau -
zu der Zeit der letz - ten, der letz - ten Po - sau -
zu der Zeit der letz - ten Po - sau -
senza sordino

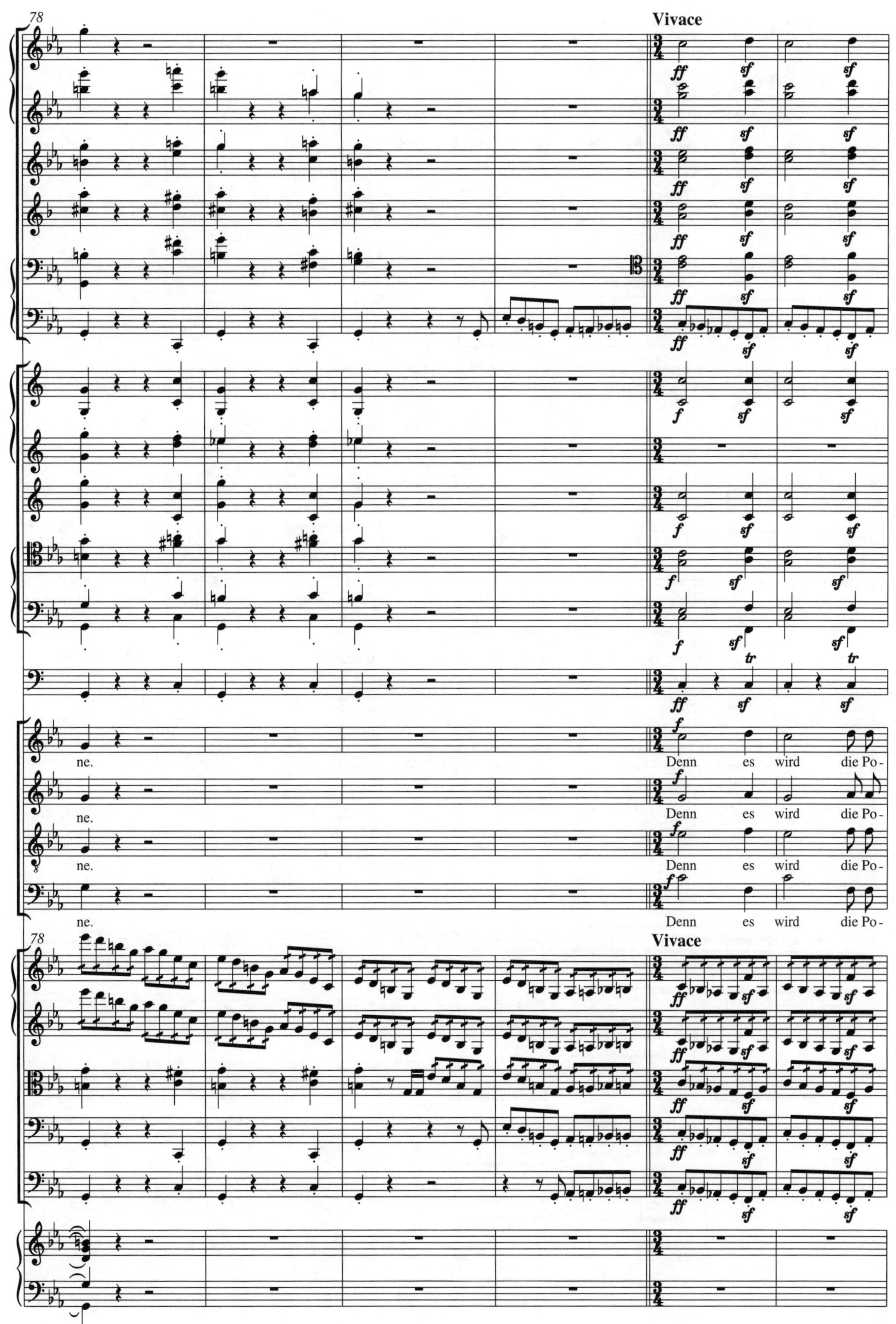
78
Vivace
ne.
ne.
ne.
ne.
Denn es wird die Po-
Denn es wird die Po-
Denn es wird die Po-
Denn es wird die Po-
78
Vivace

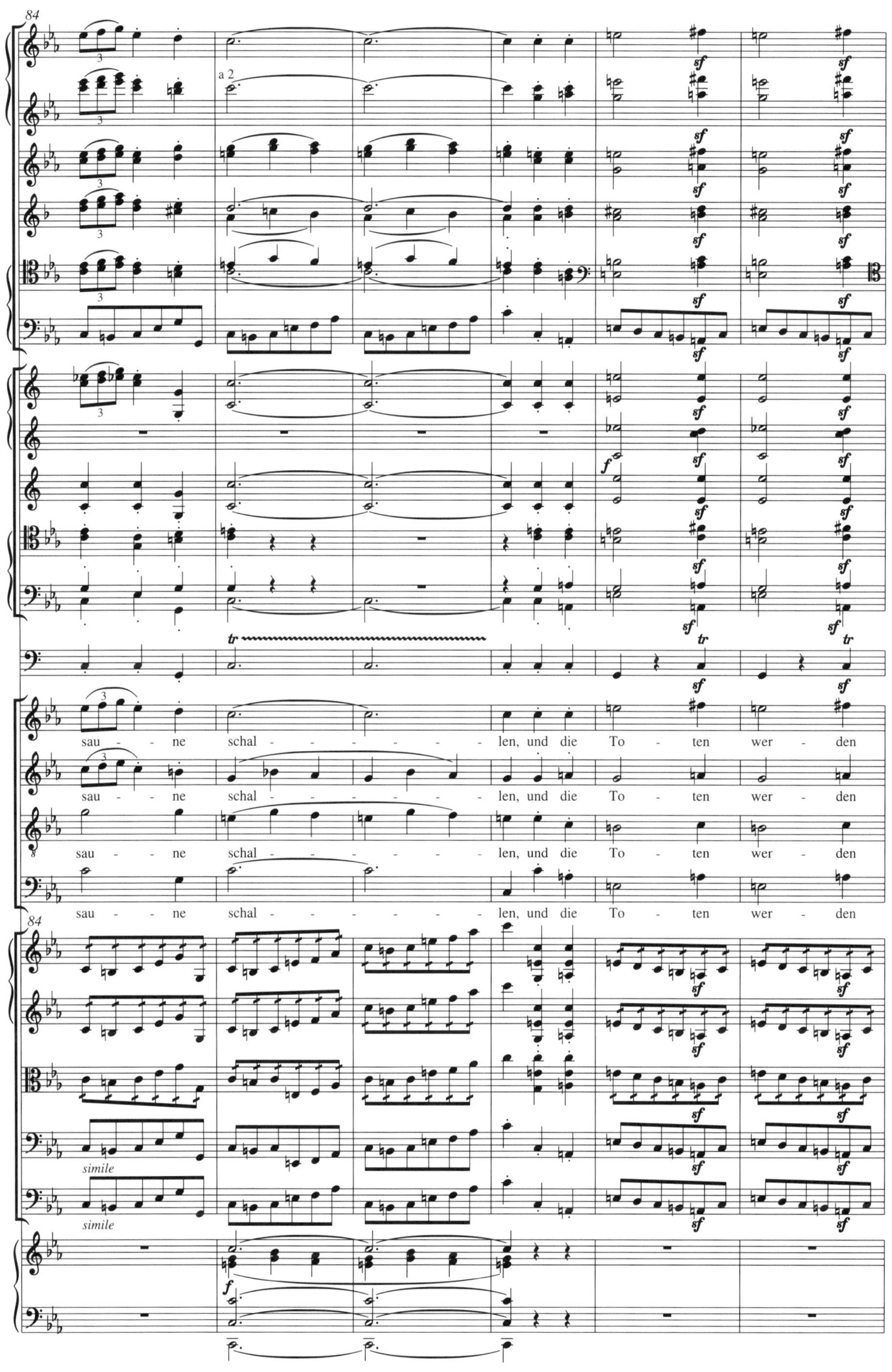
84
a 2
tr
sau - - ne schal - - - - - - - len, und die To - ten wer - den
sau - - ne schal - - - - - - - len, und die To - ten wer - den
sau - - ne schal - - - - - - - len, und die To - ten wer - den
sau - - ne schal - - - - - - - len, und die To - ten wer - den
84
simile
simile

weiter ab dessen zweiter Hälfte: „Dann wird erfüllet werden das Wort, das geschrieben steht." Der 55. Vers der Textvorlage: „Der Tod ist verschlungen in den Sieg" ist wieder vollständig vertont.

In der kompositorischen Anlage geschieht jetzt etwas Überraschendes. Brahms komponiert die Worte „Dann wird erfüllt werden das Wort, das geschrieben steht" für den solistischen Bariton und begleitet sie mit *piano-* und *pianissimo*-Akkorden, denen die Tremoli der Celli und die Farbe der Piccoloflöte eine hintergründige klangliche Dimension verleihen. Aber vor und nach dieser solistischen Stelle ist der musikalische Satz identisch. Von Takt 82 bis 104/1 komponiert Brahms zum ersten Mal die Musik, die er von Takt 128 bis 150/1 wieder verwendet. Der Gesamtsatz ist in seiner Motivik, Rhythmik, modulatorischen Entwicklung und Instrumentation derselbe. Schon die Einleitungen dieser beiden Stellen sind verwandt: Die Takte 122–127 mit ihren gehaltenen Akkorden und der erregten Führung der hohen Streicher erweisen sich als eine verkürzte Version der Takte 76 bis 81. Die erste der beiden Textgruppen umfasst die Worte „Denn es wird die Posaune schallen, und die Toten werden auferstehen unverweslich, und wir werden verwandelt werden." In der zweiten Textgruppe komponiert Brahms die Worte „Der Tod ist verschlungen in den Sieg." Diese beiden Textgruppen sind sehr verschieden, sie formulieren jeweils unabhängige Gedanken und unterscheiden sich auch in ihrer Länge: Der ausgedehnten ersten Textgruppe steht in der zweiten Gruppe nur ein Satz gegenüber. Warum braucht Brahms diese Wiederholung und was will er ausdrücken?

Lassen Sie uns für die Beantwortung dieser Frage den Gesamtsatz und seine Aufteilung in Chor, Bläser, Pauken und Streicher betrachten. Der Chor singt vorwiegend Akkorde, wird aber rhythmisch intensiviert durch Triolen und in Vierteln schwingende Vokalisen der Mittelstimmen. Alle Bläser und die Pauken gehen mit dem Chor und verstärken ihn. Ganz anders die Streicher: Brahms fasst sie einstimmig zusammen. Mit schnellen in den Violinen und Bratschen repetierten Rhythmen lässt er sie dreimal für einen Takt anlaufen und führt sie danach in zwei Takten aus tiefer in sehr hohe Lage. Im jetzt folgenden sechsten Takt verbindet er ihre Akkorde mit den Vierteln des Vokalsatzes. Das geschieht in den Takten 82–87 und 88–93 mit der ersten Textgruppe, dann Takt 128–133 und Takt 134–139 mit dem zweiten Text.

Am Beginn des *Vivace* (Takt 82) prägt zunächst das Klangbild des Posaunenschalls die Musik. Aber die Grundlage des Satzes ist die gleichzeitig beginnende erregte Bewegung der im Unisono zusammengefassten Streicher. Ihr Zielpunkt ist die im 4. und 5. Takt aus tiefer in hohe Lage gerichtete Stimmführung. Mit ihr bildet Brahms den Text ab, der die Auferstehung der Toten nennt.

Die zweite Textgruppe – „Der Tod ist verschlungen in den Sieg" – spricht nicht von Auferstehung. Aber Brahms will diesen Gedanken festhalten, die Auferstehungsmotive der Streicher sind der Garant des Sieges über den Tod – und so wiederholt er den vorausgegangenen Satzteil. Bis zum Beginn der Fuge werden die nach oben gerichteten Gänge der Streicher der ihm wichtigste Teil seines musikalischen Ausdrucks bleiben. (→ Notenbeispiel 28, S. 113f., T. 82–88; Notenbeispiel 29, S. 116f.).

Der Höhepunkt des großen ersten Satzabschnitts ist Brahms Vertonung der zweiten Hälfte des 55. und letzten Korintherverses. Hier wird der Tod persönlich angesprochen: „Tod, wo ist dein Stachel?" Brahms tut es einmal, dann zweimal im energisch hochgerückten Satz. Ab Takt 160 und noch einmal ab Takt 170 teilt er den Chor in Frauen- und Männerstimmen und intensiviert diese durch selbstständige akzentuierte Rhythmen der Streicher. Eine Strophe aus Martin Luthers Osterlied *Christ lag in Todesbanden*, das Brahms gewiss kannte, beschreibt den Charakter seiner Musik. Dort heißt es „ein Spott aus dem Tod ist worden". Ekstatisch jubelnd scheint Brahms die besiegten Tod und Hölle vor sich herzutreiben.

Ab Takt 178 erklingen zweimal lang gehaltene Akkorde zu „Tod" und „Hölle", aber sie werden fortgeführt mit der die Auferstehung abbildenden energischen Bewegung der Streicher. Noch einmal hebt Brahms in den Takten 188–191 das „wo, wo ist dein Stachel?" mit hemiolischer, gegen den Dreiertakt gerichteter Betonung hervor, zuerst im Chor, dann in den Bläsern. In den letzten Takten schreibt Brahms beides gleichzeitig: Dreimal

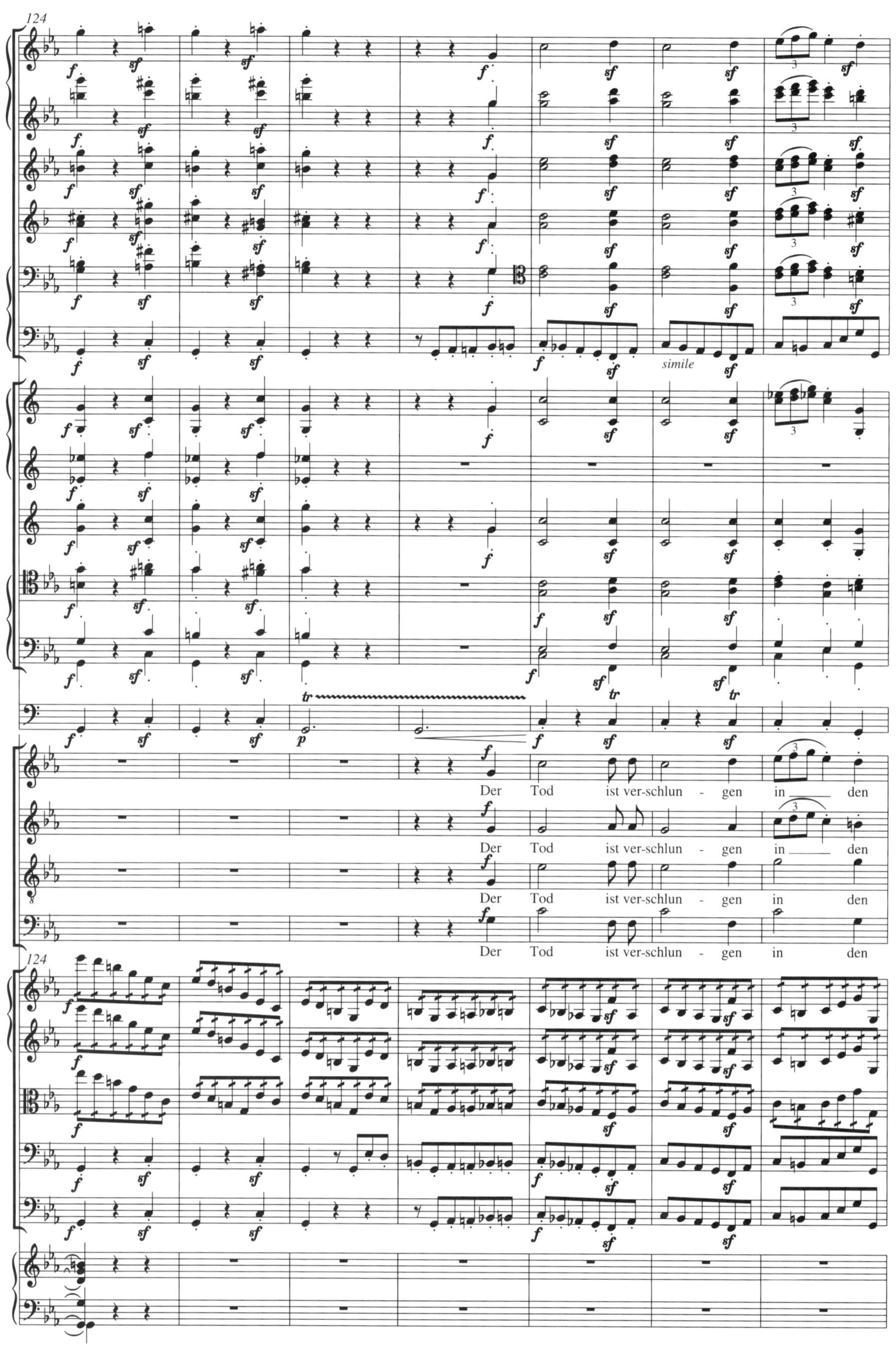

Notenbeispiel 29: Satz VI, T. 124–137

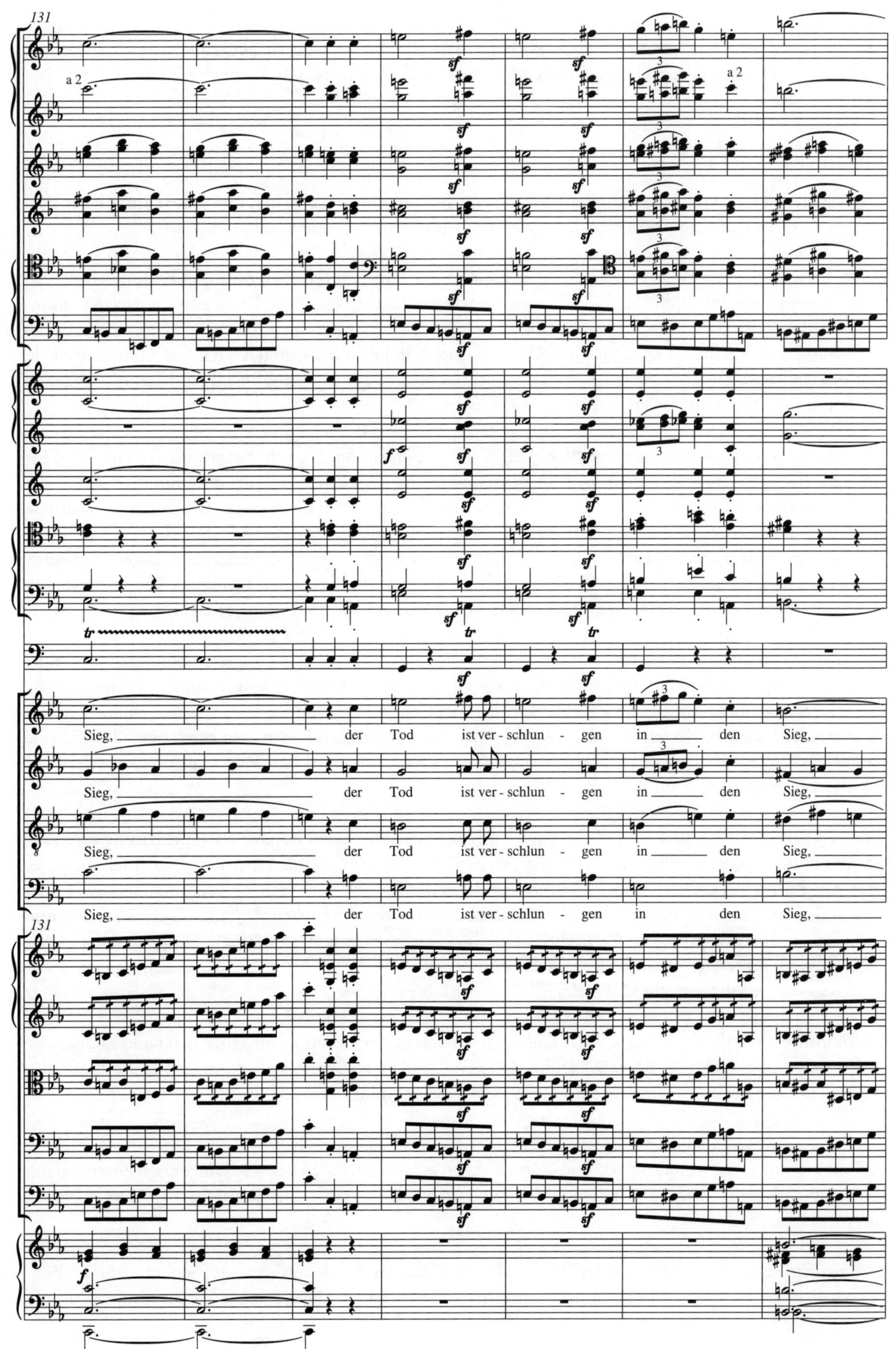
131
a 2
3
tr
sf
f
Sieg, der Tod ist ver - schlun - gen in den Sieg,
131

gehaltene „wo“-Akkorde im Chor und den Bläsern, dazu die nach oben gerichtete Auferstehungsbewegung der Streicher. Dreimal lässt Brahms auf diese Akkorde eine Generalpause folgen – nichts erklingt, der Tod ist nicht mehr da.

Fuge

Als zweiten Teil seines sechsten Requiems-Satzes plant Brahms eine Fuge. Schon im zweiten und dritten Satz hatte er die Musik mit ausgedehnten kontrapunktisch gearbeiteten Satzteilen abgeschlossen.

Beide Male stand dort nicht so sehr die kontrapunktische Arbeit im Vordergrund des Brahms'schen Ausdruckswillens als vielmehr die durch den Text vorgegebene Hauptaussage. Das ist im zweiten Satz der enthusiastische Jubel der „Erlöseten des Herrn“ mit seinen punktierten Rhythmen. Im dritten Satz richtet der so ungewöhnliche Orgelpunkt der Orchesterbässe den Blick auf die Gewissheit, dass „der Gerechten Seelen“ in Gottes Hand sind. Dies hat zur Folge, dass die Themen beider „Fugen“ nicht bis zum Schluss durchgeführt werden: In den Schlusstakten erscheinen sie nicht mehr.

Für die Fuge des sechsten Satzes wählt Brahms Texte der Offenbarung „Herr du bist würdig [...] und sind geschaffen“ (Offenbarung 4, 11). Im ganzen Requiem sind nur hier lobpreisende Worte die Grundlage der Musik. Er beschließt, in einem Stil zu schreiben, den bereits die Komponisten des Barock für ähnlich strukturierte Texte benützt haben, etwa Händel in seinem *Messias*. Es ist dies der kontrapunktische Stil, die Form der Fuge, also eine Schreibweise, die primär nicht auf persönliche Deutungen ausgerichtet ist, sondern Allgemeingültiges darstellt. Schon mit dem ersten Satz des Textes erfindet Händel ein gemessen schreitendes Thema. Lässt sich an seinen Intervallen und Rhythmen nicht erspüren, wie sehr er dabei an Händel gedacht hat?

Dies Thema erklingt nun in viertaktigem Abstand in allen Chorstimmen. Die übrigen Textgruppen verwendet Händel als Gegenmotive, die zur Exposition des Hauptthemas erklingen. Die Instrumente verdoppeln die Chorstimmen – allerdings mit einer Ausnahme: Mit dem Thema erscheint zunächst in den Violinen, später in allen Streichern eine Begleitstimme in Viertelnoten. Sie ist mit Staccato-Punkten bezeichnet und wie eine Continuostimme geführt – erneut eine Verbeugung vor den von Brahms so geschätzten barocken Meistern? (→ Notenbeispiel 30, S. 119f.)

Jetzt mit Takt 224 ist die Exposition der Fuge abgeschlossen. Im vierten Kapitel der Offenbarung sagen die 24 Ältesten, umgeben von den Attributen der Majestät Gottes, den Text in äußerst erregter Intensität, aber auch mit Feierlichkeit. Dem versucht Brahms auf dreierlei Weise zu entsprechen. Zunächst führt er in Takt 224 in den ersten Violinen, Celli und Kontrabässen einen neuen triolischen Rhythmus ein, der der Musik hymnischen Charakter verleiht. Zugleich lässt er das Hauptthema in zweitaktigem, dann eintaktigem Abstand folgen – immer in sehr hoher Lage. Jetzt stimmen auch die bisher nicht beschäftigten Instrumente des Orchesters in die lobpreisende Musik ein.

Engführungen, wie die eben beobachtete, sind in Fugen üblicherweise Verdichtungen, deren kontrapunktische Kulmination zum Abschluss des Stücks führt. Hier ist das nicht so: Brahms plant eine insgesamt fünfteilige Fuge, in der er das Hauptthema auf verschiedene Weise durchführt.

Nach dem intensiven Ende des ersten Fugenteils schreibt er ein Zwischenspiel und führt in den Takten 235–243 die einzelnen Chorgruppen im ausdrucksvollen *piano* – „denn du hast alle Dinge erschaffen“ –, dann im energischen *forte* – „und durch deinen Willen haben sie das Wesen“. Die Continuo-Begleitung bleibt in den Streichern erhalten.

Den zweiten Fugenteil beginnt Brahms in Takt 244 mit Einsätzen des Hauptthemas im Sopran, dann im Bass, die er wie in der Fugenexposition mit den Gegenmotiven verarbeitet. Dann löst er aus dem Hauptthema die

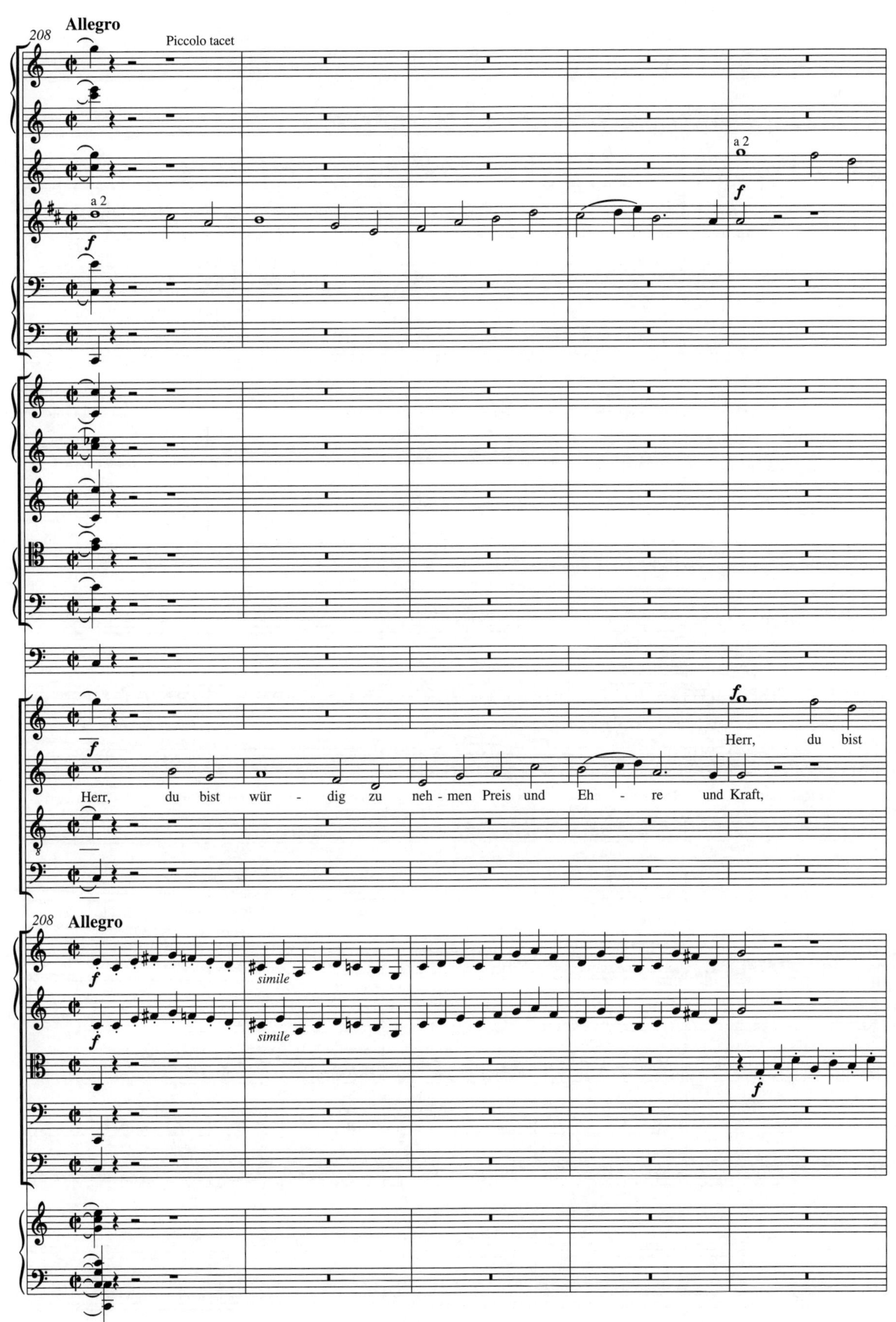

Notenbeispiel 30: Satz VI, T. 208–217

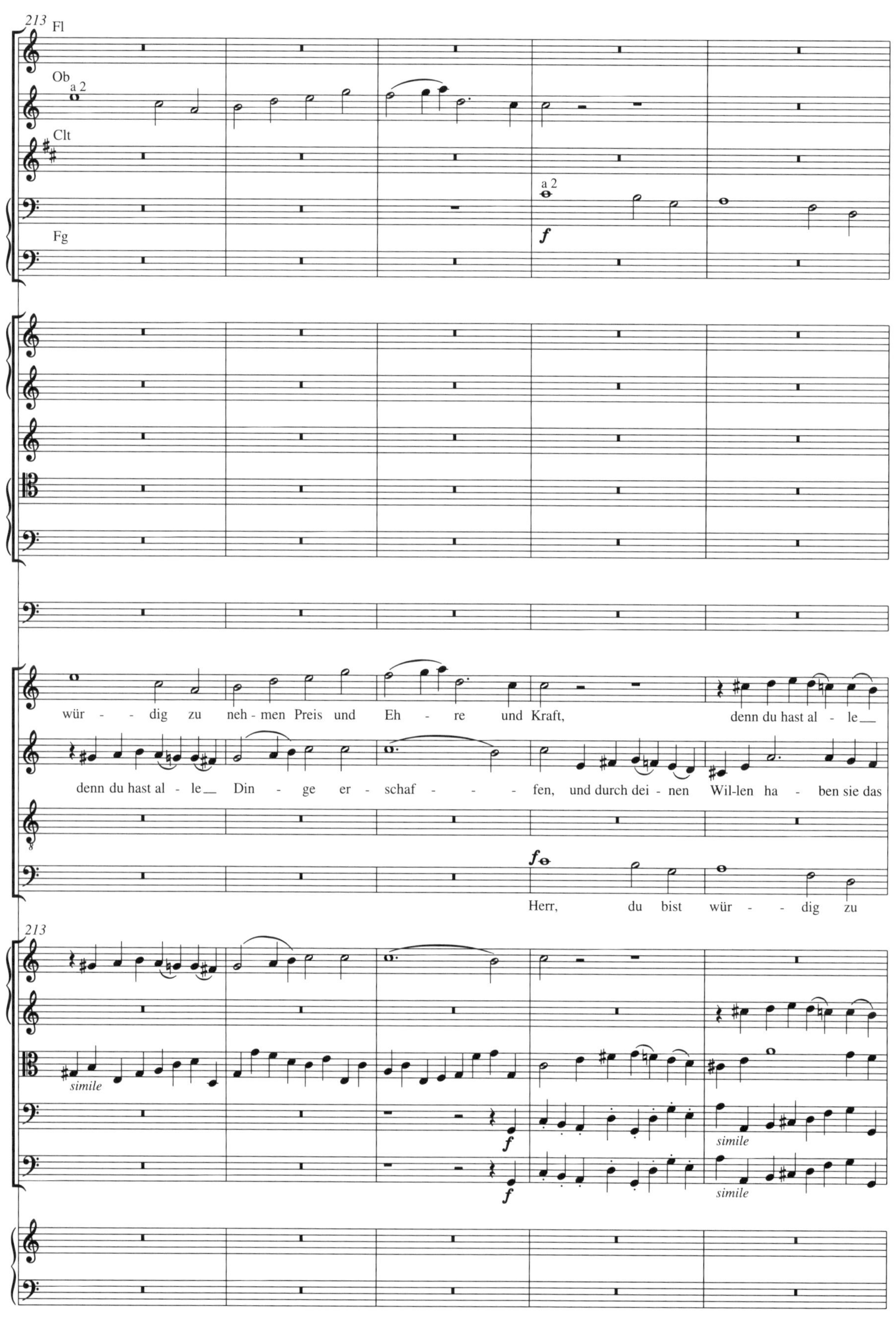
213
Fl
Ob
a 2
Clt
a 2
f
Fg
wür - - dig zu neh - men Preis und Eh - re und Kraft, denn du hast al - le
denn du hast al - le Din - ge er - schaf - - - fen, und durch dei - nen Wil-len ha - ben sie das
f
Herr, du bist wür - - dig zu
213
simile
f
simile
f
simile

Worte „zu nehmen“ und schafft mit drei Halben eine halbtaktig dialogisierende Struktur zwischen Chor und Orchester. Diesen vokal-instrumentalen Dialog setzt er ab Takt 257 in jetzt zwei- und eintaktigen Abständen fort mit den Worten „zu nehmen Preis und Ehre“. Beide Dialogabschnitte sind mit drei Takten abgeschlossen, in denen Teile des Orchesters den durchgehenden Chorsatz mit synkopischen Akkorden intensivieren (Takte 254–256, 263–265). Auf seinen Ausdruckswillen befragt, prägt Brahms hier im zweiten Fugenteil die Attribute „Preis, Ehre und Kraft“ mit der machtvollen Klangfülle von Chor und Orchester aus (→ Notenbeispiel 31, S. 122f.).

Wie nach dem ersten Fugenteil folgt auch jetzt in den Takten 266–270 ein Zwischenspiel. Im *piano* beginnend, führt jede der vier Chorgruppen für einen Takt die Worte „zu nehmen Preis und Ehre“. Darüber liegen in den Holzbläsern die Staccato-Viertel des früheren Continuo-Motivs.

In Takt 271 beginnt der dritte Fugenteil. Zunächst erscheint der Themenkopf fünfmal in eintaktigem Abstand. Das barocke Continuo-Motiv wechselt in die Orchesterbässe. Dann greift Brahms zurück auf den zweiten Fugenteil und dessen dialogische Struktur. Gestützt von den Blechbläsern und Pauken reichen die Chorgruppen das „zu nehmen Preis und Ehre“ weiter. Neu ist die intensivierende Rhythmik der Violinen, Bratschen und Holzbläser: Sie wechseln mit Viertelakkorden. Nach dem Einsatz der Tuba mit Auftakt zu Takt 282 beginnt Brahms auf dem tiefen *C* in den Orchesterbässen eine aus dieser tiefen Lage ständig nach oben steigende Linie; nach drei Takten übernehmen die Chorstimmen, dann führen die ersten Violinen und die erste Flöte diese Linie auf dem sehr hohen dreigestrichenen *a* zu Ende. Fragen wir wieder nach Brahms' Ausdruckwillen, so scheint er die raumgreifende Gültigkeit des hymnischen Textes abzubilden (→ Notenbeispiel 32, S. 124–126).

Brahms beginnt in Takt 290 noch einmal mit Text und Motivik des ersten Zwischenspiels, intensiviert die dann folgenden Einsätze der Chorstimmen durch kürzere Abstände und höhere Lagen.

Statt der Continuo-Figur begleitet er jetzt mit einem gebundenen Dreiviertel-Motiv, das in seiner zweiten Vierergruppe durch Pizzicati der Kontrabässe eingeleitet wird.

Der im Takt 304 beginnende vierte Fugenteil ist zunächst geprägt vom Kopf des Fugenthemas, dessen Einsätze vom Bass nach oben steigen. Ab Takt 309 folgt Brahms erneut der im dritten Teil komponierten Satzanlage. Verkürzt und mit anderer Modulationsrichtung werden wieder die Bassinstrumente aus tiefer Lage über die Chorstimmen und die hohen Instrumente in einen hochliegenden Abschlussakkord geführt.

Auch der zwischenspielartige Abschnitt ist ähnlich gebaut wie nach dem dritten Teil – wieder folgt dem jetzt in Alt und Tenor kanonisch beginnenden „denn du hast alle Dinge erschaffen“ eine Gruppe intensivierender Takte, die der Musik wie im vorausgegangenen Zwischenspiel eine enthusiastisch drängende Stringenz verleiht (→ Notenbeispiel 33, S. 127–129).

Der fünfte und letzte Fugenteil beginnt im Takt 330. Zunächst folgen in meist halbtaktigem Abstand Einsätze des Themenkopfs. Diese kontrapunktische Verdichtung ließe eigentlich eine baldige und triumphierende Schlusskadenz erwarten. Aber es geschieht etwas Überraschendes. Brahms besetzt die Blechbläser und Pauken nicht mehr, führt den übrigen Orchestersatz mit dem Chor in tiefer werdende Lagen, verlangt *mezzoforte*, dann *diminuendo* und schreibt schließlich eine Generalpause (Takt 338).

Wie ist das zu verstehen? Will er sagen „Herr du bist würdig“, um aber dann in Demut zu fragen: Wir, der Komponist und die Ausführenden, sind wir würdig, dich zu preisen?

Aber dann erklingt der Lobpreis in leuchtenden Akkorden des Tuttis von Chor und Orchester, gefolgt vom *piano* des Chors, das mit seiner Posaunen- und Paukeninstrumentation an den Sieg über Tod und Hölle im ersten Satzteil erinnert, und schließlich in der von Trompeten und Pauken eingeleiteten rhythmisch vergrößerten majestätischen C-Dur-Kadenz (→ Notenbeispiel 34, S. 130f.).

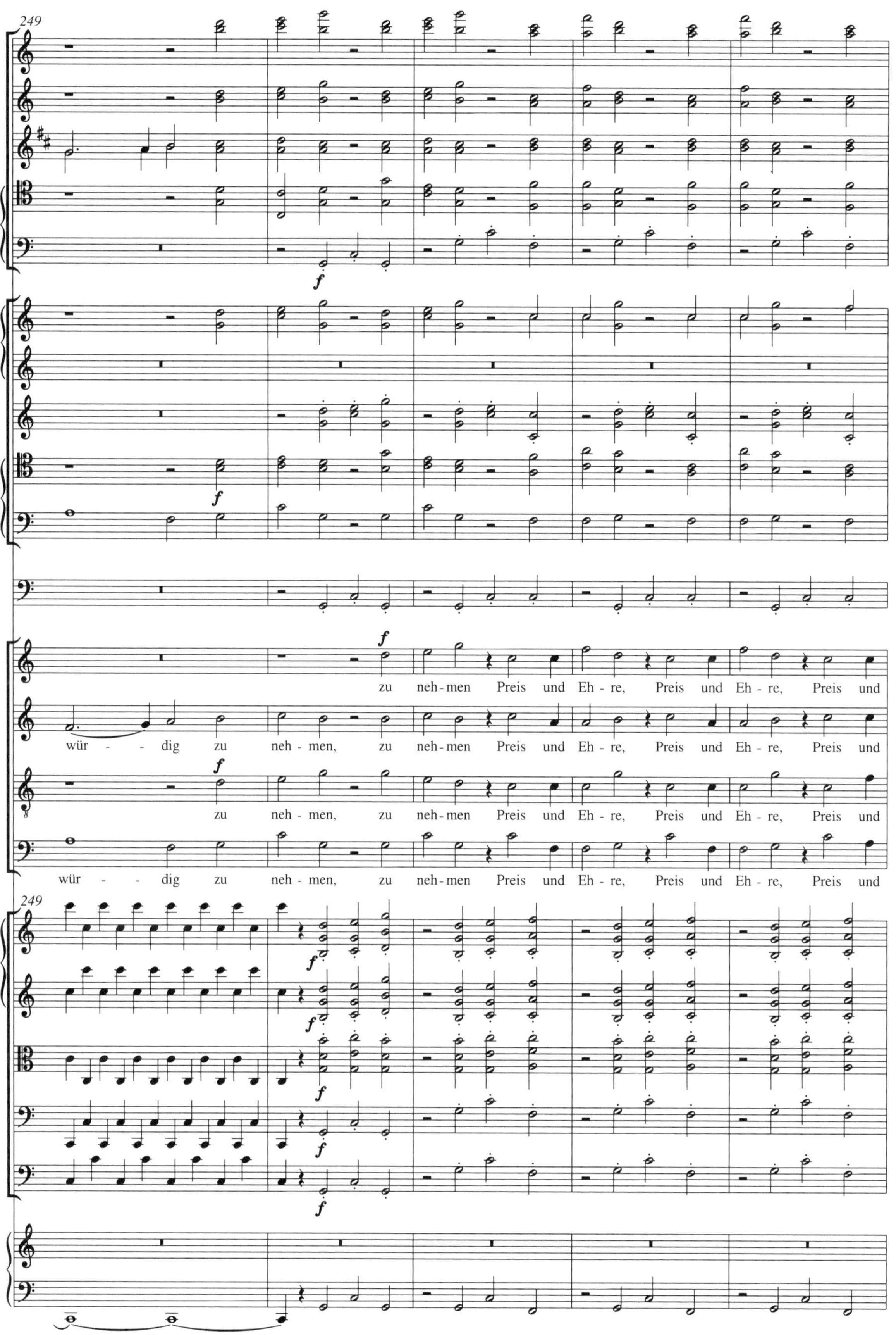

Notenbeispiel 31: Satz VI, T. 249–258

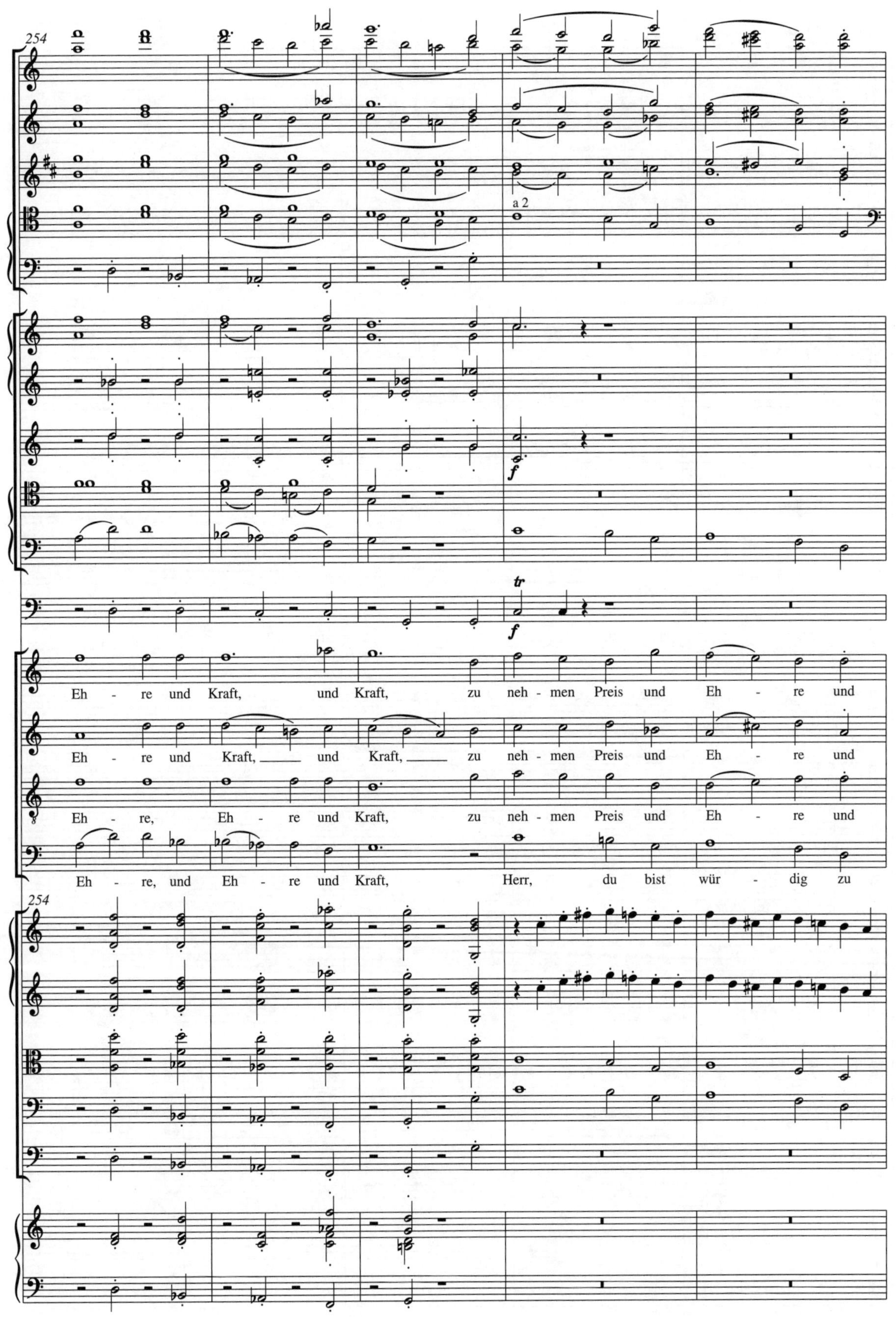
254
a 2
tr
f
f
Eh - re und Kraft, und Kraft, zu neh - men Preis und Eh - re und
Eh - re und Kraft, und Kraft, zu neh - men Preis und Eh - re und
Eh - re, Eh - re und Kraft, zu neh - men Preis und Eh - re und
Eh - re, und Eh - re und Kraft, Herr, du bist wür - dig zu
254

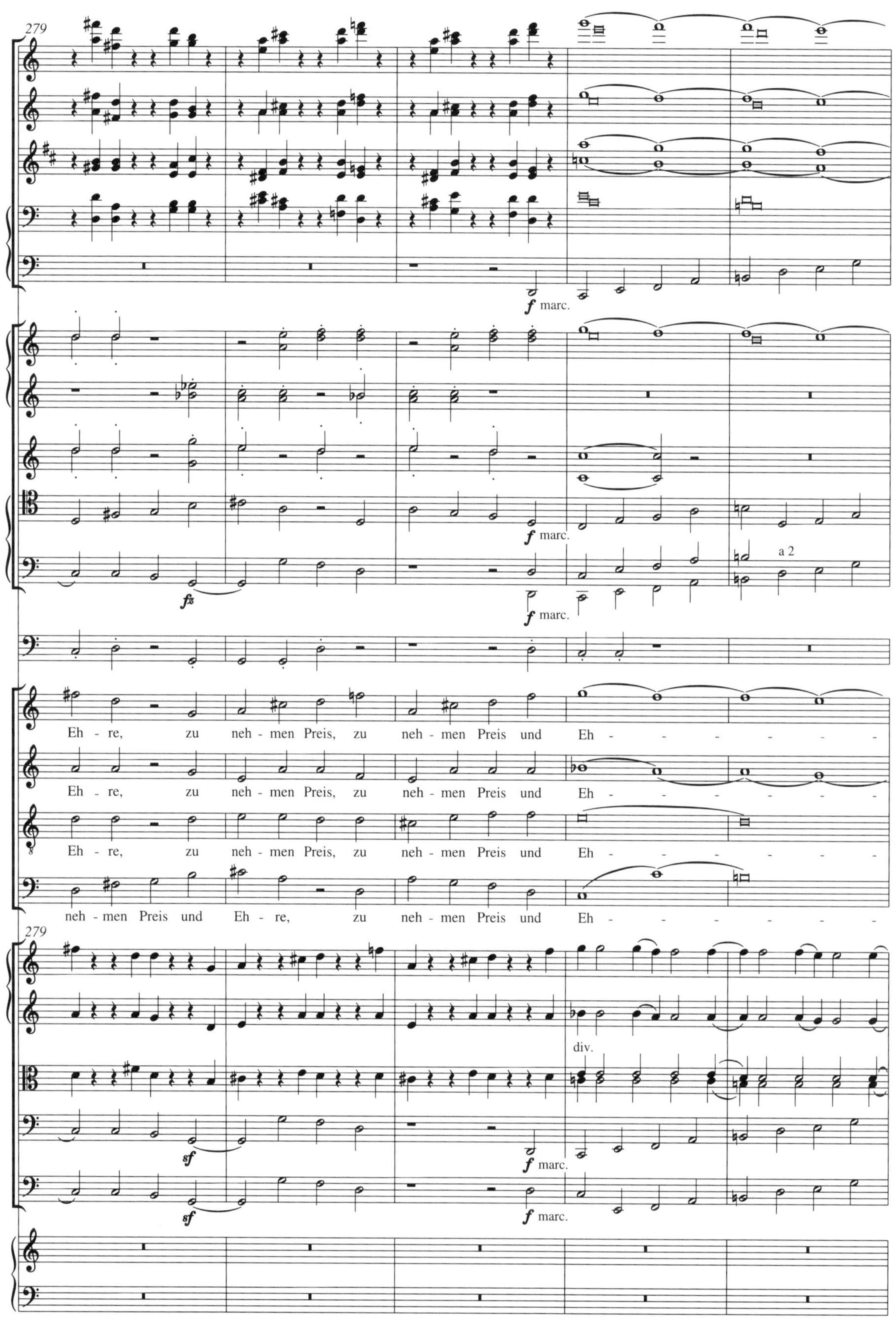

Notenbeispiel 32: Satz VI, T. 279–294

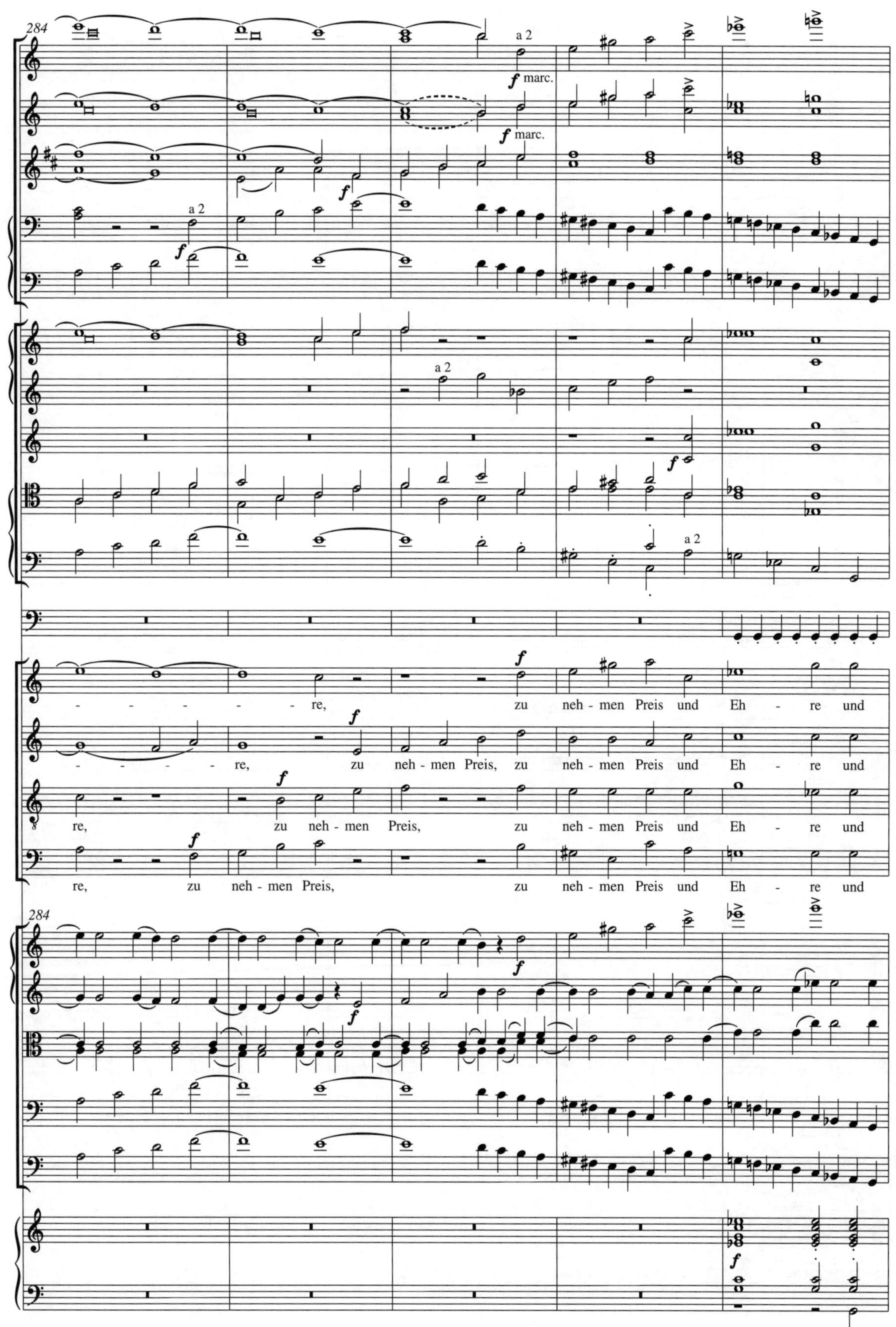
284
a 2
f marc.
f marc.
a 2
f
f
a 2
f
a 2
f
- - - - - - re, zu neh - men Preis und Eh - re und
f
- - - - re, zu neh - men Preis, zu neh - men Preis und Eh - re und
f
re, zu neh - men Preis, zu neh - men Preis und Eh - re und
f
re, zu neh - men Preis, zu neh - men Preis und Eh - re und
284
f
f
f

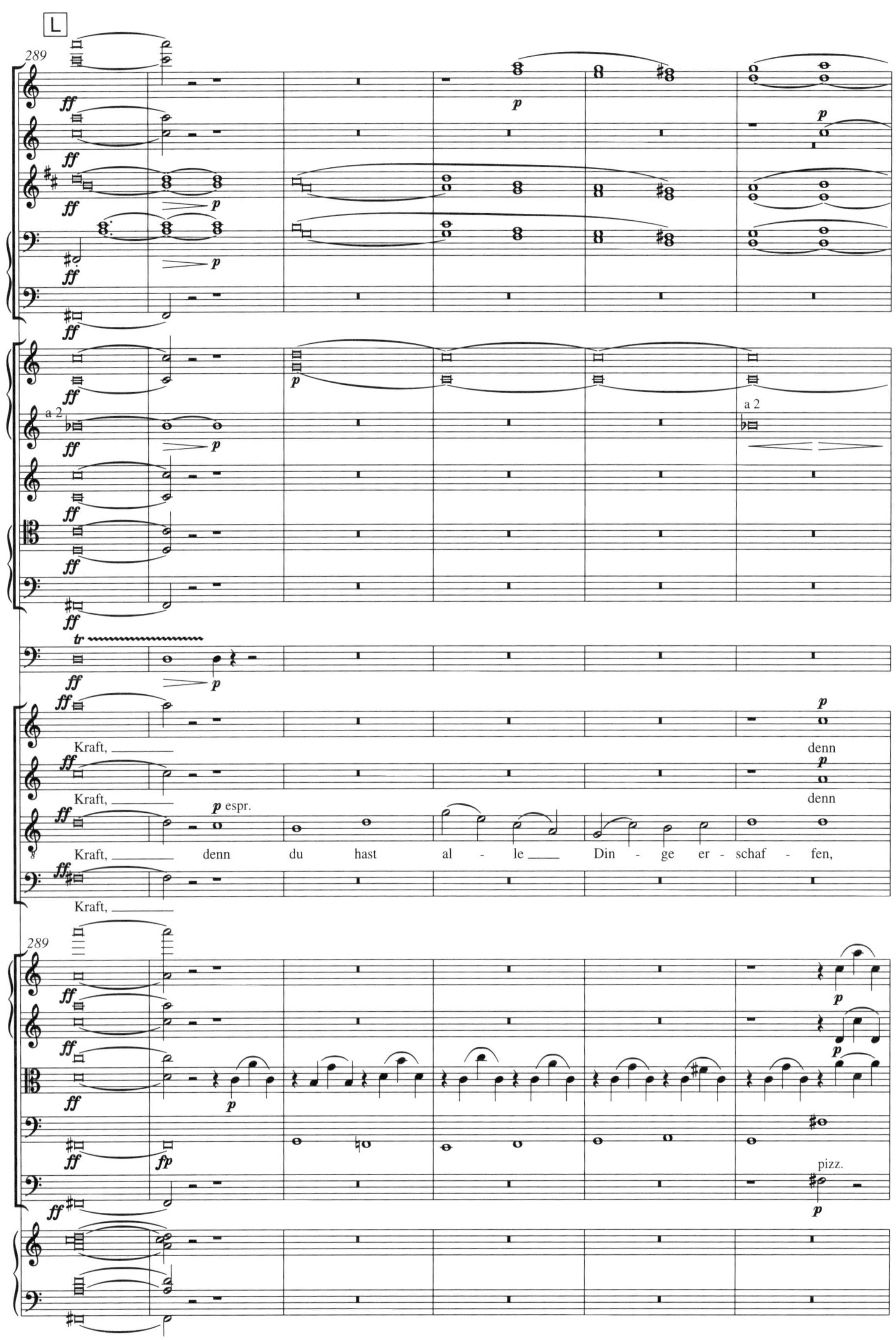
L
289
ff
p
a 2
tr
Kraft,
denn
p espr.
denn du hast al - le Din - ge er - schaf - fen,
fp
pizz.

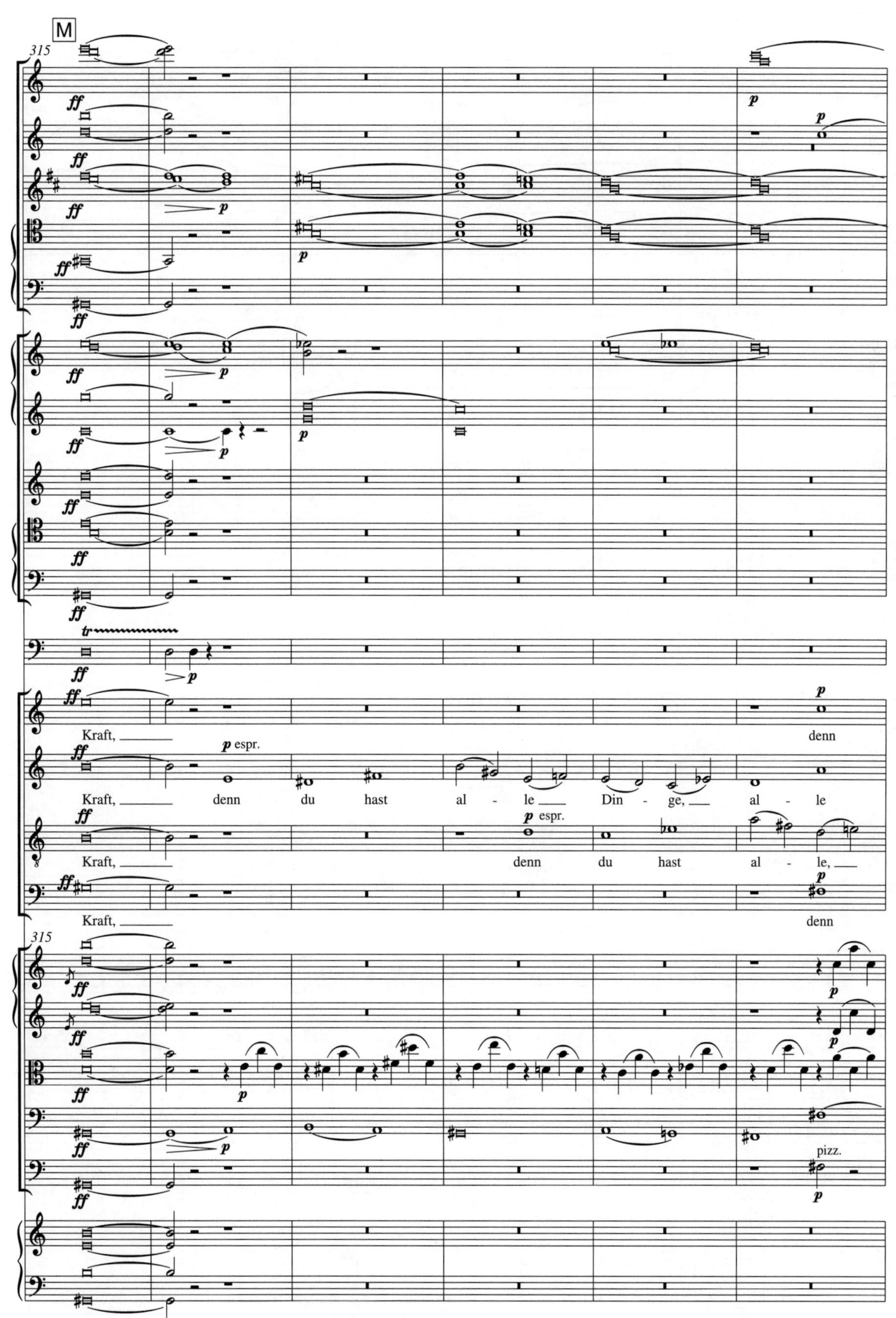

Notenbeispiel 33: Satz VI, T. 315–330

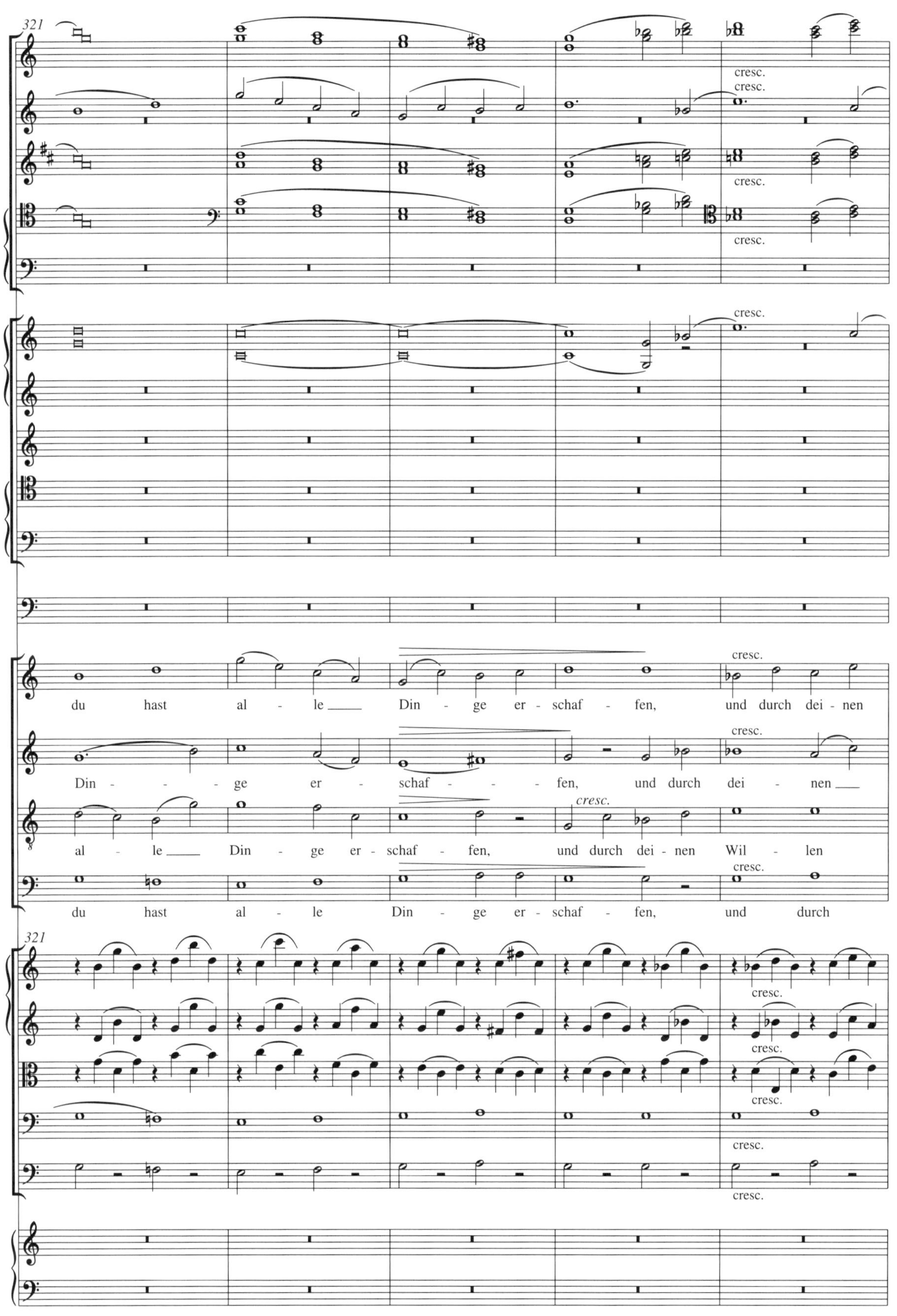
321
cresc.
du hast al - le Din - ge er - schaf - fen, und durch dei - nen
Din - - ge er - schaf - - fen, und durch dei - nen
al - le Din - ge er - schaf - fen, und durch dei - nen Wil - len
du hast al - le Din - ge er - schaf - fen, und durch
321

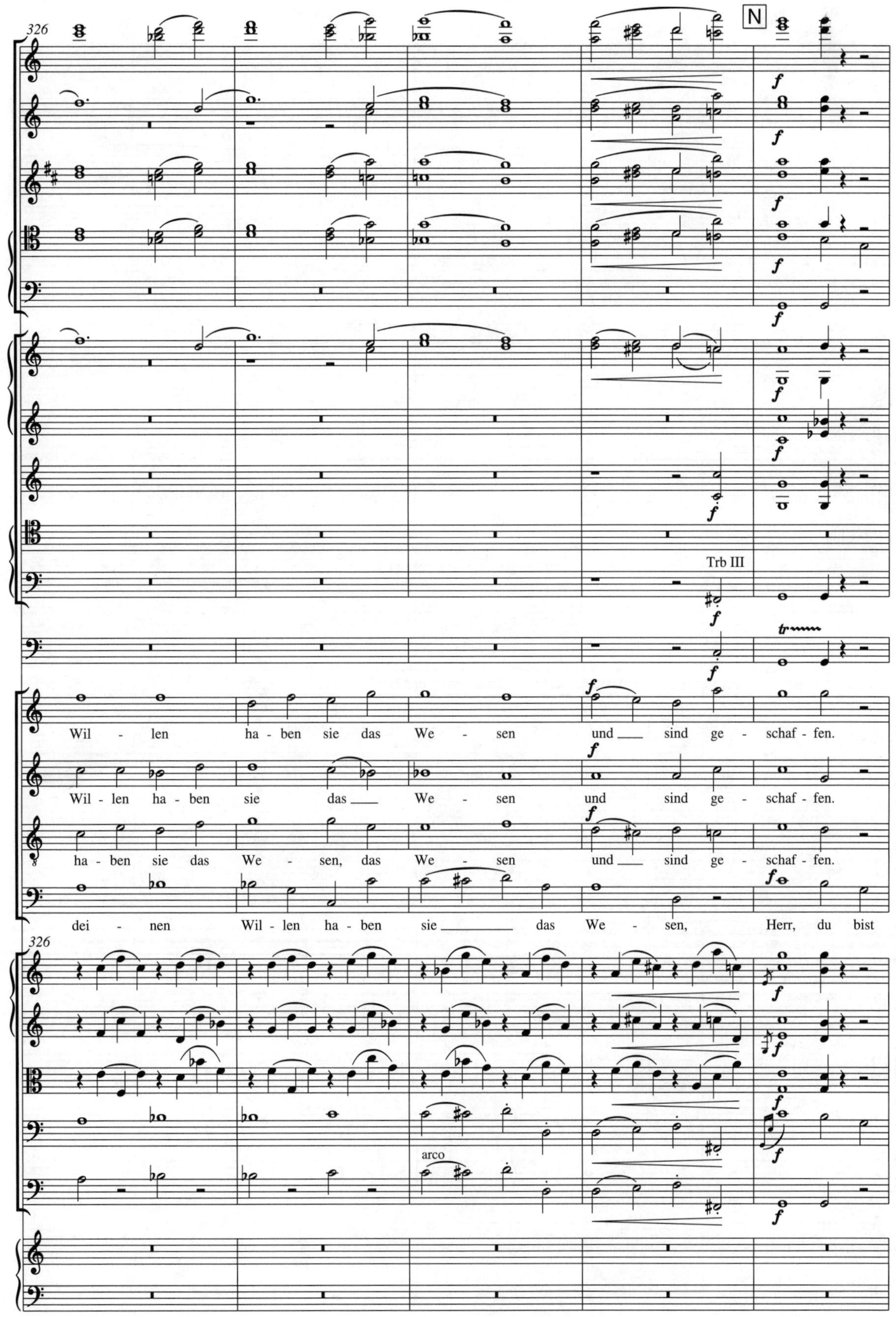
326
N
Trb III
arco
Wil - len ha - ben sie das We - sen und sind ge - schaf - fen.
Wil - len ha - ben sie das We - sen und sind ge - schaf - fen.
ha - ben sie das We - sen, das We - sen und sind ge - schaf - fen.
dei - nen Wil - len ha - ben sie das We - sen, Herr, du bist
326

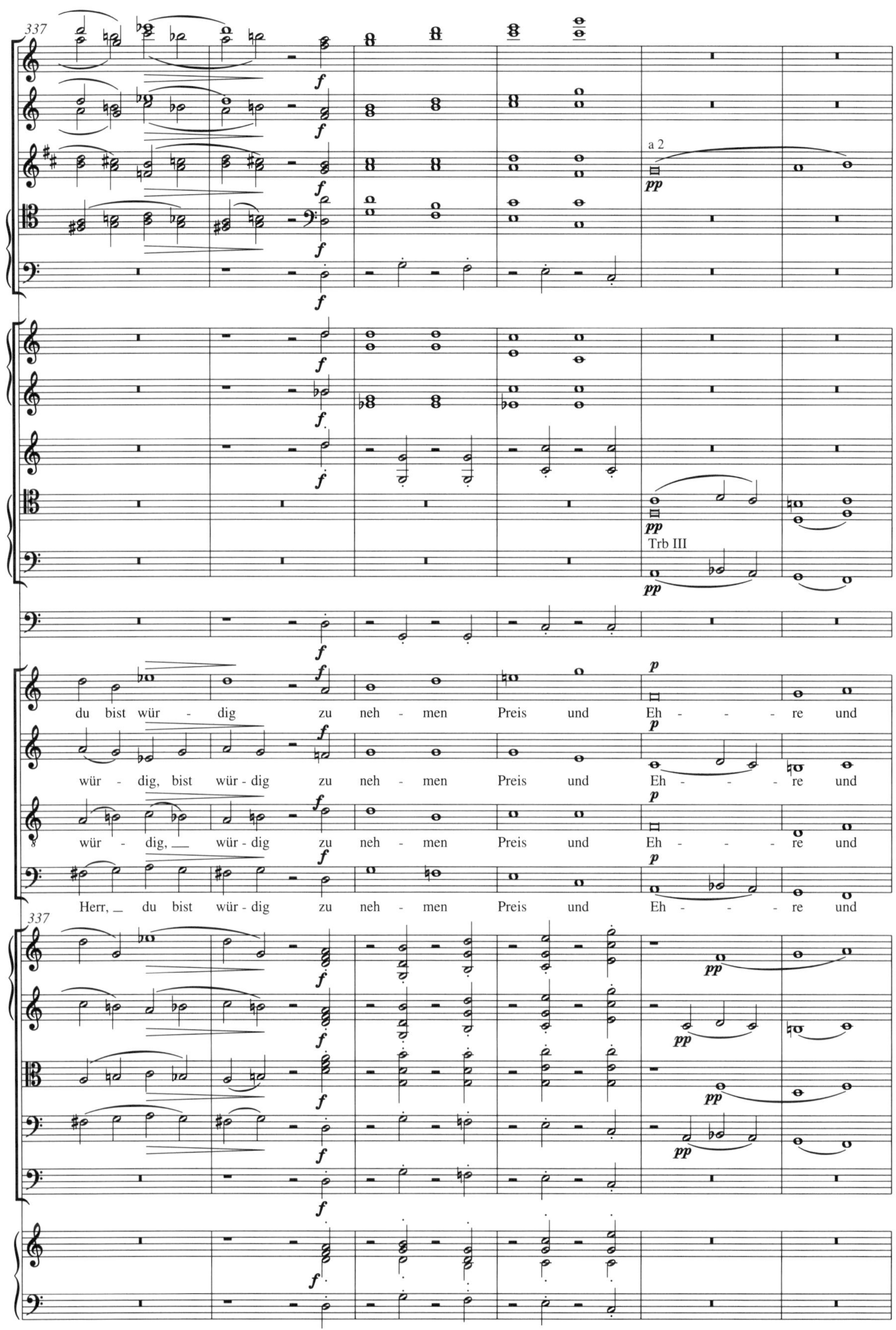

Notenbeispiel 34: Satz VI, T. 337 bis Schluss

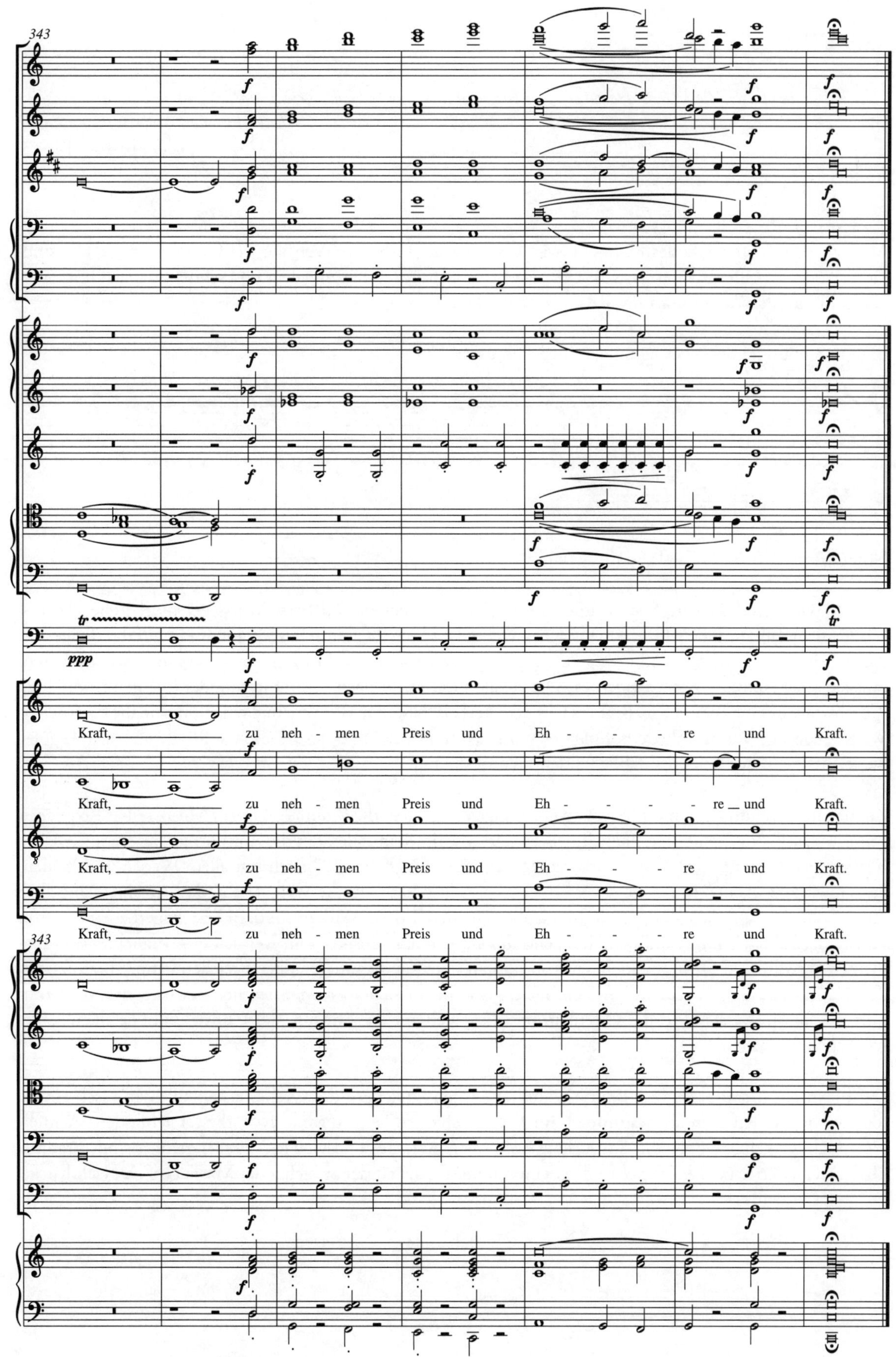
343
tr
ppp
Kraft, zu neh - men Preis und Eh - re und Kraft.
Kraft, zu neh - men Preis und Eh - re und Kraft.
Kraft, zu neh - men Preis und Eh - re und Kraft.
Kraft, zu neh - men Preis und Eh - re und Kraft.
343

Satz VII

Selig sind die Toten, die in dem Herrn sterben von nun an. Ja, der Geist spricht, dass sie ruhen von ihrer Arbeit; denn ihre Werke folgen ihnen nach.
Offenbarung 14, 13

Auch für den siebten Satz des Requiems wählt Brahms als Text einen Vers aus der Offenbarung: „Selig sind die Toten [...]" (Offenbarung 14, 13). Der Satz ist zunächst dreiteilig angelegt und schließt danach mit einer Coda, die auf den Anfangssatz des Requiems zurückgreift.

Brahms empfindet den Versbeginn als einen Hymnus:

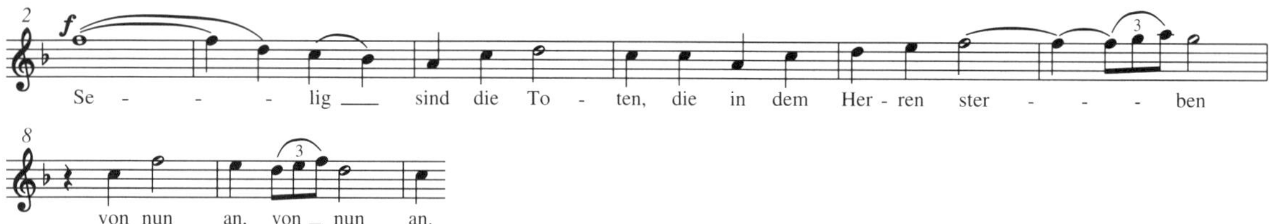

Notenbeispiel 35: Satz VII, T. 2–10, Sopran

Dieser Hymnus erklingt im Sopran und unmittelbar anschließend im Bass. Mit seiner motivischen Formgebung deutet Brahms den Text in mehrfacher Weise. Der hohe Halteton des Anfangs weist auf das Bleibende dieses Selig-Seins. Die Stimmführung zu dem Wort „sterben" ist nicht nach unten gerichtet, wie es dessen musikalischer Abbildung sonst eigen ist. Die vokale Linie steigt nach oben und mündet in einen triolischen Aufschwung in sehr hoher Lage: Brahms tritt dem Tod als Synonym der Vergänglichkeit in beinahe drastischer Weise entgegen. Mit der Wiederholung der Worte „von nun an" und des triolischen Rhythmus bekräftigt er diese Aussage in den beiden abschließenden Hymnustakten.

Zu diesem „von nun an" gibt es eine der ganz wenigen Aussagen, die Brahms selbst zur Musik seines Requiems gemacht hat. Dem Bremer Domkapellmeister Carl Martin Reinthaler, der die Aufführung des Requiems am Karfreitag 1868 im Bremer Dom vorbereitete, schreibt er, er habe „[...] auch mit allem Wissen und Willen Stellen wie z. B. Evang. Joh. Kap. 3 Vers 16 entbehrt (Also hat Gott die Welt geliebt, dass er seinen eingeborenen Sohn gab, auf dass alle, die an ihn glauben, nicht verloren werden, sondern das ewige Leben haben). Hinwieder habe ich nun wohl manches genommen, weil ich Musiker bin, weil ich es gebrauchte, weil ich meinen ehrwürdigen Dichtern auch ein ‚von nun an' nicht abdisputieren oder streichen kann." Brahms hat den Namen Christus in seinem Requiem nicht genannt, ist sich aber offensichtlich bewusst, dass das „von nun an" im Sinnverständnis des Offenbarungsverses sich auf die Erlösungstat Christi und vor allem seine Auferstehung bezieht.

Dem Hymnus des Soprans fügt Brahms zunächst in den Streichern des Orchesters einen rhythmisch erregten Satz hinzu, den er in allen Stimmen mit *forte* bezeichnet. Sein Kernmotiv sind zwei gebundene Achtel, die auftaktig aneinandergereiht, am Anfang nach oben gerichtet und vielfach parallel geführt sind. Brahms überschreibt den Satz mit *Feierlich* und verleiht mit der Intensität der Streicher der Musik großen Nachdruck:

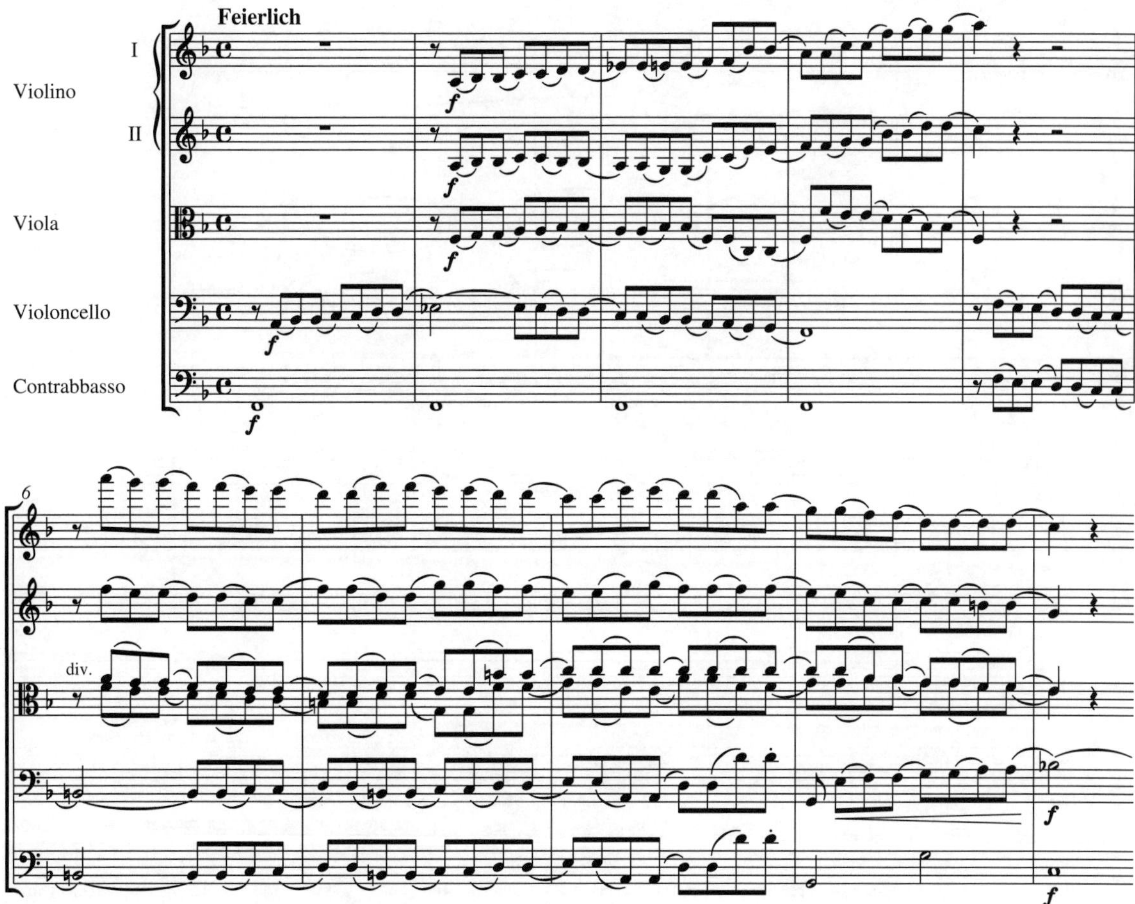

Notenbeispiel 36: Satz VII, T. 1–10, Streicher

Mit Einsatz des Chorbasses übernehmen die Holzbläser das Achtelmotiv und wechseln es mit den Streichern. Brahms gibt also dem Orchester nicht eine begleitende Funktion, sondern bekräftigt mit großer Emotionalität, dass der Weg der selig Gestorbenen nach oben führen möge.

Nach diesem Hymnus in Sopran und Bass übernimmt in Takt 18 der vierstimmige Chor dessen Text. Die Chorpaare der Frauen- und Männerstimmen tauschen ihre Motive und werden dann in expressiven Akkorden mit chromatischen Führungen und insistierenden Synkopen zusammengefasst. Dann komponiert Brahms die Worte „die in dem Herren sterben von nun an“ anders als am Beginn des Satzes. Er leitet ab Takt 28 mit absteigenden Viertelseufzern des Soprans ein *diminuendo* ein. Dann lässt er den gehaltenen Chorakkord mit seiner *decrescendo*-Gabel in unmittelbarer Abbildung des Wortes „ersterben“.

Das auftaktige Zwei-Achtel-Motiv der Streicher, vor allem der ersten Violinen, war bisher bekräftigend mit dem Chor verbunden gewesen. Zum *diminuendo* und „Ersterben“ des Chors ändert sich sein Ausdruck in seufzend bittende Gesten. In den Takten 32 und 33 komponiert Brahms die Worte „von nun an“ in C-Dur und G-Dur, verlangt ein *crescendo* und lenkt das Zwei-Achtel-Motiv der Violinen zweimal mit Oktavintervallen in höhere Lage: Nach dem vorausgehenden „Ersterben“ ist dies ein aufleuchtendes Abbild nach oben blickender Hoffnung (→ Notenbeispiel 37, S. 134f.).

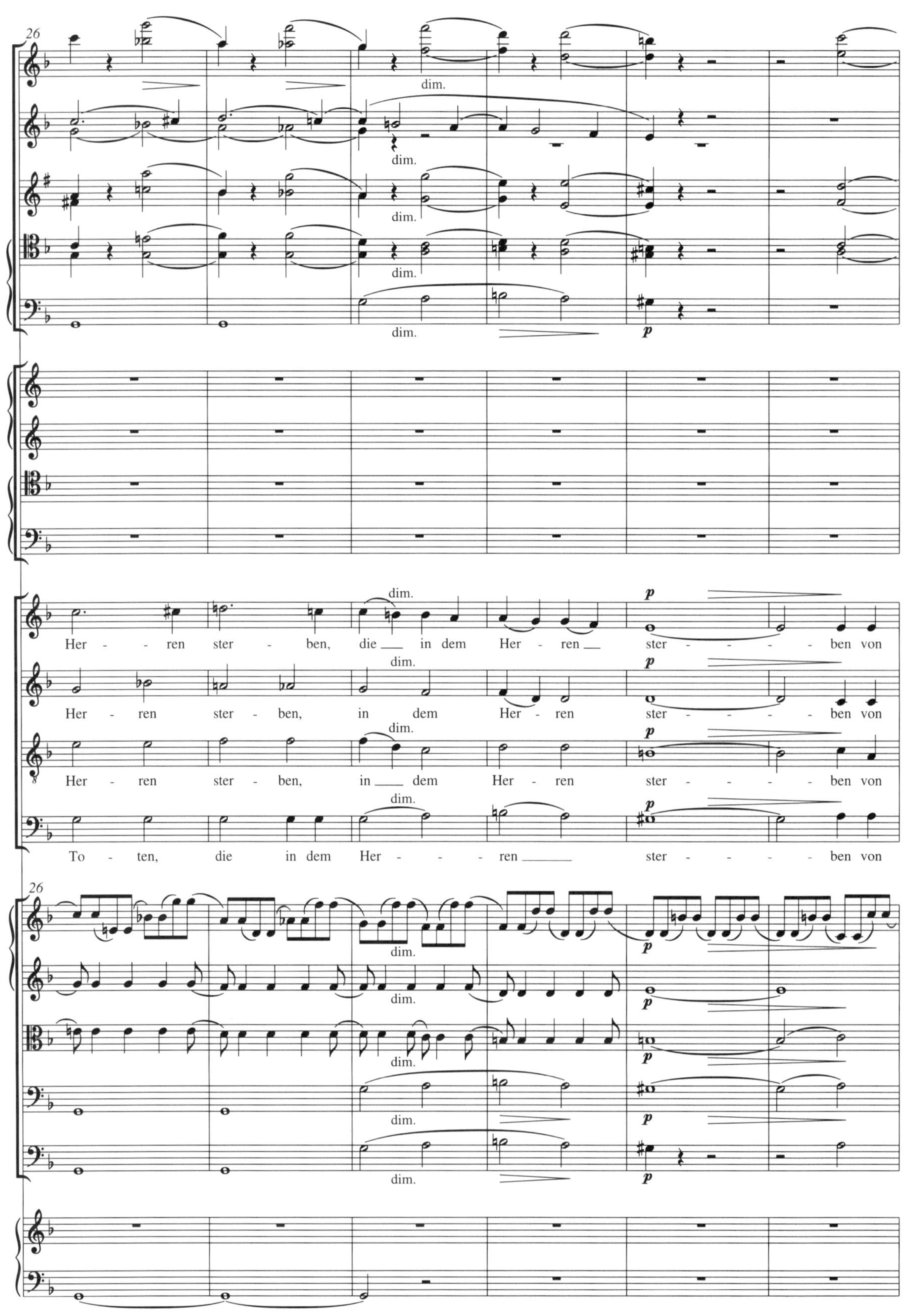

Notenbeispiel 37: Satz VII, T. 26–36

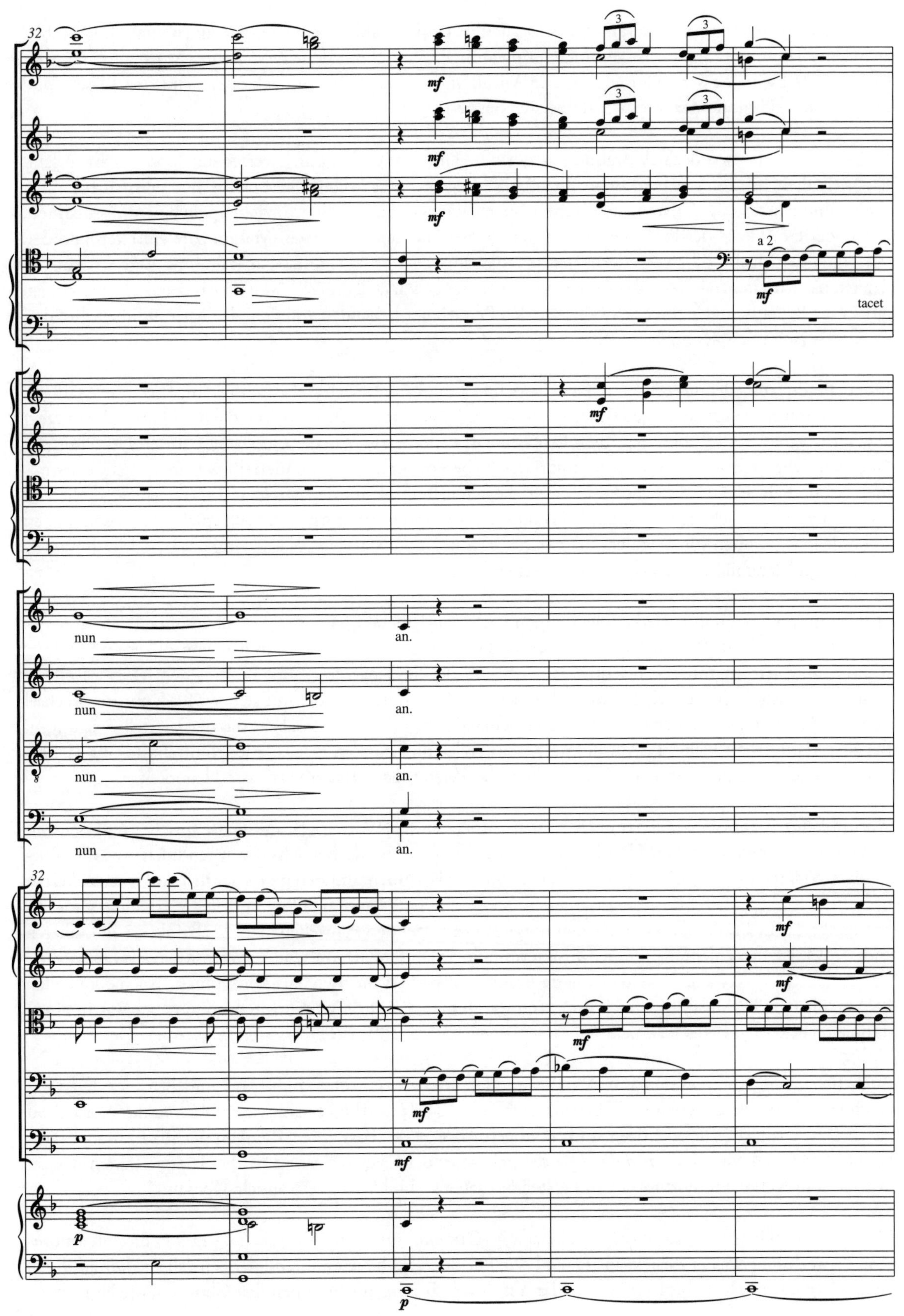
32
a 2
tacet
nun
an.
nun
an.
nun
an.
nun
an.
32

Mit ungemein ausdrucksvollen Takten des Orchesters denkt Brahms dem eben Gesagten nach. Im Wechsel zwischen Bläsern und Streichern verbindet er melodische Viertel mit dem Zwei-Achtel-Motiv und den triolischen Aufschwüngen der vorausgegangenen Musik und schließt mit den nach oben geführten Bläsern und dem Unisono-Pizzicato der Streicher den ersten Satzteil.

Jetzt – ab Takt 40 – wendet sich Brahms der zweiten Hälfte des Offenbarungsverses zu: „Ja, der Geist spricht, dass sie ruhen von ihrer Arbeit, denn ihre Werke folgen ihnen nach." Die tiefen Chorstimmen beginnen alleine und einstimmig. Unvermittelt werden sie nach einem halben Takt umgeben von einem dissonanten, verminderten Akkord der Posaunen und tiefen Hörner, die hier zum ersten Mal im Satz eintreten und den Charakter der Musik völlig verändern. Was jetzt geschieht, ist beinahe unfassbar – Brahms wagt es, dem Gedanken nachzutasten, wie denn das Ruhen der Verstorbenen vorstellbar sein könnte. Den tiefen Bläserakkorden gibt er die Bedeutsamkeit einer Schwelle, die den Bereich der Lebenden von dem der Toten unüberschreitbar trennt (→ Notenbeispiel 38, S. 137f.).

Innerhalb des ausgedehnten zweiten Satzteils richtet Brahms diese Schwelle dreimal auf. Das erste Mal – ab Takt 40 – folgen ihr gehaltene Akkorde von Tenor und Bass und der tiefen Bläser, die das Dunkel der im Text angesprochenen „Ruhe" abbilden. Aber diese Ruhe ist nicht passiv. Von der Oboe, dem dritten Horn und der Flöte eingeleitet, schweben von Brahms mit *espressivo* bezeichnete, gleitende Viertelbewegungen der Chorstimmen auf und ab. Diesen Bläser- und Chorsatz begleitet Brahms mit den Streichern nicht, wie eigentlich zu erwarten wäre, mit gehaltenen, ruhenden Akkorden. Die ersten Violinen und Celli spielen ihre gebundenen Akkorde in Rhythmen von Sextolen, die zweiten Violinen und Bratschen gleichzeitig im Achtelrhythmus. Es entsteht ein Klangbild von geheimnisvoller Lebendigkeit.

Die Textgruppe „denn ihre Werke folgen ihnen nach" wird ab Takt 54 vom Chor allein ohne Begleitung des Orchesters vorgestellt. Wieder folgen wie vorher die schwebend gleitenden Einsätze von Bläsern und Chorstimmen auf dem rhythmisch belebten Hintergrund der Streicher. Jetzt gibt Brahms dem eben *a cappella* gesungenen Text ausführlichen Raum und bildet das „Folgen der Werke" mit seiner Musik ab: Im Wechsel zwischen Chor und Orchesterstimmen „folgen" einander ab Takt 66 fünfmal zweitaktige Viertelbewegungen. Bei aller Expressivität bleibt die Musik immer schwerelos und mit den Pizzicati der Kontrabässe gibt Brahms seiner Vorstellung eines entrückten Weiterlebens der Verstorbenen fast eine gewisse Heiterkeit.

Warum kehrt Brahms ab Takt 76 noch einmal zurück zu den Worten „Ja, der Geist spricht" und den mit ihnen verbundenen Schwellenakkorden? Er will zu seiner Vision des Bereichs der Toten noch etwas ihm besonders Wichtiges sagen. Mit dem Schwellenakkord der Posaunen und tiefen Hörner in Takt 76 moduliert er nach E-Dur und entfaltet über dem ruhenden Chor die Oboe, dann die Flöte in heller Viertelbewegung: Er beschreibt das Licht, das die Verstorbenen umgibt. Die folgenden Schwellenakkorde ab Takt 81 modulieren anders. Was jetzt geschieht, nennt die Musikterminologie eine enharmonische Verwechslung: aus *Dis* wird *Es*. „Wir müssen alle verwandelt werden", hatte Brahms im vorhergehenden Satz komponiert. Nach dem hellen E-Dur führt er die Musik für drei Takte nach As-Dur. Das Licht, das die Toten umgibt, scheint in einen dunklen, entfernten Bereich gerückt (→ Notenbeispiel 39, S. 139–141).

Auch für andere Komponisten war das „Verwandelt werden" ein unverzichtbarer und betonter Teil ihres Nachdenkens über die Gestalt eines Lebens nach dem Tod. Händel macht in seinem *Messias* die Worte „and we shall be changed" zur wichtigen und ständigen Aussage der Bass-Arie „The trumpet shall sound". Bach benützt im Confiteor seiner *h-Moll-Messe* die enharmonische Verwechslung zu den letzten Takten des „et expecto resurrectionem mortuorum" im ersten Sopran als Abbild des „Verwandelt-Werdens."

Für nur drei Takte hatte Brahms die Musik nach As-Dur entfernt. Jetzt – im Takt 87 – holt er die enharmonische Verwechslung wieder zurück: aus *Es* wird *Dis*. Die Streicher haben während der Schwellenakkordgruppen geschwiegen. Ab Takt 87 begleiten sie wieder mit ihren lebendigen Rhythmen den Chor und die Holzbläser.

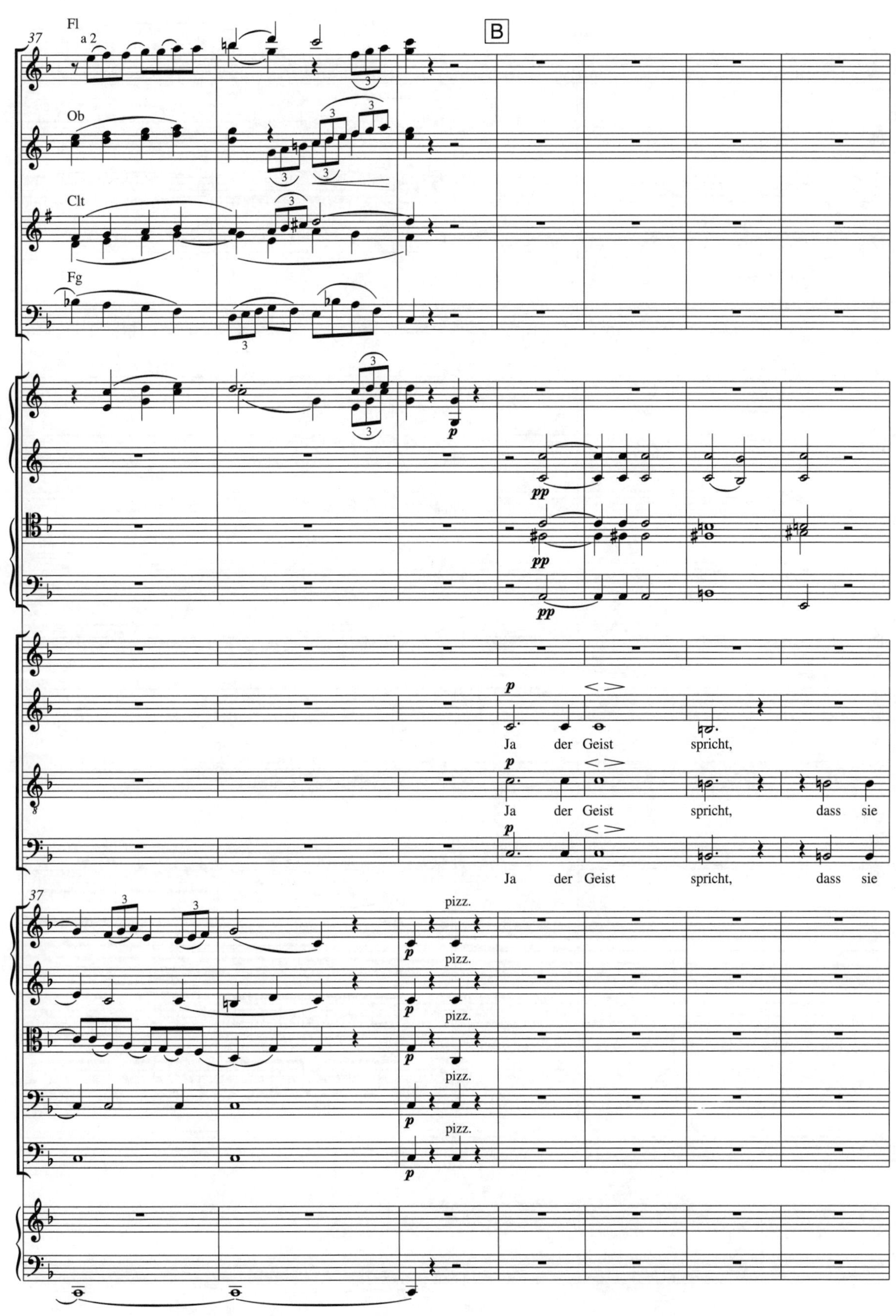

Notenbeispiel 38: Satz VII, T. 37–49

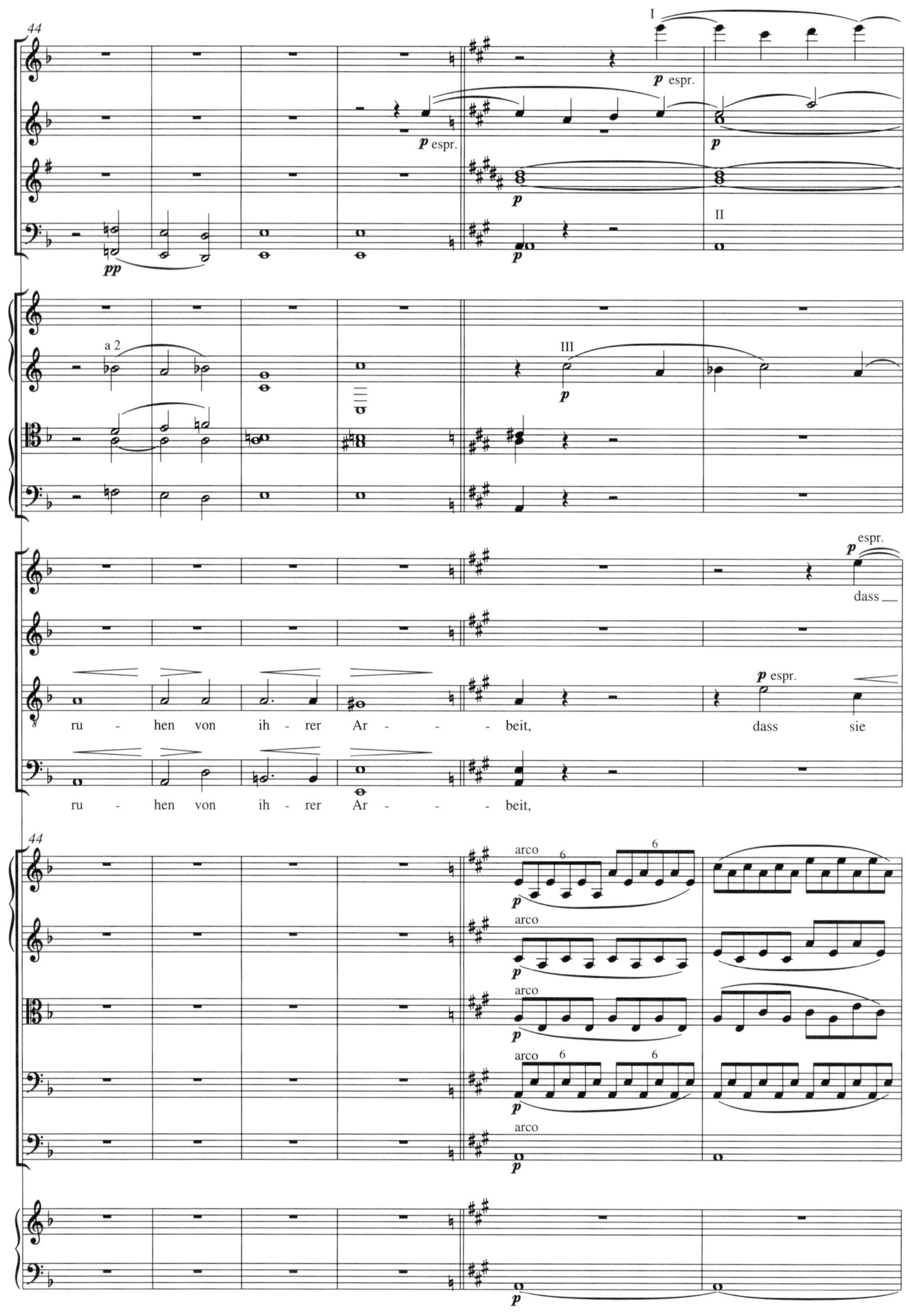
44
I
p espr.
p espr.
p
p
II
pp
p
p
a 2
III
p
p espr.
dass
p espr.
ru - hen von ih - rer Ar - - - beit,
dass sie
ru - hen von ih - rer Ar - - - beit,
44
arco
6
6
p
arco
p
arco
p
arco
6
6
p
arco
p
p

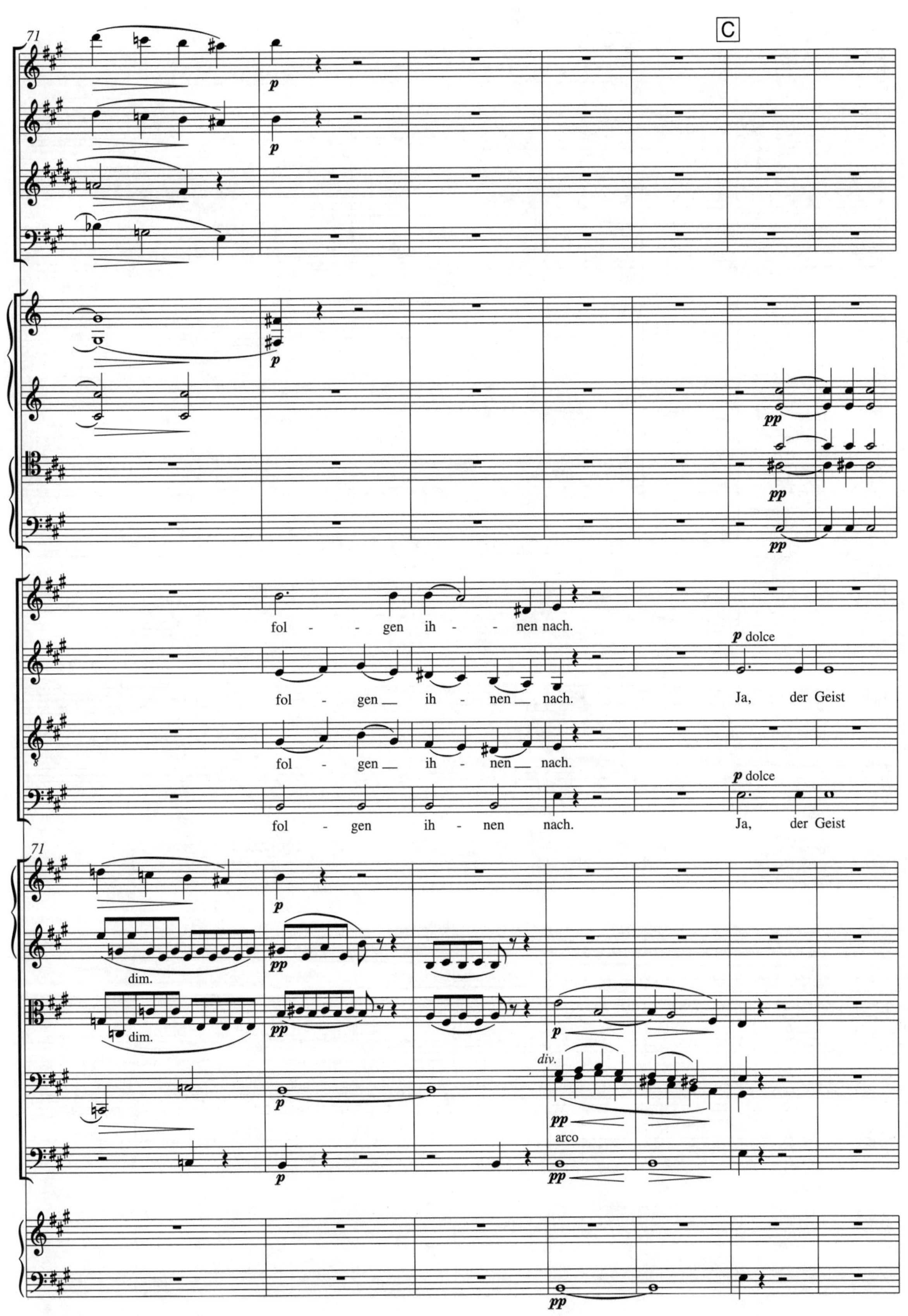

Notenbeispiel 39: Satz VII, T. 71–90

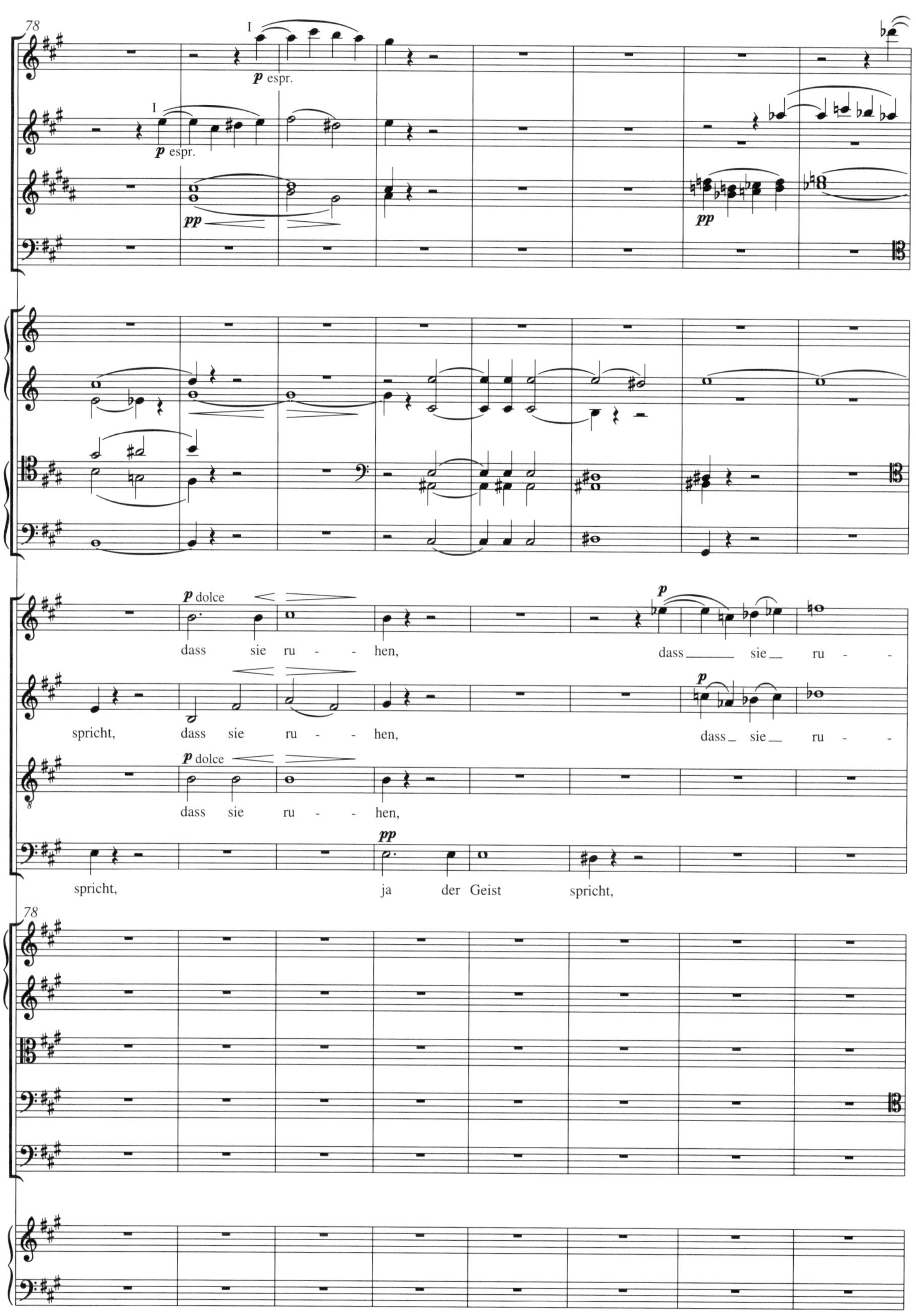
78
I
p espr.
I
p espr.
pp
pp
p dolce
dass sie ru - hen,
p
dass sie ru -
spricht,
dass sie ru - hen,
p
dass sie ru -
p dolce
dass sie ru - hen,
pp
spricht,
ja der Geist spricht,
78

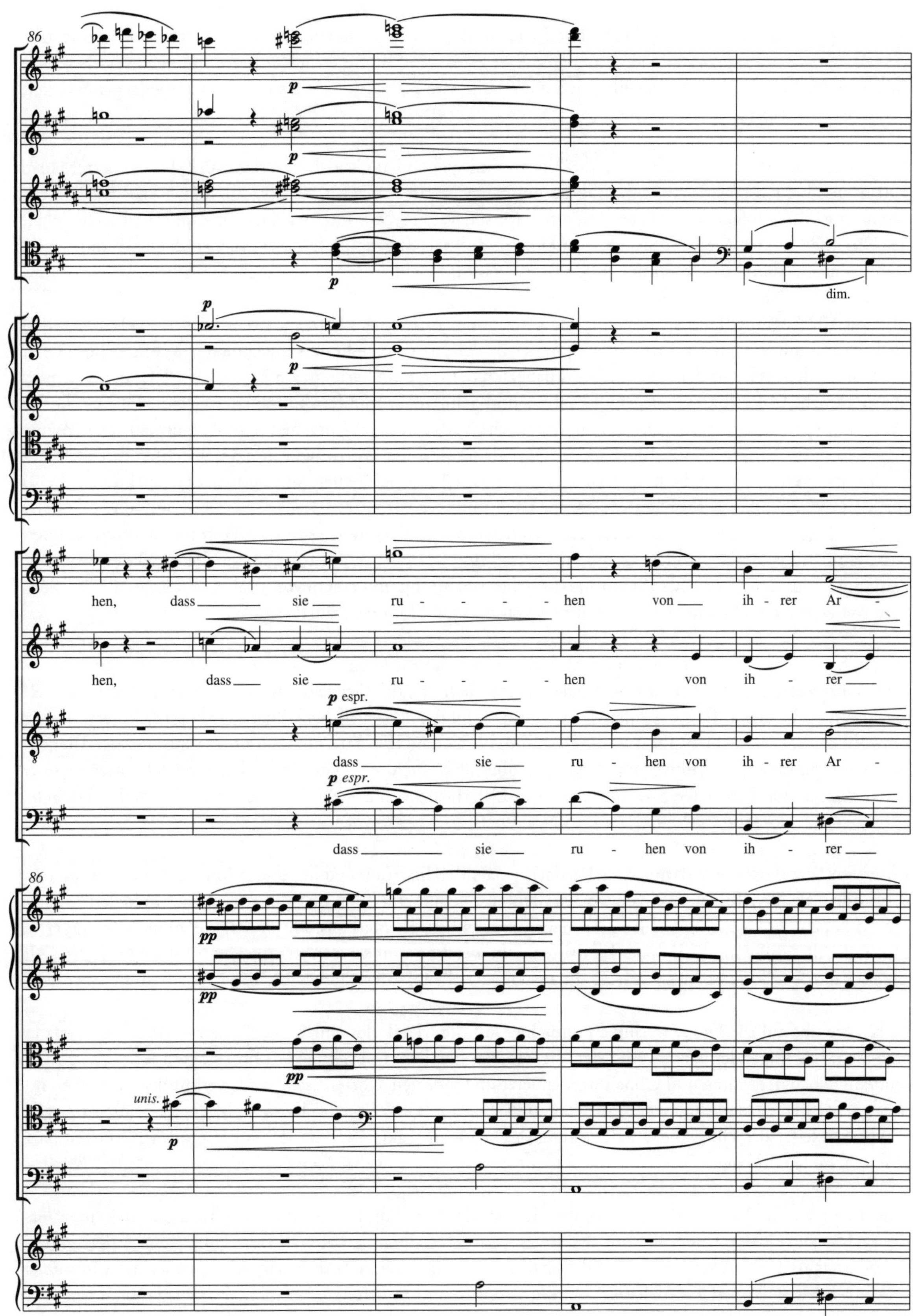
86
p
dim.
hen, dass sie ru - - - - hen von ih - rer Ar -
hen, dass sie ru - - - - hen von ih - rer
p espr.
dass sie ru - hen von ih - rer Ar -
p espr.
dass sie ru - hen von ih - rer
86
pp
pp
pp
unis.
p

Aber das geschieht nicht mehr geheimnisvoll wie am Beginn dieses zweiten Satzteils. Der vokale und instrumentale Satz füllt den ganzen hohen und tiefen Klangraum und ist mit *crescendo*-Bezeichnungen versehen. Mit aufwallender Emotion scheint Brahms sich das Abbild des Ruhens der Verstorbenen in lebendiger Seligkeit zu vergegenwärtigen.

Jetzt greift Brahms auf den Anfangsteil des hier zu Ende gehenden Großabschnitts zurück. In verkürzter Form und in den beiden ersten *a cappella*-Takten notengleich erinnert er an die dort ab Takt 54 zu den Worten „denn ihre Werke folgen ihnen nach" entfaltete Musik. Wie schon vorher wird jetzt im Takt 97 die Helligkeit des Dur-Klangs nach Moll verdüstert. Von Flöte und Oboe eingeleitet, führen – wieder „folgend" angelegt – Tenor und Alt, dann die crescendierenden Bratschen und Celli zu einem plötzlichen Neubeginn.

Ab Takt 102 beginnt Brahms ein echtes Da Capo – der Anfang des Satzes kehrt wieder. Der Hymnus, den dort die Soprane sangen, liegt jetzt im Tenor, der Begleitsatz des Orchesters mit seinen auftaktig gebundenen Achteln ist identisch mit dem des Satzbeginns. Nach dem Sopran hatte im Anfangsteil der Bass den Hymnus übernommen. Diese Takte überspringt Brahms und geht weiter mit dem Einsatz des vierstimmigen Chores. Die Taktgruppen, die Motive und ihre harmonische Verbindung entsprechen dem Anfangsteil. Das so ausdrucksbetonte „Ersterben" des Klangs geschieht wieder und die Worte „von nun an" leuchten mit den jetzt noch höher geführten Violinen im *crescendo* des Taktes 125 noch heller auf. Und wieder reflektieren die so ausdrucksvollen Takte des Orchesters das eben Gesagte. Im Wechsel melodischer Viertel, auftaktiger Achtel und schwingender Triolen in den Streichern und den jetzt mit Fagotten verstärkten Holzbläsern und Posaunen tauschen sie ihre Motive. Anders als im Anfangsteil fügt Brahms jetzt mit Auftakt zu Takt 130 den Chor zu. Zusammen mit den Streichern wird er in triolischer Bewegung und einem von Brahms verlangten aufwallendem *crescendo* nach oben in einen klangintensiven Es-Dur-Akkord geführt.

Bis hierher hat Brahms die Musik des Satzanfangs wiederholt und dabei ihre Aussage ganz vorsichtig intensiviert. Dort war der Beginn des zweiten Satzteils mit dem „Ja, der Geist spricht" des Chors und den Schwellenakkorden der tiefen Bläser gefolgt. Jetzt – in den Takten 132–136 – geschieht etwas ganz Unerwartetes. Obwohl der Text derselbe bleibt wie bisher, geht die Musik nicht weiter mit den bisher verarbeiteten Themen und Motiven. Eine neue Motivgruppe erklingt – aber sie ist nicht neu. Um einen Ganzton nach unten versetzt zitiert Brahms aus dem ersten Satz die Takte 106–110, die dort zu den Worten „Selig sind, die da Leid tragen" erklangen (→ Notenbeispiel 40, S. 144; → Notenbeispiel 41, S. 145f.).

Im ersten Satz hatten wir darüber nachgedacht, dass der Instrumentalsatz dieser fünftaktigen Gruppe den zugrunde liegenden Text in zweifacher Weise deutet: Die hohen Flöten und Oboen geben ihm hellen Schein, die Synkopen des Horns weisen auf die Unausweichlichkeit des Sterbens. Für drei Takte intensiviert das erste Horn die Altstimme mit Synkopen. Im dritten Takt weicht es mit seiner Synkope vom Einklang mit dem Alt ab, ahnt die dort komponierten Worte – im ersten Satz „Leid", im siebten Satz „Toten" – schattenhaft voraus.

Lassen Sie uns auf die Frage, warum Brahms hier auf die Musik des einleitenden Satzes zurückgreift, später eingehen. Die folgenden Takte verbinden die Motive, die diese fünftaktige Gruppe prägten. Die sich entfaltenden Halben der Flöten und Oboen werden jetzt im Chor den Worten „selig sind" verbunden. Wie eben im Tenor schweben dazu die Soli von Klarinette und Oboe aus hoher Lage nach unten. Mit beinahe übermütigen Rhythmen leitet die Oboe die Wiederholung des *crescendo*-Takts 131 ein, der vor den aus dem ersten Satz zitierten Takten erklang.

Was meint Brahms? Komponiert er mit den Triolen der Oboe und dann des Chors und ganzen Orchesters die Glückseligkeit der Toten, die mit der so eklatant nach oben gerichteten Bewegung ihrer Auferstehung sicher sind? Aber dann scheint er von dieser überbordenden Emotion mit den absteigenden und im *piano* verklingenden Synkopen in den Takten 141 und 142 Abstand zu nehmen. Entrückt, beinahe visionär singt der hohe Chor, weitergeführt von der hohen Flöte, das „selig sind". Das ist der Bereich des Lichts. Ihnen folgt das

„selig“ des nun tiefen Chors, geprägt vom Klang der mitgehenden Posaunen – dem Bereich des Dunkels. Die Antwort der Oboe und der ersten Violinen leitet über zum Schlussabschnitt des Satzes (→ Notenbeispiel 41, S. 146–148, T. 137–147).

Für den abschließenden Teil des siebten Satzes und des ganzen Requiems greift Brahms zurück auf die Musik, die er für den Schlussteil des ersten Satzes komponiert hat. Schon eben, ab Takt 132, hatte er in Es-Dur die Takte 106–110 des ersten Satzes zurückgerufen. Jetzt erklingen sie in ihrer originalen Tonart F-Dur und ihrer ursprünglichen Instrumentation, verbunden mit den Worten „selig sind die Toten, die in dem Herrn sterben“. Ab Takt 152 bis zum Schluss ist die Musik in ihren Motiven, ihrer Harmonik und der gliedernden Anordnung ihrer Taktgruppen den Abschlusstakten des einleitenden Satzes – dort ab Takt 144 – gleich. Es gibt Veränderungen – in der Instrumentation schon dadurch, dass im ersten Satz nur Bratschen, Celli und Kontrabässe, hier nun aber auch die Violinen besetzt sind und die Klarinetten hinzutreten. Die Abfolge der akkordischen Einsätze von Streichern und Bläsern ist ab Takt 152 vertauscht. Am auffälligsten ist die Zufügung der Posaunenakkorde ab Takt 158 und im Schlusstakt. Im vokalen Satz begannen die Fugati ursprünglich im zweitaktigen Abstand. Jetzt sind sie verdichtet und folgen sechsmal nach nur einem Takt. Danach ist der Chorsatz beide Male gleich.

Nach all diesen Beobachtungen erhebt sich die Frage, warum denn Brahms den Schluss seines Requiems auf diese Weise komponiert hat. Der Schlüssel zur Beantwortung dieser Frage liegt im Wiedereintritt der Harfe in Takt 158. Seit dem dritten Satz war sie nicht besetzt, im bisherigen siebten Satz hat sie geschwiegen, nun scheint sie für Brahms unverzichtbar. Im Vergleich der abschließenden Worte beider Sätze bleibt eine ähnliche Frage offen. Womit sollen die Leidtragenden getröstet werden und was macht die Toten selig? Auf beide Fragen antwortet die Harfe (→ Notenbeispiel 41, S. 149f., T. 158 bis Schluss).

In den Takten 158 und 159 ist die Harfe in schneller Bewegung aus sehr tiefer in sehr hohe Lage geführt – sie weist nach oben. Zusammen mit den Pizzicati der Streicher leiten wie Glocken klingende Akkorde ihre zweite Aufwärtsbewegung ein. Ab Takt 162 halten Holzbläser und Hörner ihre Klänge in hoher Lage, darunter verklingen der Chor und die Streicher, die Harfe bestimmt die Musik. In tiefer Lage beginnt sie ihre langsame Achtelbewegung, wird dann in schwingenden Triolen abermals nach oben geführt und endet nach einem Arpeggio auf dem hohen zweigestrichenen *f*, das auch der Spitzenton des gehaltenen Bläserakkords ist. Wie so oft in seinem Requiem sagt Brahms das ihm Wichtige nicht mit Worten. Er hat sein Stück mit dem tiefen *F* der Celli und Kontrabässe und dem Blick auf Dunkelheit und Trauer begonnen. Er hat mit großer Erregung gefragt „Nun Herr, wes soll ich mich trösten?“ und diese Frage mit seinen Visionen des Trostes beantwortet. Mit den Posaunen des Schlussakkords bleibt die Trauer um die dahingeschiedenen Menschen. Aber darüber rückt die Harfe das „ich will euch trösten“ in helles Licht – es gilt den Leidtragenden und den Toten.

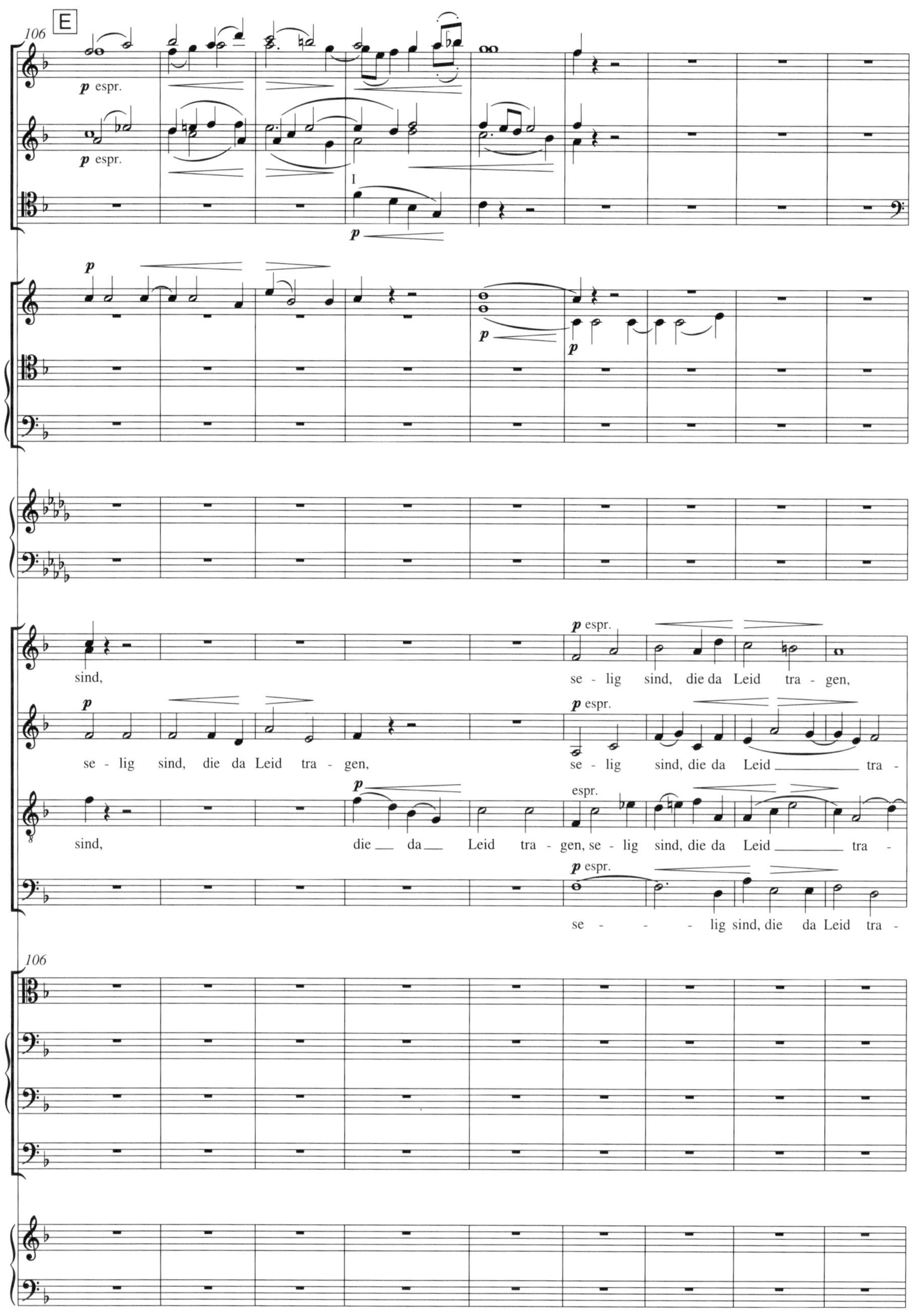

Notenbeispiel 40: Satz I, T. 106–114

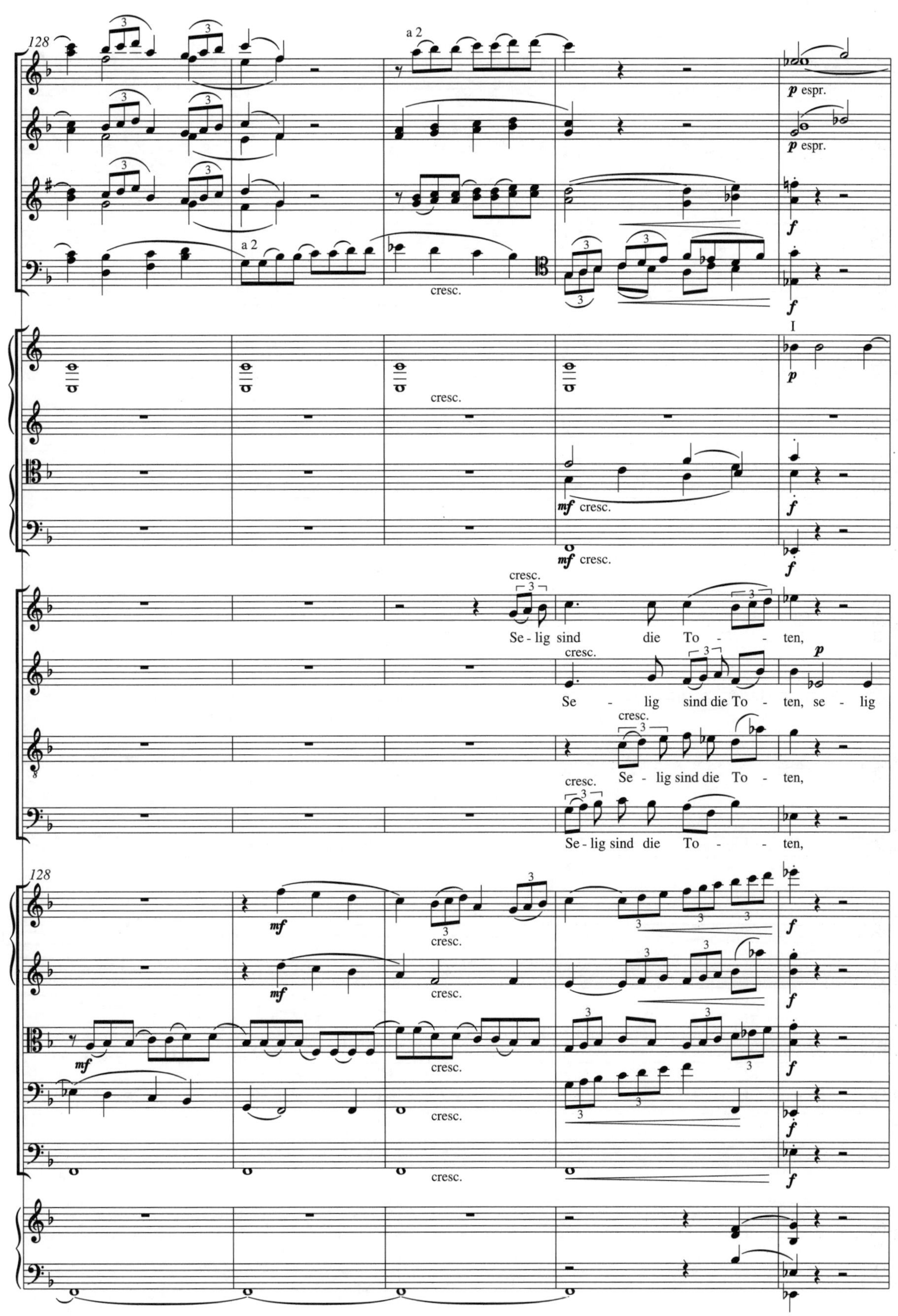

Notenbeispiel 41: Satz VII, T. 128 bis Schluss

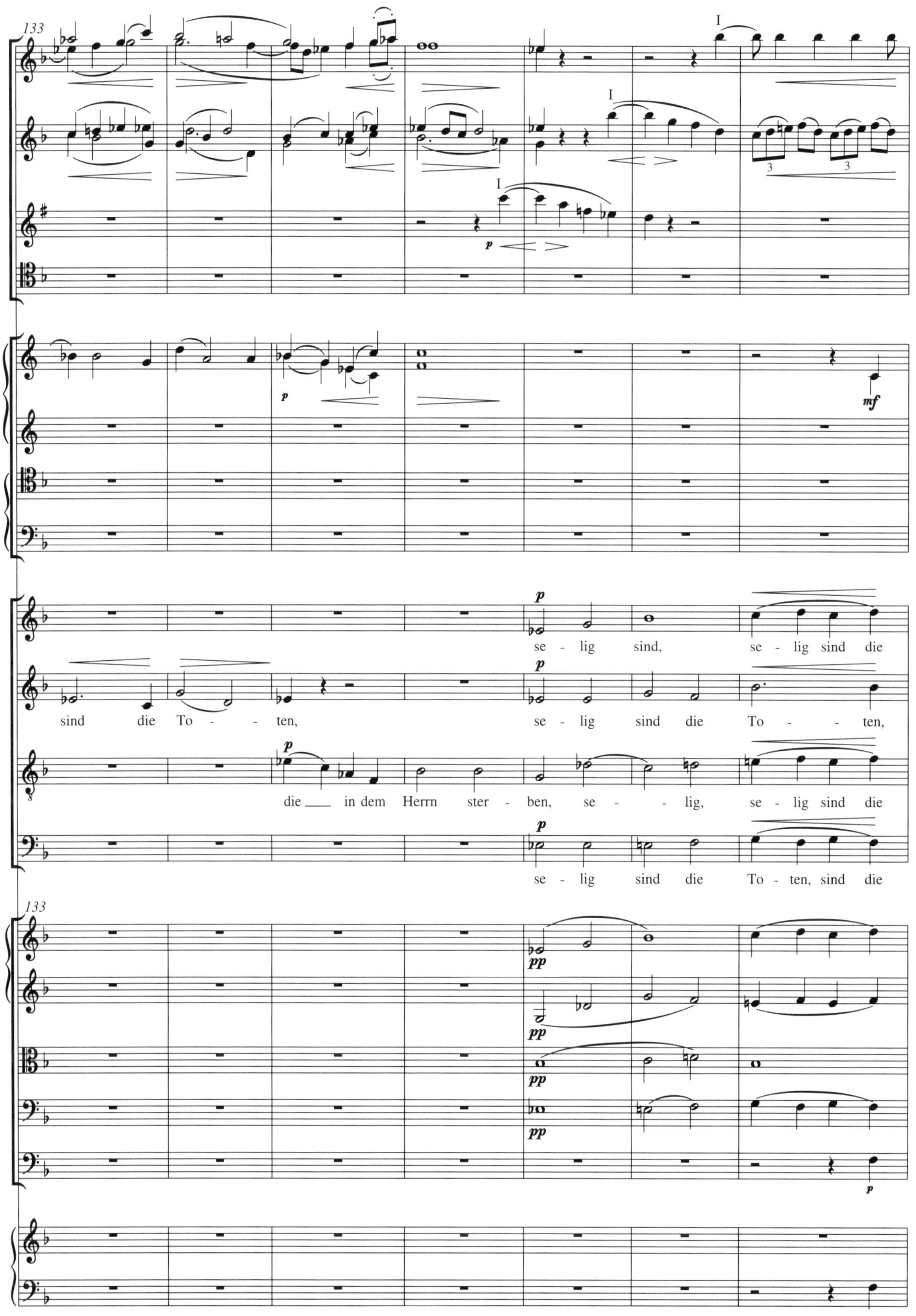
133
I
I
I
p
p
mf
p
se - lig sind, se - lig sind die
sind die To - - ten, se - lig sind die To - - ten,
die in dem Herrn ster - ben, se - - lig, se - lig sind die
se - lig sind die To - ten, sind die
133
pp
pp
pp
pp
p

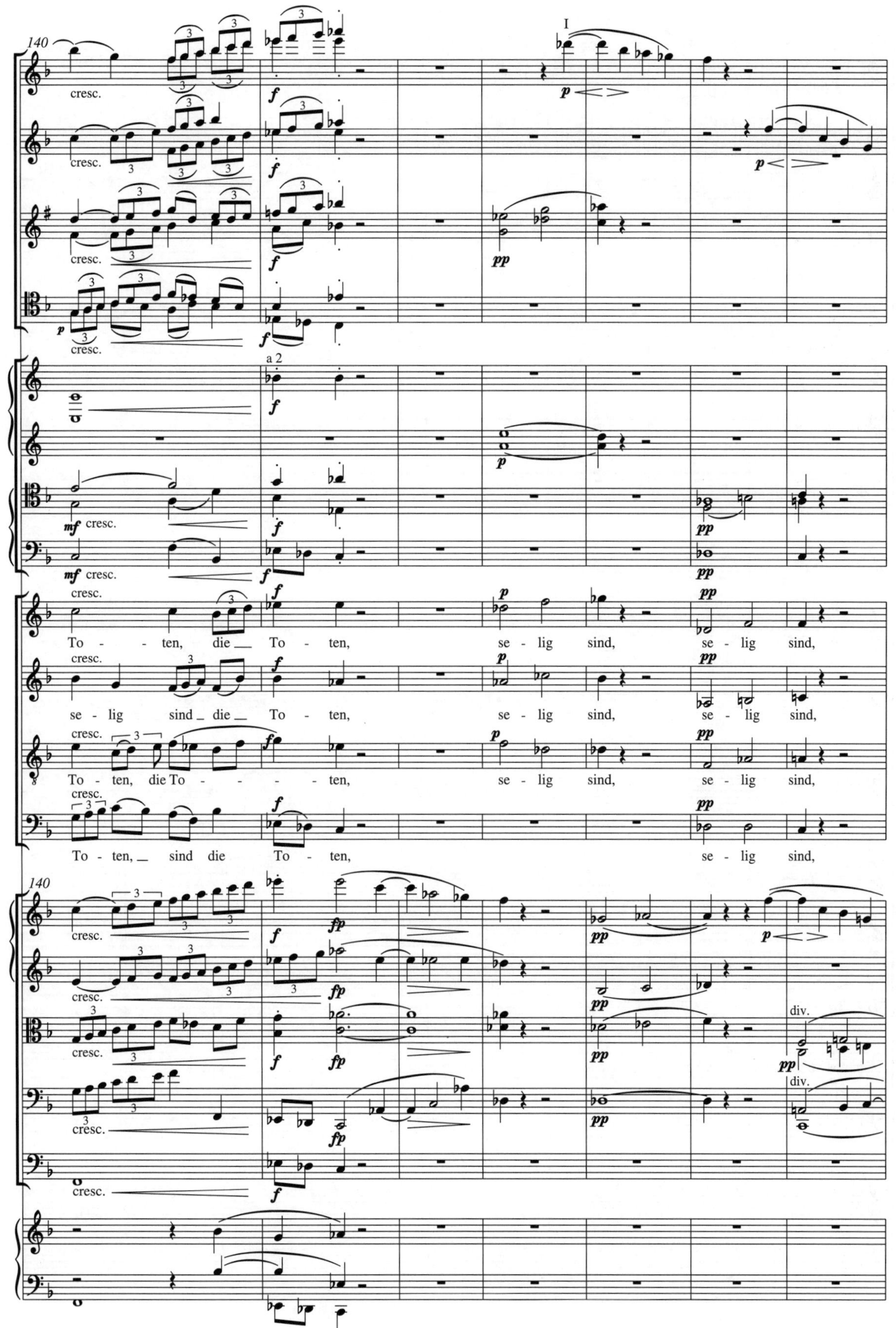
140
cresc.
I
f
p
pp
a 2
mf cresc.
Toten, die Toten, selig sind, selig sind,
selig sind die Toten, selig sind, selig sind,
Toten, die Toten, selig sind, selig sind,
Toten, sind die Toten, selig sind,
fp
div.

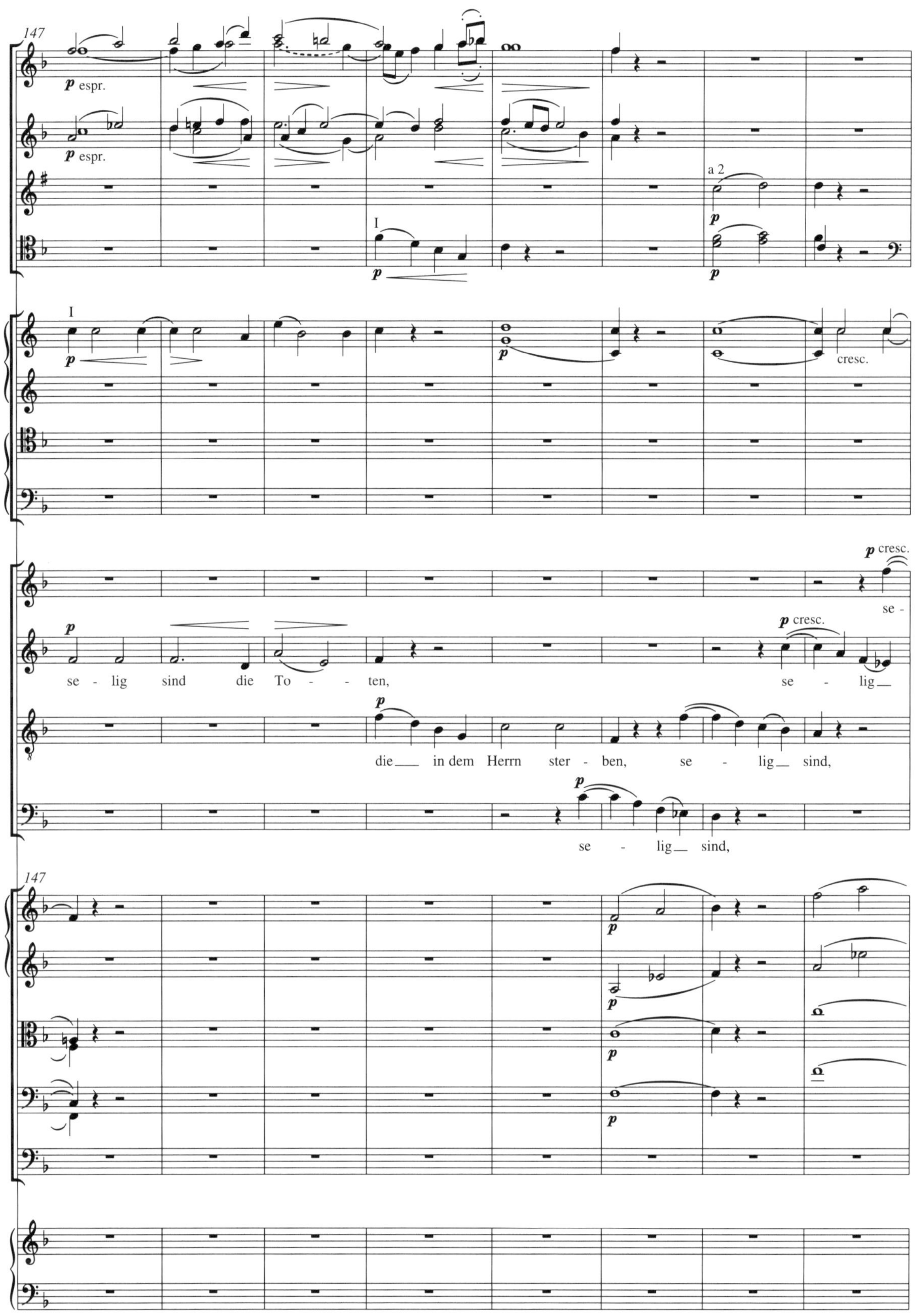
147
p espr.
p espr.
a 2
p
I
p
p
I
p
p
cresc.
p cresc.
se -
p
se - lig sind die To - - ten,
p cresc.
se - lig
p
die in dem Herrn ster - ben, se - lig sind,
p
se - lig sind,
147
p
p
p
p

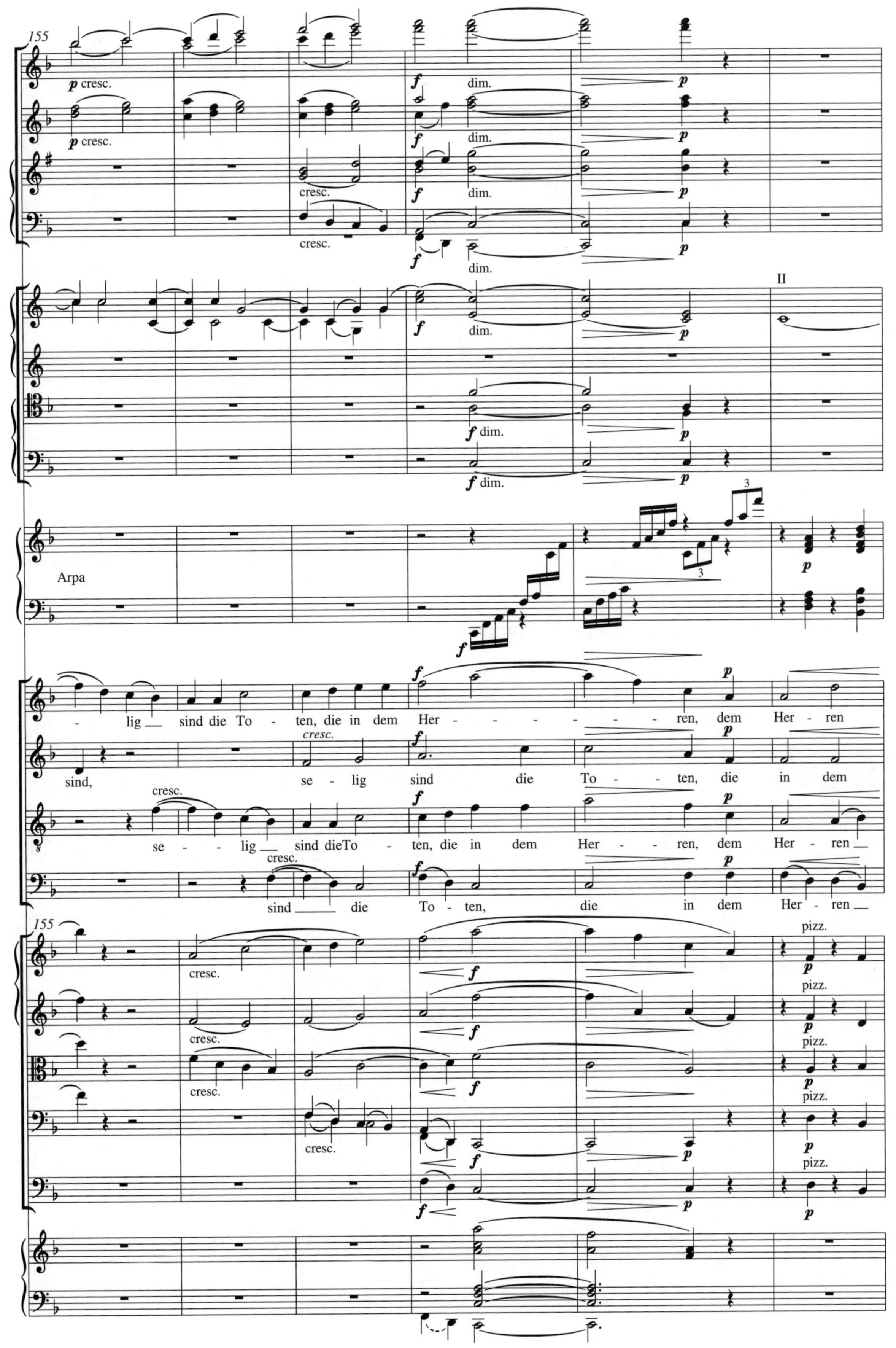
155
p cresc.
p cresc.
cresc.
cresc.
f
dim.
p
II
f dim.
Arpa
3
lig sind die To - ten, die in dem Her - - - - - - ren, dem Her - ren
sind, se - lig sind die To - - ten, die in dem
se - - - lig sind die To - ten, die in dem Her - - ren, dem Her - ren
sind die To - ten, die in dem Her - ren
pizz.

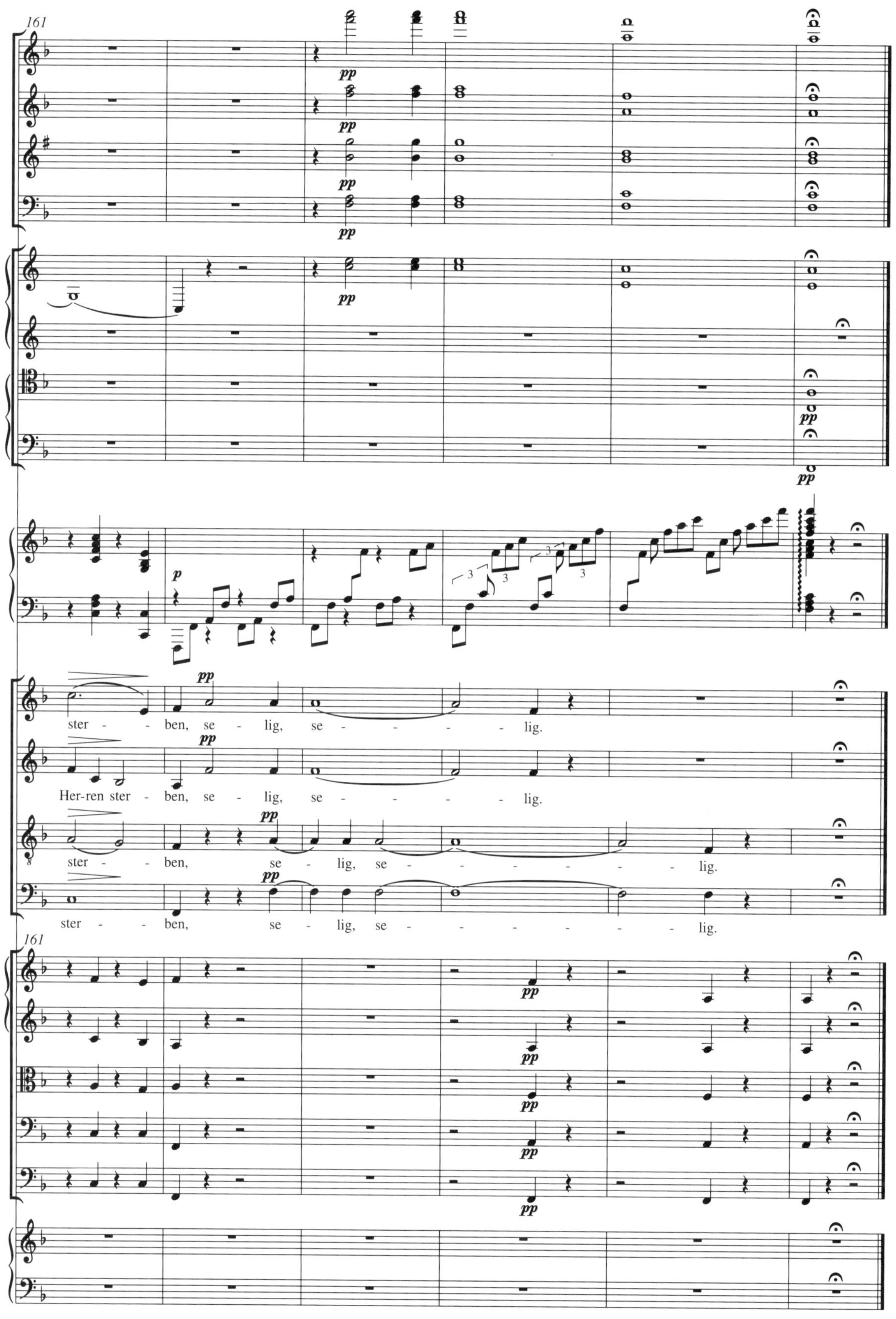
161
pp
p
ster - ben, se - lig, se - - - - lig.
Her-ren ster - ben, se - lig, se - - - - lig.
ster - ben, se - lig, se - - - - - - - lig.
ster - ben, se - lig, se - - - - - - - lig.
161

Zusammenfassende Überlegungen

Warum ergreift uns dieses Requiem von Johannes Brahms in so besonderer Weise, weshalb sind wir beim Hören dieser Musik so persönlich berührt? Eine erste Begründung hierfür ist gewiss sein Text. Die Requiem-Vertonungen von Mozart, Verdi, Berlioz und vielen anderen sind in lateinischer Sprache komponiert und folgen einem vorgegebenen liturgischen Text. Dieser Text wendet sich den Grundfragen menschlicher Existenz zu, ist aber zugleich Teil des Mess-Gottesdienstes. Die Texte der Sätze Kyrie, Sanctus, Hosanna, Benedictus und Agnus Dei sind unverändert übernommen und sagen Allgemeingültiges. Natürlich sprechen die übrigen Texte des lateinischen Requiems auch subjektive Themen an, und die Komponisten schreiben dazu ergreifende Musik – denken wir im „Dies irae" an „quid sum miser tunc dicturus", „salva me fons pietatis", „oro supplex et acclinis" oder den Schlusssatz „Libera me, domine".

Aber Brahms geht mit der Wahl seiner biblischen Texte in deutscher Sprache ganz andere Wege. An Carl Martin Reinthaler, der die Bremer Uraufführung vorbereitete, schreibt er: „Was den Text betrifft, will ich bekennen, dass ich recht gern das ‚Deutsch' fortließe und einfach den ‚Menschen' setzte." Dennoch hat Brahms den Titel seines Werks nicht verändert, er blieb bei dem Namen *Ein deutsches Requiem.*

Das ist ja eigentlich eine zweifache Aussage. Mit dem Wort „Requiem" sagt Brahms, dass er sich mit den letzten Dingen menschlicher Existenz beschäftigen wird, mit „deutsch" betont er, dass dies nicht in den tradierten Formen kirchlicher Liturgie und ihrer lateinischen Texte, sondern mit deutschen Worten geschieht.

Das Briefzitat „und einfach den ‚Menschen' setzte" verstehe ich als beinahe emotionalen Hinweis, dass Brahms jeden, alle Menschen, ansprechen möchte, unabhängig von ihrer Konfessionszugehörigkeit, ob evangelisch, katholisch und – mit der Vermeidung des Namens Christus – bewusst auch jüdisch.

* * *

Welches musikalische Vokabular verwendet Brahms, um die so verschiedenen Textebenen seines Werks auszudrücken? In jedem der sieben Sätze wählt Brahms Texte, die die Vision einer transzendenten Existenz, eines Lebens nach dem Tode, betreffen. Hierfür nützt er immer wieder eine musikalische Sprache, die sich an barocken Modellen orientiert. Am offensichtlichsten ist das in der Fuge des dritten Satzes „Der Gerechten Seelen sind in Gottes Hand". Auch deren ausdrucksbestimmender Orgelpunkt ist ein Teil barocker Formsprache.

Ähnlich verfährt er mit der Fuge des zweiten Satzes „Die Erlöseten des Herrn werden wiederkommen". Und auch hier schließt er Orgelpunkte als Symbol des unverrückbar Bleibenden ein. Wie der zweite und dritte Satz schließt auch der sechste Satz mit einer Fuge „Herr, du bist würdig". Die Schlusssätze aus Händels *Messias*, „Worthy is the Lamb that was slain" und „Amen", scheinen hier weitergedacht.

Aber nicht nur in den großangelegten Fugen greift Brahms für die Darstellung transzendenter Visionen zu barocker Formsprache. Im vierten Satz lässt er die Bewohner der himmlischen, lieblichen Wohnungen mit den Worten „die loben dich immerdar" in barocken Fugati und sich verdichtendem Kontrapunkt musizieren. Hierzu gehören auch die Fugati des ersten Satzes zu den Psalmworten „werden mit Freuden ernten" und „kommen mit Freuden und bringen ihre Garben"; ebenso wie im siebten Satz die fugierten Abfolgen des „und ihre Werke folgen ihnen nach".

Wie beurteilen wir dies Phänomen, dass Brahms für seine Vision einer transzendenten Realität immer wieder auf barocke Modelle zurückgreift? Er hat die Musik des Barock verehrt und selbst vielfach barocke Werke aufgeführt. Er kopiert sie nicht, aber macht sich ihren Stil zu eigen. Gerade die kontrapunktische Schreibweise scheint ihm am besten geeignet, um den gesicherten Konturen seiner Visionen von Transzendenz Ausdruck zu verleihen. Mit diesem „stile antico"-Denken, dem Rückgriff auf früher entstandene kompositorische Formen, sieht er sich wohl bewusst in der Tradition barocker Architekturen.

Dieses „stile antico"-Denken ist in fast allen Sätzen präsent. Es bestimmt die großen Fugen, aber immer wieder auch kleiner dimensionierte kontrapunktische Abschnitte.

Nur im fünften Satz weicht Brahms dieser stilistisch rückgewandten Abhängigkeit aus. Auch hier beschreiben der Sopran mit seinem „Ihr habt nun Traurigkeit" und der Chor mit den Worten „Ich will euch trösten, wie einen seine Mutter tröstet" eine Situation der Transzendenz. Aber jetzt schreibt Brahms eine subjektive, ganz und gar persönliche Musik. Auf- und absteigende Gänge, melodische Entfaltungen, die Kontraste zwischen Helligkeit und harmonischen Eintrübungen, die Verbindung des Soprans „Ich will euch wiedersehen" mit den Worten des Chors „Ich will euch trösten, wie einen seine Mutter tröstet" – für all das gibt es keine vorgeprägten kompositorischen Modelle, Brahms scheint eine zutiefst eigene Vision abzubilden.

* * *

Auch ein anderer Bereich prägt die Kreativität des Komponisten Brahms in allen Sätzen seines Requiems. Es ist der Kontrast zwischen Dunkel und Licht. Dieser Gegensatz drückt sich aus in der tiefen oder hohen Lage des Instrumental- und Vokalsatzes, aber auch in der jeweiligen Besetzung. Schon der erste Satz des Werks weist mit seinem Verzicht auf die Violinen und der fünffachen Teilung der tiefen Streicher darauf, dass die Betrachtungen des Requiems aus einem Bereich des Dunkels beginnen. Auch im zweiten Satz beginnt der Chor im Unisono der tiefen Stimmen sein „Denn alles Fleisch es ist wie Gras" im tiefen und düsteren b-Moll. Und in allen Sätzen gibt es Stellen, wo Brahms sein Verständnis des Textes dunkel einfärbt.

Dem stellt er die Helligkeit gegenüber, etwa im ersten Satz nach der *a cappella*-Stelle des Chors mit den zwischen Chor und Orchester wechselnden hohen Akkorden zu den Worten „Selig sind" oder im zweiten Satz bei den hohen Soli von Harfe und Flöte zum „Abendregen" des Chors. Besonders auffällig ist, dass alle Sätze mit sehr hoch liegenden Akkorden enden. Im zweiten und sechsten Satz besetzt Brahms das *forte* des Tutti, in allen anderen Stücken vermitteln die in hoher Lage gehaltenen *piano*-Akkorde der Holzbläser die transzendente Vision bleibenden Lichts.

Zu diesem Bereich gehören auch die Stellen, wo Brahms mit tiefen und dunklen Klängen beginnt und sie dann aufsteigend ins Licht führt. Das geschieht schon im ersten Satz, wenn der Chor sein „Die mit Tränen säen" aus tiefer Lage nach oben entwickelt und das anschließende „werden mit Freuden ernten" hoch und hell erklingt. Dies beobachten wir auch in der kompositorischen Grundanlage des zweiten Satzes. Brahms beginnt mit dem düsteren, beklemmenden und bedrohlichen Trauermarsch „Denn alles Fleisch es ist wie Gras", aber die Fuge des zweiten Satzteils, „Die Erlöseten des Herrn werden wiederkommen", führt er in helle Lichtklänge.

Auch den umgekehrten Vorgang beobachten wir. Nach der *forte*-Einleitung des siebten Satzes lässt er den Chorsatz zu den Worten „Die in dem Herrn sterben" aus hoher Lage kommend im Dunkel beinahe ersterben, um ihn anschließend mit dem „von nun an" hell aufleuchten zu lassen. Wie unglaublich, dass er am Beginn dieses siebten Satzes dieselben Worte ganz anders komponiert hat. Dort ist das „Sterben" nicht seinem unmittelbaren Wortsinn folgend nach unten, sondern insistierend nach oben in die Helligkeit geführt.

* * *

Wir sind geneigt, bei oratorischen Werken primär den vokalen Satz zu hören und geben dem Orchester eher die Funktion der Begleitung. Wie gewichtet Brahms den vokalen und den instrumentalen Anteil am Ausdruckswillen seines Requiems? Er mag schon bei der Wahl der Texte eine spontan-unmittelbare Umsetzung in vokale und instrumentale Themen im Sinne gehabt haben. Aber nur am Vokalanfang des ersten Satzes gibt es zu den Worten „Selig sind, die da Leid tragen" einen vom Chor allein gesungenen, vom Orchester also nicht begleiteten größeren Chorabschnitt: Der Chor nennt die grundsätzliche Denkebene des Requiems.

Das Orchester dagegen spielt mehrfach größere Abschnitte allein. Sein Beginn des ersten Satzes hat den Charakter einer Einleitung für das gesamte Werk. Dessen grundlegende Gedanken werden angesprochen. Und mit dem plötzlichen Des-Dur fehlt auch der Hinweis auf eine entfernte, transzendente Realität nicht. Auch der zweite Satz beginnt mit einer ausgedehnten Einleitung des Orchesters, bevor dann der Chor mit dem Unisono „Denn alles Fleisch, es ist wie Gras" einsetzt. Brahms stellt sein so prägnantes Trauermarsch-Thema im Orchester vor und hält es während des ersten Satzteils fest. Dazu singt der Chor seine liedhaften Unisoni, er wird nie in den Marschrhythmus einbezogen.

Im dritten Satz haben die nur für das Orchester komponierten Abschnitte eine andere Funktion. Jetzt hält das Orchester fest und fasst zusammen, was der Solist und der Chor vorher ausgedrückt haben. Das geschieht am Ende des ersten Satzteils nach den Worten „und ich davon muss" mit dem sich aufbäumenden Orchester, dem verebbenden Orgelpunkt und den „Nichts"-Pausen. Es geschieht im dritten Satz ein zweites Mal, wenn die Bläser des Orchesters den Aufschrei des Chors „wes soll ich mich trösten" mit ihrem verminderten Septimenakkord für mehrere Takte hämmernd und unaufgelöst wiederholen.

Schon diese wenigen Beispiele zeigen, wie wichtig der Satz des Orchesters für Brahms' Ausdruckswillen ist. Lassen Sie uns diesem Gedanken noch weiter nachgehen. Andere Komponisten wie etwa Händel in seinem *Messias* haben oft die Stimmen des Chors mit den Instrumenten verdoppelt. Vor allem in seinen Fugen tut Brahms das auch, aber das geschieht nie schematisch, immer wechseln Abschnitte, in denen der Chor dominiert, mit Taktgruppen, in denen die Motive des Orchesters im Vordergrund stehen und die Struktur bestimmen.

Wirklich aufregend und uns als Hörer zum Nachdenken zwingend finde ich die Stellen, wo Brahms dem Orchester ausdrucksstarke Motive und Themen zuweist, deren Inhalte der Text nicht unmittelbar nennt. Wir beobachten dies am Ende des zweiten Satzes. Dort beginnen Celli und Bratschen in tiefer Lage, mit nach oben gerichteten Tonleitergängen, schließen dann die Violinen ein und erreichen nach wenigen *crescendo*-Takten einen sehr hohen Klangbereich. Gleichzeitig singt der Chor gehaltene Akkorde zu den Worten „ewige Freude". Meint Brahms das Aufsteigen „ewiger Freude"? Oder bildet er mit dem abschließenden Unisono aller Streicher das Kommen aller Menschen aus dunkler Lage in helles Licht und damit eine Vision der Auferstehung ab?

Eine ähnlich ausgeprägte Satzstruktur findet sich am Ende des ersten Satzes. Sie muss Brahms sehr wichtig gewesen sein, denn er wiederholt sie am Ende seines letzten Satzes. Dort lässt er das Orchester und den Chor allmählich verklingen. Die führende Stimme dieser Schlusstakte ist die Harfe. Er lässt sie auf dem tiefen *F* beginnen, dann in Achteln und Triolen zum hohen *f'''* aufsteigen und abschließen. Was er mit dieser solistischen Führung der Harfe meint, sagt Brahms nicht mit Worten.

Was meint er? Ist das nach dem Satzbeginn in so betont tiefer Lage eine Aufhellung des Klangs für diesen Abschluss, nach dem Leidtragen des Beginns ein Licht des Getröstetwerdens für das Satzende? Aber müsste dann der Harfenklang nicht von oben kommen, aus der Helligkeit des Lichts auf das Dunkel menschlicher Realität herabfallen? Die Harfe steigt jedoch aus ganz tiefer in sehr hohe Lage und ihr Schlusston bleibt im Glanz des hohen Bläserakkords stehen. Die rhythmische Beschleunigung der Harfe von Achteln zu Triolen, dann zu einem schnellen Arpeggio erweist, dass das nicht verklingend – also Abstand nehmend – gemeint ist, sondern der Schlussakkord beinahe drängend erreicht werden soll. Meint Brahms also mit der Loslösung der Harfe aus ihrer sehr tiefen Lage und ihr drängendes Nach-oben-Steigen doch eine Vision der Auferstehung? Diese Vision wird nicht mit Worten genannt; es bleibt den ausführenden Musikern und dem zuhörenden Menschen anheimgestellt, ihr in persönlicher Weise zu folgen.

Überlegungen zur Aufführungspraxis

Wenn wir planen, das Brahms'sche Requiem zu musizieren, so bedarf es vor der ersten Probe einiger grundlegender Entscheidungen. Sie betreffen die Besetzung des Orchesters. Auf der Titelseite des Erstdrucks der Partitur ist der Vermerk *Orgel ad libitum* in Klammern festgehalten. Bestimmte Partitur-Exemplare, die Brahms für Aufführungen benutzte, sind allerdings mit Eintragungen zur Verwendung der Orgel versehen. Wie in anderen Oratorien des 19. Jahrhunderts, etwa Mendelssohns *Elias* oder *Paulus*, war die Orgel wohl vor allem als Stütze des Chors gedacht. Ich selbst musiziere diese Werke ohne Beteiligung der Orgel. Meine Begründung hierfür ist die Stimmung. Eine große Orgel ist in sich gestimmt. Ein Kammerorchester kann sich auf diese Stimmung vielleicht einstimmen. Ein Sinfonieorchester, das wir für das Requiem ja brauchen, kann das nicht, es hat seine eigene Stimmung, und natürlich sind abweichende Stimmungen der beiden Klangkörper nicht vertretbar.

Auch das Kontrafagott ist in der Partitur *ad libitum* bezeichnet, und auch hier gibt es in Partituren, aus denen Brahms dirigierte, differenzierende Eintragungen, so etwa den handschriftlichen Vermerk für den ersten Satz *Contra-Fagott tacet.* Wenn das Kontrafagott in der Partitur notiert ist, spielt es immer den Part der Kontrabässe mit.

Die Streicher brauchen eine sinfonische Besetzung, also mindestens 12 erste und 10 zweite Violinen. Die Bratschen und Celli sind während des ganzen Stücks immer wieder geteilt, vor allem im ersten Satz. Dort sollten den 4 ersten und 4 zweiten Bratschen 3 erste, 3 zweite und 2 dritte Celli zugeordnet werden.

Bei der instrumentalen Besetzungsvorschrift schreibt Brahms bei der Harfe in Klammern *Wenigstens doppelt besetzt.* Dies mag zunächst überraschend erscheinen, denn es gibt nur einen Harfenpart. Aus meinen eigenen aufführungspraktischen Erfahrungen aber kann ich bestätigen, dass die Besetzung mit zwei Harfen eine natürliche Balance zum doch groß besetzten Ensemble herstellt, die bei solistischer Aufführung verloren zu gehen droht.

Lassen Sie uns einen Blick werfen auf die tempobezogenen Überschriften, die Brahms in seinem Requiem verwendet. Sie sind ungewöhnlich verschiedenartig.

Satz I Am Anfang *Ziemlich langsam und mit Ausdruck.* Danach keine weiteren Tempobezeichnungen.

Satz II Am Anfang *Langsam, marschmäßig.* Dann Takt 75 mit Textbeginn „So seid nun geduldig" *Etwas bewegter,* Takt 127 mit Wiederbeginn des Anfangs *Tempo I,* Takt 198 mit Textbeginn „Aber des Herren Wort" *Un poco sostenuto,* Takt 206 mit Beginn der Fuge „Die Erlöseten des Herrn" *Allegro non troppo,* Takt 303 mit Beginn des Orgelpunkts vor „ewige Freude" *tranquillo.*

Satz III Am Anfang *Andante moderato.*

Satz IV Am Anfang *Mäßig bewegt.*

Satz V Am Anfang *Langsam.*

Satz VI Am Anfang *Andante.* Takt 82 mit Chorbeginn „Denn es wird die Posaune schallen" *Vivace,* Takt 208 mit Beginn der Fuge „Herr, du bist würdig" *Allegro.*

Satz VII Am Anfang *Feierlich.*

Diese Übersicht vermittelt in dreifacher Beziehung Überraschendes. Zunächst: Brahms wechselt ständig zwischen deutschen und italienischen Bezeichnungen. Hätte es nicht nahegelegen, in einem deutschen Requiem auch grundsätzlich deutschsprachige Überschriften zu nutzen? Dann: Die Überschriften ergeben oft keine eindeutigen Tempoanweisungen, vielfach sind sie mit ausdrucksbezogenen Komponenten verbunden. Schließlich: In den Sätzen I, III–V und VII beschränkt sich Brahms auf eine einmalige Überschrift am Satzbeginn. Dagegen haben die Sätze II und VI neue Überschriften für neu beginnende Satzteile. Es stellt sich natürlich die Frage, warum Brahms diese Zwischenüberschriften in den Sätzen II und VI für nötig hält, aber offensichtlich annimmt, dass in den anderen Sätzen notwendige Änderungen von Tempo und musikalischem Charakter sich aus der Niederschrift seiner Musik selbstverständlich ergeben.

Ursprünglich hatte Brahms die Einzelsätze mit Metronom-Angaben versehen, später aber wieder gestrichen. Hierfür bin ich dankbar, denn ich denke, dass jede Aufführung des Werks einen eigenen Charakter haben sollte. Der ist vor allem abhängig von der Größe des Chors und der Flexibilität des Orchesters und den akustischen Gegebenheiten des Raums, in dem die Aufführung stattfindet.

Nach diesen grundsätzlichen Überlegungen möchte ich mit Ihnen durch die Sätze des Werks gehen und mich mit Fragen zu Tempo, Dynamik und Artikulation beschäftigen. Brahms' Niederschrift seiner Komposition ist meist sehr genau, und ich werde sie nicht kommentieren, wo sie eindeutig scheint. Aber immer wieder gibt es Stellen, die nach einer differenzierten Gestaltung des Notentextes verlangen.

Satz I

Ziemlich langsam überschreibt Brahms den Satzanfang. Mir scheint das eine Formulierung, die ein langsames Tempo verlangt, aber davor warnt, die Musik zu langsam zu nehmen.

Die repetierten Viertel der dritten Celli und Kontrabässe haben ganztaktige Haltebögen. Sie müssen aber rhythmisch deutlich sein und deshalb vorsichtig getrennt werden.

Die ganztaktigen Haltenoten der übrigen Celli und der Bratschen mit ihren „passus duriusculus"-Motiven sollten klar, also nicht mit zu viel Vibrato erklingen.

Für den ersten Choreinsatz schreibt Brahms *piano* vor. Nach der ausdrucksvollen Einleitung des Orchesters soll das wohl ein entrückter Beginn sein. Ich nehme diese Anfangstakte eher *pianissimo* und lasse danach, wo Brahms *espressivo* schreibt, die Chorgruppen vorsichtig aufblühen.

Ungewöhnlich sind die *crescendo/decrescendo*-Gabeln, die Brahms in Takt 29 für den „Selig"-Akkord des Chors und einen Takt später für das Orchester schreibt. Das bedeutet, dass der Akkord ohne Akzent beginnt, für einen Viertelwert crescendiert und zum zweiten Viertelwert wieder zurückgenommen wird – für die hohen Soprane in Takt 31 eine heikle Aufgabe.

In Takt 47 beginnt mit den Einsätzen von Tenor und Bass zu den Worten „Die mit Tränen säen" ein neuer Abschnitt – die Musik wird rhythmisch bewegter. Um das zu unterstreichen, ziehe ich hier das Tempo etwas an. Bewusste Gliederung der Zweier-Bindungen und der deutliche Ersteinsatz der Harfe betonen diese Lebendigkeit.

In den Takten 55–58 beim Fugato des „werden mit Freuden ernten" verwundert mich die dynamische Bezeichnung des Orchestersatzes. Diese Höhepunkt-Stelle bezeichnet Brahms im Chor mit *forte* für jeden polyphonen Einsatz. Die mit den Chorstimmen gehenden Instrumente sind anders bezeichnet. Das erscheint mir nicht richtig. Ich möchte folgende Orchesterdynamik vorschlagen:

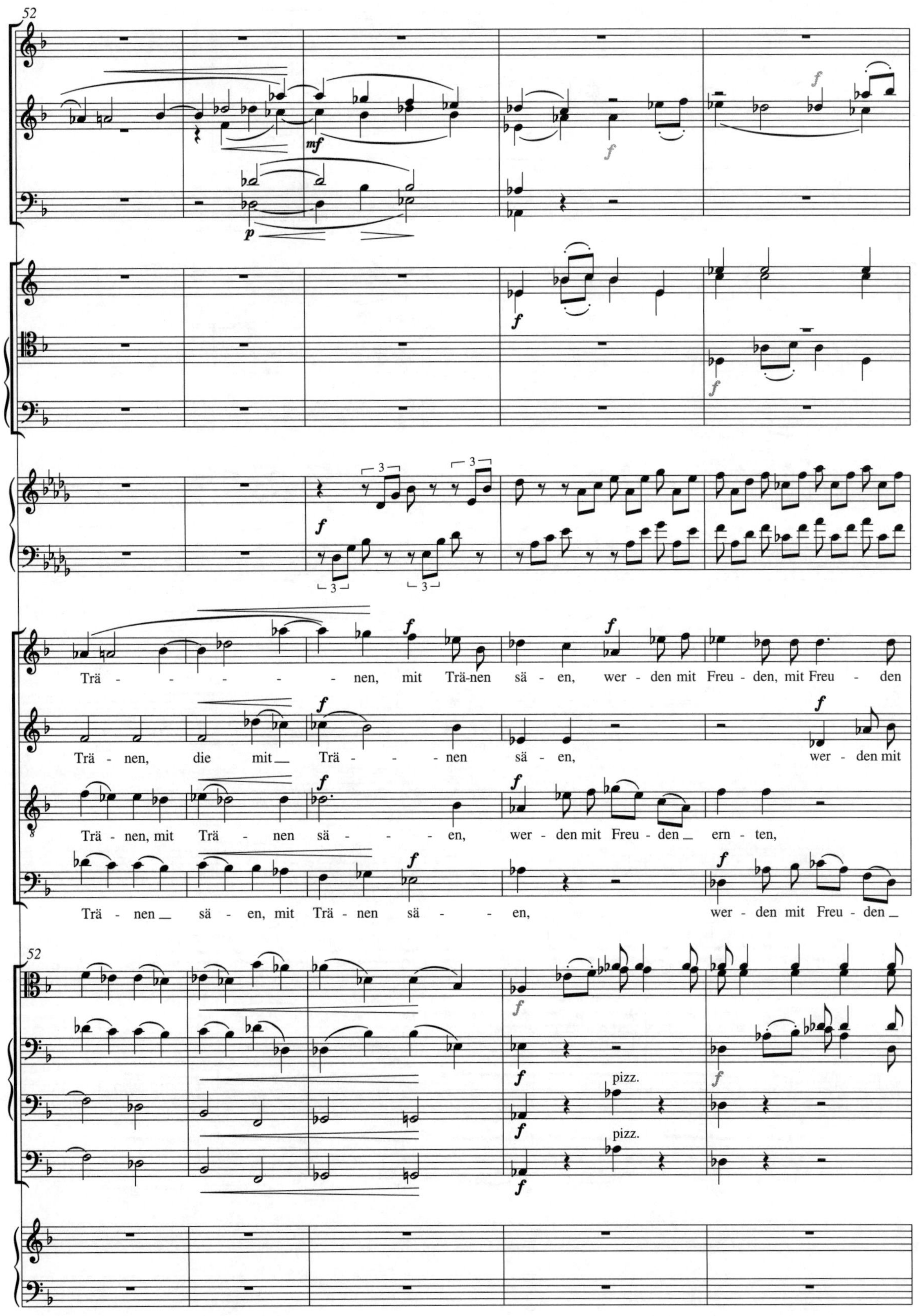

Notenbeispiel 42: Satz I, T. 52–60 (ergänzte bzw. geänderte Dynamik in T. 55–58 grau dargestellt)

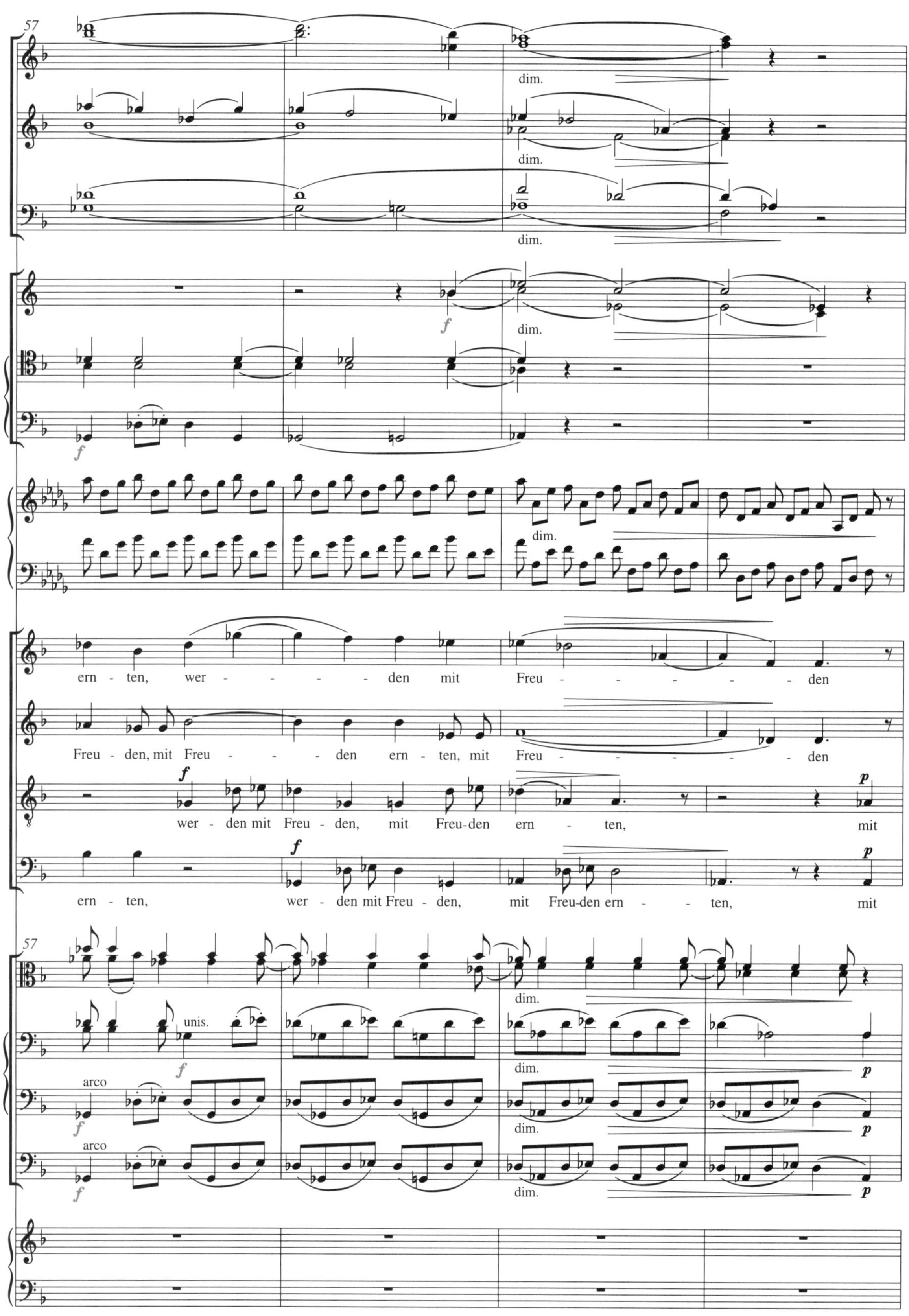
57
dim.
dim.
dim.
f
dim.
f
dim.
ern - ten, wer - - - - - den mit Freu - - - - - - den
Freu - den, mit Freu - - - den ern - ten, mit Freu - - - - - - den
f
p
wer - den mit Freu - den, mit Freu-den ern - ten, mit
f
p
ern - ten, wer - den mit Freu - den, mit Freu-den ern - - ten, mit
57
dim.
unis.
f
dim.
p
arco
f
dim.
p
arco
f
dim.
p

Nach dem ersten Abschnitt des Mittelteils kehrt Brahms in Takt 65 zur Musik der Orchestereinleitung zurück, die hier wieder im Anfangstempo erklingen muss. Das bedeutet ein vorsichtiges Ritardando in den beiden vorausgehenden Takten der dritten Celli und Kontrabässe.

Die mit Takt 69 beginnende Wiederaufnahme des Satzteils – dort: „Die mit Tränen säen", jetzt: „Sie gehen hin" – verlangt wie beim ersten Mal ein schnelleres Tempo. Dies kann am natürlichsten erreicht werden durch ein drängendes *accelerando* der chromatischen Sopran-Takte 84–87 „und tragen edlen Samen". Das schnellere Tempo müsste mit dem Beginn der Fugato-Gruppe „kommen mit Freuden" in Takt 88 erreicht sein. Wie bei der vorherigen Parallelstelle muss auch jetzt in den Takten 88–91 die Orchesterdynamik korrigiert werden.

Mit der Wiederkehr der Motive der Orchestereinleitung in Takt 96 kehren wir zurück zum Tempo des Anfangs.

Zu Beginn des Da capo in Takt 106 scheint es mir wichtig, das Horn mit seinen insistierenden Synkopen und der „vorausahnenden" Quart deutlich hervorzuheben.

Nach dem Trugschluss des Takts 135 verdichtet Brahms das Fugato der einsetzenden Gruppen von Orchester und Chor. Hier voranzudrängen und die Einsätze der Chorstimmen „getröstet werden" als jubilierenden Höhepunkt zu empfinden entspricht dem Charakter der Musik.

Für den Abschluss des Satzes muss die Führung der Harfe in den letzten fünf Takten gesichert sein. Vom Beginn ihres tiefen *F* in Takt 154 bis zum Ende ihres Arpeggios auf dem hohen dreigestrichenen *f* muss sie im Vordergrund des Klangbilds sein. Man wird darauf bestehen müssen, dass die Akkorde der Holzbläser und vor allem der Hörner trotz ihrer hohen Lage wirklich *pianissimo* erklingen. Heikel ist der Schlussakkord: Der Beginn des Harfenarpeggios muss genau auf der ersten Zählzeit zusammen mit dem Bläserakkord und dem Pizzicato der Streicher beginnen. Das Arpeggio sollte nicht eilig, sondern in auslaufender Ruhe gespielt werden.

Satz II

Bevor das Marschthema einsetzt, beginnt Brahms diesen Satz mit zwei Auftakten der Celli, Kontrabässe und Fagotte. Für sie schreibt er *pp mezzavoce sempre legato* vor. Um diesen Charakter zu erreichen, schlage ich vor, in der Fagottgruppe nur mit dem ersten Fagott zu beginnen – das zweite Fagott und das Kontrafagott sollten mit Auftakt zum dritten Takt einsetzen.

Wie neuere Erkenntnisse zur Quellenlage ergeben haben, stammt die Bezeichnung *con sordino* für die Violinen und die Viola nicht von Brahms. Sie sollten also ohne Dämpfer spielen.

Von den vielen artikulatorischen und dynamischen Vorschriften, die Brahms für diesen Anfang niederschreibt, scheint mir die wichtigste das *legato ma un poco marc.* Brahms will also das Marschthema verdeutlichen. Dies bedeutet, dass vorsichtig *non legato* gespielt werden und bei der Bindung der punktierten Gruppe die Sechzehntelnote nicht gebunden werden sollte, sondern neu angespielt werden muss.

Die aufblühenden Klänge von Streichern und Holzbläsern bedroht und zerstört Brahms zum ersten Mal ab Takt 17 mit den Gegenrhythmen der Hörner, Trompeten, Pauken und Harfe. Für die Triolen der Pauke schreibt er *ben marc.*, die Pauke sollte also hier und bei allen entsprechenden späteren Stellen führen und den Ausdruck der Musik bestimmen.

Am Ende der ersten Chortakte verlangt Brahms ab Takt 31 zu den Worten „wie des Grases Blumen" ein *diminuendo.* Gleichzeitig gibt er dem Orchester ein *crescendo.* Der Chor muss hörbar bleiben. Er geht ohnehin in tiefe Lage und sollte deshalb auf das *diminuendo* verzichten.

Nach dem Moll-Anfang beginnt Brahms in Takt 42/43 in Dur. Jetzt fehlen die *marcato*-Bezeichnungen des Anfangs. Die Musik sollte weich und lyrisch beginnen, um dann in den folgenden *crescendo*-Takten zunehmend zu der ursprünglichen Marsch-Artikulation zurückzukehren. Höhepunkt dieser Entwicklung ist der Einsatz des Chors in Takt 54, wo Brahms für Streicher und Holzbläser zum ersten Mal in seinem Stück die Lautstärke *fortissimo* verlangt. Dies *fortissimo* sollte auch für den Chor gelten.

Der mittlere Abschnitt des großangelegten ersten Satzteils beginnt ab Takt 74 mit den Worten „So seid nun geduldig, lieben Brüder". Brahms kontrastiert die beiden gewichtigen Marschteile mit einem beinahe kammermusikalischen Abschnitt und schreibt *Etwas bewegter*. Hier sollte leicht musiziert werden. Die Wortbetonungen liegen meist auf der Eins der Taktzeiten und gewinnen dadurch einen beinahe tänzerischen Gestus. Der Chor sollte also nicht zu sehr *legato* singen. Im letzten Abschnitt dieses so wunderbar lyrischen Satzes nennt Brahms im Chor den „Morgen- und Abendregen". Aber nicht im Chor, sondern in den Pizzicati der Streicher und vor allem in den Staccati der Harfe und der Soloflöte sind die Regentropfen abgebildet. Der Chor muss mit seinen Akkorden deutlich zurücktreten und die Instrumente begleiten.

Nach diesem lyrischen Abschnitt wiederholt Brahms ab Takt 126 den vorausgegangenen Marschteil, ohne Wesentliches zu verändern. Auch die vorher besprochenen gestaltenden Anregungen sollten ihre Gültigkeit behalten. Eine Ausnahme möchte ich machen: Im ersten Marschteil hatten wir in Takt 42/43 den *pianissimo*-Beginn in Dur betrachtet. Die Parallelstelle sind jetzt die Takte 166/167. Es scheint mir dem Charakter der Musik zu entsprechen, das von Brahms aufgetürmte und vorgeschriebene *crescendo* mit einem *accelerando* zu verbinden. Dies müsste in Takt 178 in ein vom triolischen Rhythmus der Pauke bestimmtes Ritardando münden, in das der Chor mit seinem *fortissimo*-Einsatz im Haupttempo hineingesogen wird.

Nach der Wiederholung des Marschteils beginnt in Takt 198 mit den Worten „Aber des Herren Wort bleibet in Ewigkeit" der zweite Großabschnitt des zweiten Satzes. Brahms beginnt *Un poco sostenuto* und geht in Takt 206 mit Beginn der Fuge in ein *Allegro non troppo* über. Die Notation der ersten Violinen, in denen die Achtel des Taktes 206 die Weiterführung der vorangegangenen Sechzehntel sind, erweist, dass Brahms eine Beschleunigung auf das doppelte Tempo will. Dies bedeutet, dass das vorausgehende *Un poco sostenuto* auch schon das Tempo des *Allegro non troppo* festlegt. Es darf nicht zu langsam sein!

Der Übergang in die Fuge ist heikel. Natürlich müssen die mit den Fagotten koordinierten Bässe des Chors genau im Tempo singen. Die Streicher und das Kontrafagott müssen wissen, dass sie das Fugenthema meist auftaktig begleiten, sie sollten nur *mezzoforte* spielen. Man muss sich die Zeit nehmen, diesen Übergang ausführlich zu proben, jeder muss wissen, wie die Musik zu klingen hat.

Meine folgenden Anmerkungen beziehen sich vor allem auf Probleme der Balance. Nach den vokalen thematischen Einsätzen des Chors sollten der Themenkopf der hohen Hörner und Trompeten in den Takten 219–221, dann vor allem der tiefen Hörner in den Takten 221/222 deutlich hörbar sein.

In den visionären Takten 227–230 sind die Flöten und Klarinetten mit *pianissimo* notiert. Sie sollten *mezzopiano* spielen und mit ihren Synkopen das Klangbild dominieren. In den Takten 261–265 führt Brahms den Themenkopf in eintaktigem Abstand von den Hörnern zu den Holzbläsern. Hier dürfen die Hörner nicht zu laut, müssen die danach einsetzenden Klarinetten, Flöten und Oboen aber deutlich hörbar sein.

Diese Überlegungen zur klanglichen Balance sollten nicht davon ablenken, dass die Musik zunehmend drängender wird. Dies geschieht vor allem in den Takten 269–274 mit ihren enggeführten Einsätzen zu „Die Erlöseten des Herrn". Hier muss jede Chorgruppe, aber auch das Orchester die punktierten Rhythmen mit Präzision, aber auch mit Emotion gestalten. Dies gilt auch für die Takte 283–292 mit ihren gegeneinander versetzten, voranstürmenden Einsatzgruppen zu den Worten „kommen mit Freuden". Danach sollten noch einmal, wie am Beginn der Fuge, in den Takten 291–294 zunächst die hohen, dann die tiefen Hörner mit dem *marcato* des Themenkopfes deutlich hörbar sein.

Im Takt 303 schreibt Brahms *tranquillo*. Das jetzt ruhige Tempo muss durch ein Ritardando in den beiden vorausgehenden Takten eingeleitet werden. Von den punktierten Rhythmen der Bläser und in den Takten 316/317 auch der ersten Violinen muss sich das *legato* der Chorgruppen zu den Worten „ewige Freude" deutlich unterscheiden. Sehnsuchtsvoll muss das klingen – vielleicht ein vorsichtiges *crescendo* bis zum Wort „Freude"?

Ausgelöst durch das Wort „kommen" fügt Brahms dem Schlussabschnitt ein neues, bisher nicht benütztes Motiv zu. Zunächst ab Takt 323/324 in den Celli und Bratschen, dann auch in den Violinen, beginnt er mit nach oben steigenden Tonleitergängen. Ich meine, dass dies neue Motiv hörbar sein muss. Die Streichergruppen müssen also nicht *piano*, sondern *mezzoforte* einsetzen. Das im Takt 323 für das ganze Ensemble, auch für den Chor, verlangte *crescendo* müsste sehr verhalten beginnen. Ab dem Einsatz der Posaunen mit dem punktierten Motiv in Takt 329 scheint es mir dem Charakter der Musik dienlich, die Bindungen der Streicher bis einschließlich des Taktes 332 wegzunehmen. Ein stauendes Ritardando, das sich auf die Achtel der Streicher und der Pauken auswirkt, gibt dem Höhepunktcharakter dieser Stelle zusätzliches Gewicht. Ab der ersten Zählzeit von Takt 333 kehrt die Musik zum vorherigen Tempo zurück. Der synkopische Rhythmus des Chors zum Wort „ewige" muss deutlich sein.

Satz III

Die gehend-schreitende Bewegung des Satzbeginns ist durch die sich ostinat wiederholenden Rhythmen der Pauken und der Pizzicato spielenden Kontrabässe festgelegt. *Andante moderato* – das Tempo sollte nicht zu schnell sein.

Brahms hat die solistischen Partien seines Requiems fast nie dynamisch bezeichnet. Die dynamische Gestaltung des Solisten muss also aus der Struktur der Partie abgeleitet werden. Welche Intervalle wird der Komponist verwenden, welche Worte und Sinngehalte veranlassen ihn zu besonderem Ausdruck? Auch der Satz des begleitenden Orchesters und dessen von Brahms festgelegte Dynamik sollten in diese Überlegungen einbezogen werden.

Am Anfang des dritten Satzes lässt Brahms den Bariton beinahe liturgisch, mit gregorianischen Intervallen beginnen. Zusammen mit dem *piano* des Orchesters deutet dies auf einen verhaltenen und „demütigen" Beginn des Solisten hin. Zum ersten Mal in den Takten 10/11 zu den Worten „ein Ziel hat" schärft sich mit der Verwendung des Tritonus-Intervalls der Ausdruck – der Solist muss diese Erregung spürbar machen. Sie setzt sich mit den nach oben gerichteten Worten „und ich davon muss" fort und schließt danach, beinahe resignierend, mit der jetzt nach unten gerichteten Wiederholung dieser Textgruppe. *Crescendo* und *diminuendo* des Orchesters erweisen Brahms' dynamische Vorstellungen.

Der im Takt 17 beginnende Chorsatz ist von Brahms dynamisch genau bezeichnet und bestätigt die eben für den Solisten überlegten Lautstärken. Der Chor sollte diesen Abschnitt nicht *espressivo*, sondern „sprechend" *non legato* singen – man muss jedes Wort verstehen können! Gleichzeitig müssen die synkopischen Rhythmen der Violinen und Bratschen deutlich getrennt werden und bleibende Unruhe vermitteln.

Im jetzt folgenden Textabschnitt „Siehe meine Tage [...]" muss der Bariton in Takt 35 das Wort „Tage" und in Takt 43 das „Leben" rhythmisch deutlich machen – die beiden Sechzehntel sollten leicht gestoßen sein. Sein „wie nichts" der Takte 45/46 sollte dem *diminuendo* des Orchesters entsprechen und die folgende Pause als Symbol des „Nichts" vorbereiten.

Auch der Chor muss in den Takten 50, 58 und 60 die eben dem Bariton zugeordneten Rhythmen deutlich singen, also die Sechzehntel leicht anstoßen.

Schon ab Takt 48 „heizen" die Triolen der Streicher die Musik an, dies mit einem *accelerando* ab Takt 56 fortzusetzen, ergibt sich fast von selbst. In den Takten 63–65, wo Brahms den triolischen Rhythmus durch die Synkopen von Hörnern, Trompeten und Pauken ins Wanken bringt, darf der Chor nicht zu leise sein, muss mit seinem „wie nichts" führen.

Anschließend wiederholt der Bariton seinen Anfang – wieder sollte das verhalten geschehen. Die Pizzicato-Akkorde aller Streicher sollten nicht nur begleitenden, sondern auch bedrohenden Charakter haben, also nicht zu weich gespielt werden. In den vokalen Schlusstakten des Abschnitts bezeichnet Brahms seine dynamischen Vorstellungen eindeutig und bezieht jetzt zum ersten Mal auch den Bariton in seine Vorschriften ein.

Als Nachspiel des ersten Satzteils bäumt sich ab Takt 93 das Orchester noch einmal im *fortissimo* auf. Es folgt ein ausgedehntes *diminuendo*. Die rhythmische Grundlage der Musik sind repetierte Vierteltriolen. Um die Unerbittlichkeit dieses Rhythmus zu gewährleisten, der in das „Nichts" der Pause mündet, sollte keinesfalls ein Ritardando gemacht werden.

Der jetzt in Takt 105 in drei Halben beginnende Abschnitt hat zunächst lyrischen Ausdruck. Hier sollte der Bariton ausdrucksvoll mit beinahe „wehmütiger" Empfindsamkeit singen. Das ändert sich ab Takt 118. Die düsteren Orchesterfarben von Posaunen und Pauken und das Wort „Schemen" weisen auf Verhaltenheit in der solistischen Partie, die erst in den abschließenden Takten 126–128 zu den Worten „Sie sammeln und wissen nicht, wer es kriegen wird" wieder aufgehoben ist.

Für den chorischen Einsatz des „Ach, wie gar nichts" schreibt Brahms *forte* vor, aber man möchte das in den Violinen und Bratschen vorgeschriebene *ma dolce* auch auf den Chorklang beziehen – das muss ein lyrisches *forte* sein.

Der letzte Einsatz des Solisten geschieht in Takt 142. Obwohl Brahms wieder die gregorianischen Intervalle des Anfangs verwendet und für das Orchester *pianissimo* vorschreibt, meine ich, dass diese Kernfrage des Requiems „Nun Herr, wes soll ich mich trösten" *forte* gesungen werden sollte.

Der jetzt folgende Abschnitt von Chor und Orchester ist als eine großangelegte Steigerung zu verstehen. Ich meine, dass zunächst in den Takten 144–149 die „Nun Herr"-Rufe des Chors noch zurückgehalten werden und das im Bass beginnende und alle Stimmen einschließende Fugato-Motiv „Nun Herr, wes soll ich mich trösten" im Vordergrund des Höreindrucks stehen sollte. Dies Motiv wird später in Verbindung mit Motiven des Orchesters enggeführt. Jetzt, in den Takten 154/155, muss das „Nun Herr" aggressive Unmittelbarkeit besitzen und in den *fortissimo*-Ausbruch der Takte 156/157 führen, der nicht nur dem Orchester, sondern ebenso dem Chor gilt.

Die letzten *piano*-Takte des Chors sollten sprachlich deutlich *non legato* gesungen werden. Um die rhythmische Klarheit der anschließenden Bläserakkorde zu gewährleisten, sollte man ein Ritardando vermeiden und bis zur Fermate genau im Tempo bleiben.

Nach der Fermate lässt Brahms die einzelnen Chorstimmen im Abstand von nur einer halben Note mit den Worten „Ich hoffe" einsetzen. Das bedarf sprachtechnischer Deutlichkeit. Danach sind die Vierteltriolen das wichtigste Moment des Chorsatzes. Sie sollten in allen Stimmen führend hörbar sein. Das bedeutet, dass sich der Sopran in Takt 167/168, der Alt in Takt 168 mit seinen hohen Haltetönen zurückhalten muss. Brahms deutet den Text als Gewissheit einer Zusage – das Tempo sollte nicht zu schnell sein.

Es folgt die großangelegte Schlussfuge. Wir beschäftigen uns zunächst mit dem Chorsatz. Das Hauptthema „der Gerechten Seelen sind in Gottes Hand" muss während der gesamten Fuge immer *forte* und *marcato* erscheinen. Die vokale Weiterführung sollte danach zugunsten neuer Themeneinsätze etwas entspannt werden. Innerhalb des Themas bedarf die Achtelgruppe „rühret sie an" genauer Intonation, aber auch rhythmischer Deutlichkeit. Der Charakter der Musik verändert sich während der Fuge nicht – er bleibt vorwiegend energisch. Problematisch für den Chor ist immer der Takt 190 mit seiner hohen Engführung des Wortes „Qual". Heikel ist hier die Intonation, oft ist nach dem hohen *b* das folgende *a"* zu tief – hier muss vorher gut geatmet werden. Man muss sich die Zeit nehmen, diese Stelle zu proben, zunächst *a cappella*, aber auch zusammen mit dem Orchester.

Im Satz des Orchesters fällt zunächst auf, dass Streicher und Holzbläser vielfach den identischen Notentext haben, Brahms aber die Bläser mit Bindungen versieht, auf die er in den Streichern verzichtet. Für die Verbindung dieser verschiedenen Artikulationen muss darauf geachtet werden, dass die Streicher ihre Notenwerte nicht zu kurz spielen.

Für mich ist es sehr wichtig, dass in dieser langen Fuge immer der Chor führt. Das Orchester muss sich generell zurückhalten, weil sonst die komplizierte vokale Polyphonie verloren geht. Brahms schreibt zwar für die Kontrabässe *sempre con tutta la forza*, doch ist das wohl ein eher emotionaler Hinweis darauf, dass die ganze Fuge ungewöhnlicher Weise auf dem Orgelpunkt *D* stehen wird. Aber ich denke, dass dieser Orgelpunkt, den ja auch das Kontrafagott, die Posaunen und vor allem die Pauken festhalten und deutlich artikulieren sollten, auch im *piano* genügend präsent ist. Für das übrige Orchester, also Holzbläser, Streicher und auch Hörner und Trompeten, scheint mir eine Lautstärke von *mezzoforte* angemessen.

Man wird diese dynamischen Vorgaben in den Proben beobachten und gegebenenfalls korrigieren müssen. Meine Erfahrungen zeigen mir, dass diese grundsätzliche Disposition der Architektur und dem Aussagewillen der Fuge gerecht wird.

Ab Takt 193 kann das Orchester seine Verhaltenheit verlassen und mit einem *crescendo* auf Takt 195 zuspielen. Dort sollten vor allem die ersten Violinen mit ihrer Weiterführung des Sopranthemas im *forte* dominieren.

Der letzte Abschnitt beginnt im Takt 202 mit einem Sekundvorhalt der Tenöre. Danach fallen die schnellen, rhythmisch gegeneinander versetzten Bewegungen der Violinen und Bratschen auf – eine heikle Stelle, die in den Streichern geprobt werden muss!

Für die Schlusstakte fasst Brahms Violinen und Bratschen triolisch zusammen und verbindet sie mit den Sextolen der Pauken. Gemeinsam dominieren sie das abschließende Ritardando. Ich empfehle, spätestens ab Takt 207 in Vierteln zu dirigieren. Im Schlusstakt sollte die Vorschlagsnote der Violinen und Bratschen auf der ersten Zählzeit erklingen. Auch dieser Abschluss mit seinen Gegenrhythmen ist heikel für das Zusammenspiel – nehmen Sie sich die Zeit, ihn zu proben!

Satz IV

Immer schon hat mich Brahms' Satzüberschrift irritiert: *Mäßig bewegt*. Das ist doch nun wirklich eine bewegte Musik. Ist das „mäßig" nur eine Warnung, den Satz nicht zu schnell zu nehmen? Aber natürlich denkt diese Musik in ganzen Takten. Man muss sie in drei Vierteln dirigieren, aber sie ist leicht und locker und darf nie behäbig wirken. Das muss sich auf die Artikulation des Chors beziehen. Natürlich muss der Klang aufblühen, aber dennoch sollte nicht in dichtem *legato* gesungen werden und die Einzelsilben sollten schwingend miteinander verbunden sein. Das gilt vor allem für das doppelte „d" der Worte „sind deine" – also nicht „sindeine", sondern getrennt „sind – deine". Auch die Vokale des Namens Zebaoth sollten rhythmisch deutlich gegliedert sein: „Ze – ba – oth".

Der einleitende homophone Chorteil schließt in Takt 23. Brahms verbindet ihn im vorausgehenden Takt mit dem Sextaufgang der ersten Violinen, die er mit *espressivo* bezeichnet und in den Tenören kanonisch weiterführt. In Takt 22 vorsichtig etwas zu retardieren und den ersten Violinen Zeit zu geben, mag die Aufmerksamkeit des Hörers auf diesen Neuanfang lenken.

Nach diesem zweiten, jetzt kammermusikalisch polyphonen Abschnitt verändert Brahms den Charakter seiner Musik ab Takt 49. Die Worte „verlanget und sehnet" veranlassen ihn ein sich verdichtend nach oben steigendes Fugato zu schreiben, es mit dem ganzen Orchester zu begleiten und ein *crescendo* zu verlangen. Dem Sinngehalt der Worte entsprechend sollte der Chor jetzt *legato* singen. Der offensichtlich geplante Kontrast sind die *piano*-Takte 58–61. Hier sollten der Chor und die Bläser im vorgeschriebenen *piano* die punktierten Halben trennen, um so die spielerischen Pizzicati der tiefen Streicher hörbar zu machen.

Im folgenden Abschnitt ab Takt 66 sind die geplanten Gegensätze offensichtlich. In Verbindung mit den erregten Rhythmen der Streicher wird der Chor sein „mein Leib und Seele freuen sich" freudig und kurz artikulieren, dagegen „in dem lebendigen Gott" *legato* singen. In Takt 89 gibt Brahms für den Übergang zum Da capo dem zweiten Horn diese so herrlich-übermütige Solo-Stelle, und natürlich muss sie deutlich hörbar im Vordergrund stehen.

Die Wiederaufnahme des ersten Satzteils schließt jetzt in Takt 108. Wieder verbindet sie Brahms mit dem Sextauftakt, der jetzt auch die zweiten Violinen einschließt. Diesem Auftakt Zeit zu geben ist wichtig für die ruhige Entfaltung der sich anschließenden melodischen Linie. Die blühenden Melodien der Violinen und dann des Chors müssen zu den Worten „die loben dich immerdar" ab Takt 124 mit jetzt kurzer Artikulation kontrastiert werden und die polyphone gegenrhythmische Verschränkung der Takte 141–148 durch *marcato* geprägt sein. Ein letztes Mal finde ich es schön, die vorausgehenden Pizzicati und Staccati in Takt 152 mit einem breiten Auftakt der Flöte und Oboe abzulösen. Ab der ersten Zählzeit des Taktes 153 aber muss wegen der Synkopen von Celli und Hörnern genau im Tempo musiziert werden.

Die abschließenden Takte 165–173 sind wohl trotz der Unisono-Führungen, der hohen Lage und des vorgeschriebenen *crescendos* nicht „gewaltig" gemeint – die spielerischen Pizzicati der Violinen müssen noch zu hören sein.

Satz V

Langsam überschreibt Brahms diesen fünften Satz, und wie wunderschön klingt das zarte *dolce* der Streichereinleitung. Für den Sopran gibt es während des ganzen Stücks keine dynamischen und ausdrucksbezogenen Hinweise. Die Solistin wird zum *pianissimo* der Bläser sehr verhalten beginnen. Wenn sie es vermag, ihr erstes „Ihr habt nun Traurigkeit" auf einen Atem zu singen, gibt dies dem Anfang eine wunderbare Überschrift. Wenn ein Atem vor dem Wort „Traurigkeit" nötig ist, sollte er möglichst kurz und unauffällig sein. Danach führt Brahms die Stimme zweimal in Dur-Seufzern, bevor er mit der abschließenden Moll-Wendung den Ausdruck verdüstert.

Das Orchester begleitet die Solistin mit seinen Holzbläser-Kantilenen weich und verhalten und mit akzentfreien Pizzicati. Im Takt 12 sollten sich die repetierten drei Achtel der Bratschen und Hörner durch ein vorsichtiges *marcato* abheben.

Zur Einleitung des textlichen Gegensatzes muss das in den Streichern notierte *crescendo* auch die Solistin einschließen.

Bevor die Streicher in der zweiten Hälfte von Takt 16 zusammen mit der Solistin das „Ich will euch wiedersehen" beginnen, bedarf es in Violinen und Bratschen einer kleinen Atempause. Jetzt ist die Solo-Partie nicht mehr verhalten komponiert, sie verheißt das „und euer Herz soll sich freuen".

Der Chor, der ja hier zum ersten Mal einsetzt, bleibt zunächst mezza voce im Hintergrund, wird aber gleich akkordisch in den Vordergrund gerückt – hier muss *pianissimo* gesungen, aber deutlich gesprochen werden.

Für den Mittelteil des Satzes mag man ab Takt 28 das Tempo vorsichtig etwas bewegter nehmen. Beim ersten Mal – in Takt 32/33 – noch im mittleren Klangbereich, dann – in den Takten 43–45 – in hoher Lage scheint Brahms den großen, blühenden Klang der Sopranstimme zu erwarten. Hierzu kontrastierend setzt er die seufzenden Zweier-Bindungen zu den Worten „Ich will euch trösten" im Chor und auch in den Instrumenten, die rhythmische Deutlichkeit brauchen.

Nach der Einleitung des Solo-Cellos sollte der Sopran dessen Kantilene ab Takt 51 nicht zu verhalten weiterführen. Dagegen muss die hohe Stimmführung des Taktes 56 wohl im *piano* erklingen und dem Sopran für sein hohes *b"* Zeit gegeben werden. In Verbindung mit dieser Stelle sind im Orchester die 3/8-Marcati von Hörnern, Celli/Kontrabass und Fagotten wichtig, dazu die dynamisch differenzierte Erregung der Streicher.

Die jetzt ab Takt 60 folgende und intensivierte Wiederholung des Satzanfangs ist hauptsächlich bestimmt von der Solistin, die ihrer Freude beinahe überschwänglichen Ausdruck gibt.

Noch einmal rückt Brahms in Takt 70 den Chor in den Vordergrund. Beim ersten Mal in Takt 24 hatte er das im *pianissimo* getan. Jetzt verlangt er ein das Wort „Mutter" hervorhebendes *crescendo.* Dann benützt er die seufzenden Zweier-Bindungen des Mittelteils – sie müssen deutlich sein – für die Vorbereitung der abschließenden Takte.

Der Sopran – die Mutter? – verabschiedet sich. Dreimal sagt sie ihr „Wiedersehen". Das ist beinahe physisch empfunden: Beim ersten Mal ist sie noch ganz nahe, beim zweiten Mal schon entfernter, mit dem dritten Mal beginnt sie zu entschwinden und wird Teil des hellen Lichts, in das die Holzbläser sie aufnehmen. Für die Solistin heißt das: Takt 75/76 ausdrucksbetontes *forte*, Takt 77 *mezzoforte*, Takt 78 *piano*, Takt 79 *diminuendo.*

Für Chor und Orchester schreibt Brahms das *diminuendo* sehr differenziert vor, die Bläser sollten ohne Akzente einsetzen und ihr Schlussakkord sollte so verhalten sein, dass das Flageolett der Violinen mit seinem *crescendo* hörbar werden kann.

Satz VI

Brahms' Überschrift *Andante* betrifft das gehende Hauptthema „Denn wir haben hie keine bleibende Statt". Es ist ein unruhiges Gehen – das Tempo sollte nicht zu langsam sein. Von den Vokalisen abgesehen sollte die Artikulation der Silben kurz sein. Die in den Orchestergruppen, aber in Takt 8 auch im Chor auf- und abschwellenden Akkorde müssen deutlich ein fahles Aufleuchten des Klangs vermitteln. Das in Takt 12 zu den Worten „suchen wir" verlangte *pianissimo* muss, in einen fernen Klangbereich entrückt, für vier Takte erhalten bleiben.

Die ab Takt 18 folgenden Choreinsätze scheinen mir eher *mezzoforte* gedacht, nur so gewinnt das ab Takt 24 vorgeschriebene *diminuendo* seinen verblassenden Ausdruck. Mit dem Eintritt des Baritons in Takt 28 beginnt ein neuer Satzteil. Sein langsameres Tempo sollte durch ein vorsichtiges Ritardando eingeleitet werden. Natürlich sagt der Solist sein Geheimnis im *piano.* Dieser *piano*-Charakter bleibt für die Solo-Stimme zu den Worten „Wir werden nicht alle entschlafen" erhalten und wird von Chor und Orchester im *pianissimo* nachgehört.

Die zweite Solo-Stelle, die in Takt 46 zu den Worten „Wir werden aber alle verwandelt werden" beginnt, führt den Bariton plötzlich in sehr hohe Lage. Das ist ein emotionaler *forte*-Ausbruch, den auch die Bratschen mit ihren so erregten Rhythmen von Sextolen und synkopischen Achteln mitvollziehen sollten.

Nach den Dreiklang-Figuren des Solisten sollte die Dynamik in das geheimnisgeprägte *piano* des vorausgehenden Dialog-Abschnitts zurückkehren und vom *pianissimo* des nachhörenden Chors geprägt sein.

Die rhythmische Beschleunigung des Orchesters zu den Worten „und dasselbige plötzlich in einem Augenblick" führt Brahms weiter mit einer *accelerando*-Vorschrift in Takt 68. Ich empfinde diese drängende Beschleunigung bis einschließlich des Taktes 75. Dann sollten die Bläser-Akkorde im jetzt erreichten schnellen Tempo ihre rhythmische Wucht behalten. Es scheint mir möglich, die letzten fünf chromatischen Achtel des Taktes 81 zu stauen und damit den Beginn des kommenden Satzteils hervorzuheben.

Mit der Überschrift *Vivace* in Takt 82 beginnt den so groß angelegten Mittelteil des sechsten Satzes: „Denn es wird die Posaune schallen". Von den vorgegebenen Vokalisen abgesehen, singt der Chor seinen Text in akzentuiertem *non legato*. Brahms hat diese Artikulation in dem mitgehenden Bläsersatz genauestens notiert. Die Streicher sind so komponiert, dass sie nach drei rhythmisch gleichgeformten Takten für zwei Takte eine aus tiefer Lage nach oben gerichtete Bewegung erhalten, eine klare Abbildung des Auferstehungsgedankens. Um dies zu verdeutlichen, lasse ich die Streicher ihre tiefe Stelle beim ersten Mal in Takt 85 *mezzoforte* beginnen und anschließend die aufsteigende zweitaktige Passage bis zum *fortissimo* crescendieren – beim ersten Mal bis zur ersten Zählzeit des Taktes 87. Das sollte jedes Mal bei dieser aufsteigenden Passage geschehen.

Den letzten Abschnitt des Solisten begleitet Brahms mit vom Kolorit des Kontrafagotts und der Piccoloflöte geprägten Orchestergruppen. Er schreibt *pianissimo* vor. Dies mag den Solisten veranlassen, sein „dann, dann" noch verhalten, wie eine Vorahnung, zu beginnen. Aber schon sein „erfüllet werden" muss prophetische Gewissheit ausstrahlen, und „das Wort, das geschrieben steht" muss wie in Stein gemeißelt sein.

Der folgende Chor-/Orchesterteil wiederholt mit neuem Text den vorausgegangenen Abschnitt. Die Artikulation und das *crescendo* der aufsteigenden Streicherpassagen sollten wie dort gehandhabt werden.

Mit neuem Sinnbezug – „Tod, wo ist dein Stachel, Hölle, wo ist dein Sieg?" – beginnt das Orchester in Takt 150 den letzten Abschnitt des so dramatischen Mittelteils. Es scheint mir dem Charakter der Musik zu entsprechen, das Tempo zu beschleunigen und ab Takt 150 *più mosso* zu musizieren. Brahms bezeichnet die Artikulation des Chors und auch der Bläser und Streicher mit minutiöser Genauigkeit. Natürlich werden die hemiolischen Gegenbetonungen der Soprane und der Bläser in den Takten 188–191 hervorzuheben sein. Aber auch danach schreibt der Komponist genauestens nieder, was er von den Aufführenden erwartet.

Nicht unproblematisch ist der Übergang in die sich anschließende Fuge. Ich schlage vor, den letzten Achteltakt der Streicher zu retardieren, so dass die langsamer werdenden Viertel als Halbe des neuen Tempos weitergeführt werden. Die rhythmische Koordination des Chor-Alts und der Klarinetten mit den Violinen ist heikel – nehmen Sie sich die Zeit, diesen Übergang zu proben!

Für den zweiten Teil seines sechsten Satzes schreibt Brahms eine Musik im „stile antico", im alten Kirchenstil. Er überschreibt den Beginn mit Allegro. Der Chor singt das Thema und seine polyphone Entfaltung im *legato*, das durch die Betonung seiner textlichen Gliederung den Charakter von Festigkeit vermittelt. Für das instrumentale Gegenmotiv schreibt Brahms Staccatopunkte vor, im Sinn des „stile antico"-Gedankens sollten die Viertelnoten eher breit getrennt werden. Die Vorstellung des Themas im Alt sollten die Violinen nur *mezzoforte* begleiten. Ab Takt 224 entspricht ein bewusstes *marcato* den Engführungen des Themenkopfes.

Es ist eigentlich erstaunlich und bewundernswert, wie akribisch Brahms den Chor- und Orchestersatz dieser langen Fuge dynamisch und artikulatorisch bezeichnet. Erlauben Sie mir einige wenige Differenzierungen.

- Takte 257–263: Der dialogische Abschnitt beginnt zwischen dem Chorbass und den Streichern. Mit Auftakt zu Takt 259 etwas verhaltener zu beginnen und den Dialog mit Auftakt zu 261 zunehmend zu intensivieren verdeutlicht die Satzstruktur.

- Takte 267–270: Chor und Streicher müssen zurücktreten, damit die Staccato-Viertel der Holzbläser deutlich werden.

- Takte 276–282: Die Taktgruppe besteht aus nach oben gerückten Sequenzen. Brahms schreibt durchgehend *forte*. Es scheint mir denkbar, mit Auftakt zu Takt 276 nur *mezzoforte* zu beginnen und die nach oben rückenden Sequenzen mit einem *crescendo* zu steigern. Höhepunkt ist der *marcato*-Einsatz der Bass-Instrumente, vor allem Posaunen und Tuba, mit Auftakt zu Takt 282.

- Takte 298–303: Für den Spannungsverlauf des langen Satzes bietet die Sequenzgruppe an, hier voranzudrängen und dann im letzten Takt vor dem neuen Bass-Einsatz in Takt 304 etwas zu stauen.

- Takte 324–329: Für diese Sequenzgruppe gilt dasselbe. Der stauende Takt ist jetzt der Takt 329.

- Takte 334–338: Brahms beginnt mit seinen *diminuendo*-Bezeichnungen im Orchester in Takt 334, im Chor aber erst in Takt 337. Um das zu vereinheitlichen, sollte auch der Chor sein *diminuendo* mit dem Sopran-Einsatz in Takt 334 einleiten. Überraschend ist ja die von Brahms vorgesehene Generalpause des Taktes 338. Wenn im Tempo durchmusiziert wird, fällt sie kaum auf. Rechnet Brahms damit, dass das *diminuendo* auch ein Ritardando beinhaltet, das der Generalpause als ein Moment des Innehaltens Zeit lässt? Danach muss das Tempo für den majestätischen Abschluss des Werks wieder aufgenommen werden.

- Takte 348/349: Die Vorschlagsnoten der Violinen sollten nicht auftaktig, sondern um die Intensität der Schlussakkorde zu betonen auf den Zählzeiten drei und eins beginnen.

Satz VII

Brahms' Satzüberschrift *Feierlich* beschreibt den Charakter der Musik, meint aber auch das Tempo. Eine feierliche Musik hat Zeit, sie kann nicht schnell sein.

Die großen melodischen Bögen der Soprane, dann der Bässe erklingen im strömenden *forte* und *legato*. Das Orchester ist nicht eine untergeordnete Begleitung des Chors: Es fügt ihm im *forte* einen rhythmisch erregten Satz zu. Das muss artikulatorisch deutlich werden – die auftaktigen Zweier-Bindungen müssen einzeln hörbar sein. Es ist wichtig, dass die Celli das im ersten Takt bedeutsam einleiten. Auch ab Takt 18, wo der Chor vierstimmig ist, sollte zum *legato* des Chors die rhythmische Artikulation, vor allem der Streicher, erhalten bleiben. Ab Takt 28 beginnt der Chor sein zunächst mit *dim.* bezeichnetes, dann mit *diminuendo*-Gabel verlängertes *decrescendo*. Jetzt rücken die ersten Violinen mehr und mehr in den Vordergrund. Schon ab Takt 26 sollten sie ihre Artikulation in ein *espressivo* mit seufzend-bittendem Charakter verändern, dessen Höhepunkt die nach oben gerichteten Oktaven des Taktes 32 sind.

Mit Beginn des neuen Abschnitts ab Takt 40 ist Brahms offensichtlich von den Worten „Dass sie ruhen" bestimmt und nimmt sich Zeit für *crescendi* und *diminuendi* der Männerstimmen. Das Tempo sollte also nicht beschleunigt werden.

Dagegen scheint mir Brahms seine Vision des Lebens der Verstorbenen in einer jenseitigen Welt nicht primär unter dem Aspekt der Ruhe zu verstehen. Auf dies Verständnis bezogen entspricht es dem Charakter der Musik, das Tempo ab Takt 48 mit dem Einsatz der Bläser und den lebendigen Rhythmen der Streicher etwas bewegter zu nehmen. Um den beinahe heiteren Charakter der Takte 58–73 zu betonen, sollten die Pizzicati der Kontrabässe nicht zu verhalten sein.

Für den Chor schreibt Brahms in allen Stimmen *espr.* vor. Es scheint mir wichtig, dass die Polyphonie des Chorklangs hörbar wird, also der Alt in den Takten 60–65, später in den Takten 68/69 und 72/73 Alt und Tenor vorsichtig nach vorne treten.

Aber trotz solcher dynamischer Differenzierungen muss immer bewusst bleiben, dass Brahms bei der Komposition dieser Worte die Vision einer entrückten Welt abbildet, die Musik darf nie zupacken, darf nie vordergründig sein.

Das ändert sich zum ersten Mal in den Takten nach der enharmonischen Verwechslung, also von Takt 87–91, wo Brahms das ganze Ensemble zusammenfasst, die Kontrabässe wieder *arco* spielen lässt und den bisher schon so oft verhalten komponierten Text beinahe emotional als hoffende Realität zu empfinden scheint.

Mit Beginn des Da capo in Takt 102 muss auch der am Satzanfang mit *Feierlich* überschriebene Charakter der Musik in Bezug auf Tempo, Artikulation und Dynamik wiederkehren. Die in den Takten 123/124 jetzt fehlende *diminuendo*-Gabel des Chors sollte analog zu den Takten 30/31 des ersten Satzteils ergänzt werden, und wie dort sollten die seufzenden Zweier-Bindungen der ersten Violinen das Klangbild prägen.

Wenn Brahms ab Takt 132 auf den ersten Satz des Requiems zurückgreift, sollte wieder das erste Horn mit seinen Synkopen und der „vorausahnenden" Quart deutlich sein. Unmittelbar anschließend müssen Chor und Streicher die einsetzenden Soli der Holzbläser begleiten. Vor allem darf das *crescendo* des Chors in Takt 139 nicht das so wunderbar fröhliche Triolen-Motiv der ersten Oboe verdecken. Wenn in Takt 140 das gesamte Ensemble diese Triolen aufnimmt, scheint es natürlich, voranzudrängen, bevor die Musik zur Ruhe des Schlussabschnitts des ersten Requiem-Satzes zurückkehrt.

Im Vergleich zum ersten Satz sind in den abschließenden Takten nur die Posaunen wirklich neu, sie beginnen in Takt 158 *forte* und im Schlusstakt *pianissimo*. Ab Takt 162 schreibt Brahms für den Chor und alle Instrumente *pianissimo* vor. Den Beginn der Harfe überschreibt er mit *piano*, doch muss ihre nach oben steigende Bewegung bis zum Schlusstakt das Klangbild bestimmen und darf nicht durch die hohen Bläserakkorde überdeckt werden. Wieder beginnt das abschließende Arpeggio auf der „Eins" des letzten Taktes zusammen mit dem Akkord der Bläser und der Pizzicati der Streicher. Das Arpeggio sollte vollklingend, aber ohne Eile gespielt werden. Ich empfehle, im vorletzten Takt ab der vierten Zählzeit drei Achtel zu schlagen.